Herbert Heinrich

Hansheinzhorst

Zwischen zwei Kriegen geboren

EFB

Die Deutsche Bibliothek – CIP-Einheitsaufnahme

Heinrich, Herbert:
Hansheinzhorst: Zwischen zwei Kriegen geboren
Herbert Heinrich. – Erlensee: EFB-Verlag, 1995
ISBN 3-88776-073-5

1. Auflage 1995

Entwurf Umschlag: Albert Gattung, Ebernburg
Gesamtherstellung:
Graphischer Großbetrieb Pößneck GmbH
ISBN 3-88776-073-5

Herbert Heinrich

Hansheinzhorst

Zwischen zwei Kriegen geboren

Inhalt

Teil I: **Hansheinzhorst**
Die Drei über und die Drei unter dem Strich
Wer das erste Knopfloch verfehlt,
kommt mit dem Zuknöpfen nicht zurecht

Einleitung:
Wie Hansheinzhorst zu seinem Namen kam

1. **Eine dreiköpfige Familie**
   Kleines Bier – großes Bier – und „Milde Sorte"
2. **Kindheit**
   Knopf und Knopflochleiste – und ein Träumezug
3. **Schulzeit:**
   Ein anstößiger Briefwechsel und ein seltsames Zeugnis
4. **Arbeitsdienst:**
   Reichsparteitag und Spielzeugmuseum
   oder die Stellvertreter
5. **Heimkehr:**
   Aufenthaltsgenehmigung und Lebensmittelkarte
   für vier Wochen
6. **Berufsanfang:**
   Zuzugsgenehmigung ohne Anspruch auf Wohnraum
7. **Gang über die Grenze:**
   Mit kalten Lippen pfeift sich's schlecht
8. **Ärztlicher Ratschlag:**
   Ein „wärmendes" Rezept und seine Folgen
9. **Auf Vorstellungsfahrt:**
   Von einem Hochrandteller, einem Ein-Gang-Menü
   und einem Niedrigwandbett
10. **Schritte zur Selbständigkeit:**
    Soldatsein – das ist kein Beruf

Teil II: **Hansheinzhorst und Xantri**
Auch in der Finsternis kann man Blumen pflücken.
Man muß nur wissen, wo sie stehen.

11. **Ratschläge für die Nachkriegszeit:**
Eine Frau muß her – ein Mann muß her!

12. **Erinnerungen auf ostpreußisch:**
Wie Alexandra Beatrice ihren Namen und die Kegel dazu erhielt

13. **Unternehmen „Barbarossa“ beginnt:**
Zweimal „Grand mit Dreien“

14. **Gegenwart und Vergangenheit:**
Kiosk auf Darlehen – „Alle Neune“ auf Russisch

15. **Die Schlacht in der Normandie:**
Dem längsten Tag folgt die kürzeste Nacht.
Das Unternehmen Cobra und die Arche Noah

16. **„Hans im Glück“?**
Kino ohne Briketts – Flucht ohne Rückkehr

17. **Der Kessel von Falaise:**
Kesseltreiber – Kesselfleisch:
Eingekesselt – ausgekesselt

18. **Ferngetraut – nah getraut!**
„Ich traue nur einen, den ich kenne“, sagte der Pfarrer

19. **Das dreifache Ende im Ruhrkessel:**
Kettenhunde und Orden gibt es noch – und einen Abschied beim Großvater

20. **Der gerechtfertigte Kuß in der Psychotherapie:**
Holzklötze rasiert man nicht – und Sauerbraten ohne Marken

Teil III: **Slalom zu zweit:**
Kampf mit den Windmühlenflügeln der Bürokratie
Sand auf der Piste und Schnee im Geschäft

21. **Verwund(er)ung im Frieden:**
Tiefflieger damals und heute: rechts raus, rechts raus

22. **Ohne Motorisierung läuft nichts mehr:**
Vom Fahrrad mit Hilfsmotor zum
Opel-Olympia-Oldtimer

23. **Ins alte Krankenhaus verlegt:**
Mich interessiert Ihre Gesundheit –
nicht Ihre Existenz

24. **Das Gutachten und seine Folgen:**
Man soll rechts überholen, wenn es links nichts bringt

25. **Bakterien in der Wunde und in der Buchführung dazu:**
Die Statik eines heißen, sich abtropfenden Griesbreies

26. **Banker bleiben Banker:**
Kredite mit und ohne Absicherung –
aber der „Wechsel" bringt's

27. **Aller guten Briefe sind drei:**
Zuschuß vom Arbeitsamt, unser Glück heißt
Kanada und neuer Laden in Sicht

28. **Die Rechnung am Heiligabend:**
Heimleiter Schätzels
Etatverbrauch und die „Engelinitiative"

29. **Demokratie lebt von der Zivilcourage seiner Bürger:**
Aber wehe dem Bürger, der sich couragiert benimmt

30. **Am Westrand der Ostsee – Bewährung und Bewahrung:**
Aus dem Salzburger Land und den
Cevennen über Gumbinnen nach Studienburg

Ein dreifaches Dankeschön

Der erste Dank gehört meiner Ehefrau Edith.
Die Wesens- und Schicksalsgestaltung der Xantri meines Buches wäre ohne das gemeinsame Leben mit meiner in Tilsit geborenen Frau nicht möglich gewesen: 44 Jahre verheiratet – und immer und stets mit „derdieselben“.

Dank gehört auch meinen drei Söhnen und meinen drei Schwiegertöchtern, die uns zehn Enkelkinder schenkten. Sie alle verkörpern und leben die Hauptthese des „Handheinzhorst“: „Einer allein kann sich nicht Heimat sein. Heimat fängt in der Familie an.

Ein besonderer Dank, wenn auch nachträglich, gilt meinem Lehrer in der Oberstufe der Annenschule zu Dresden, Dr. Karl Zuchardt (gest.1968). Er erteilte Deutsch und Geschichte und verfaßte Bühnenstücke und historische Romane. Er lehrte in Abkehr von der herrschenden Ideologie der Zeit und mußte 1938 sein tapferes menschliches und pädagogisches Verhalten mit der Entfernung aus dem Schuldienst bezahlen. Ihm verdanke ich meine Liebe zur deutschen Sprache und mein immerwährendes Interesse an Geschichte und Politik. Ohne diese Grundlagen hätte ich den „Hansheinzhorst“ nicht schreiben können.

Herbert Heinrich

Vorwort

Hansheinzhorst ist keine Biographie, auch wenn der Leser die Erzählfolge wie eine Lebensgeschichte begreifen kann. Sie ist mehr als der Lebenslauf eines Einzelnen. Schon aus dem Namen-Drei geht das hervor.

Hansheinzhorst ist eine Zusammenfassung, eine Art Um- und Einfassung von Schicksalen junger deutscher Menschen aus verschiedenen Jahrgängen, deren Kristallisationsmitte der Jahrgang 1920 ist.

Zwischen zwei Kriegen geboren – gilt diese Feststellung nicht für die meisten Menschen unserer geschundenen Erde? – im Kriege verheizt, in der Gefangenschaft gequält, auf der Flucht verreckt – und nach dem Kriege in ein Zivilleben hineingestolpert, dessen raffinierte Spielregeln Hansheinzhorst nicht beherrschen konnte, da er bis dahin nur Schule und Krieg erlebt hatte. Ein solches, aus dem Ruder gelaufenes Leben, jenseits aller Normalität begreifbar zu machen, das ist das Anliegen dieses Buches.

Kein Zeitabschnitt voller Tristesse ist freilich so trost- und hoffnungslos, daß es nicht auch in ihm ein Stück Fröhlichkeit gäbe. Deshalb hat auch in Hansheinzhorsts Dasein des Lebens Fülle ihren Platz: Weinen und Lachen.

Die beiden Vereinsamten, Hansheinzhorst und Xantri, begegnen sich und bleiben beieinander – Tatort Krankenhaus. Er ist auf der Suche nach einer „antragsberechtigten" Frau, sie nach einem heiratswilligen Mann. Er möchte sich eine eigene Existenz mit einem Bücher- und Zeitschriftenkiosk aufbauen; sie benötigt einen Mann, um ihre Wohnung behalten zu können.

Von dieser jenseits aller bürgerlichen Konventionen sich befindenden Liebesgeschichte geht ein ganz besonderer Zauber aus, wie dieser nur von einer aus den Fugen geratenen Zeit – dem Jahrzehnt zwischen 1945 und 1955 – ausgehen konnte. Kontrapunktiert wird dieses liebenswürdige Zusammenraufen durch beider Erzählungen aus Krieg und Flucht.

So werden Hansheinzhorst und Xantri zu Vertretern einer deutschen Generation, gewissermaßen zu einer Hinterlassenschaft des tausendjährigen Reiches, dem am Ende noch 988 Jahre zur Vollendung und Verwirklichung fehlten. Vom Jahrgang 1920 überlebte nur jeder Dritte.

Darüberhinaus ist es mein Anliegen, dem teils düsteren, teils buntgescheckten Zeithintergrund Farbe zu geben und ihn lebendig werden zu lassen. Dieser Wandteppich – „Deutsche Geschichte in Geschichten" – wird durchwebt von silbernen Fäden heiteren Geschehens und vom Goldfaden eines Glaubens, der oft auch, in dieser Zeit gelebt, von einer anderen Dimension war.

Im übertragenen Sinne vertreten Hansheinzhorst und Xantri die geschundenen Menschen auf allen Kontinenten und zu allen Zeiten schlechthin, wie sie lebten und litten und weiter leben und leiden werden: Der Mensch lernt nichts aus der Geschichte.

Teil I:

Hansheinzhorst

Die Drei über und die Drei unter dem Strich
Wer das erste Knopfloch verfehlt,
kommt mit dem Zuknöpfen nicht zurecht

Einleitung:

Wie Hansheinzhorst zu seinem Namen kam

Hansheinzhorst wurde an einem seltenen, an einem sehr seltenen Tag geboren. Dieser Tag war der 29. Februar, und man schrieb das Jahr des Heils 1920, ein Schaltjahr. Der Jahrgang 1920 wurde der stärkste nach dem ersten großen Kriege und der am stärksten dezimierte während des zweiten großen Krieges. Die Quersumme dieses Schaltjahres 1920 ist zwölf, und die Quersumme von zwölf ist drei.

Diese Drei wurde Hansheinzhorst zum Schicksal. Sie war eine, seine Primzahl und daher unteilbar auch mit ihm verbunden, ob sie ihn teilte oder multiplizierte, ob sie sein Nenner oder sein Zähler war.

Hansheinzhorst und die Drei taten sich meist schwer miteinander. Ein ganzes Leben lang gingen sie mit sich um. Selten hatte er Wünsche frei. Und meistens waren es nicht die drei, von denen man so oft leichthin sagt, „Aller guten Dinge sind drei".

So manches Mal meinte Hansheinzhorst, zu den drei Männern im Feuerofen zu gehören. Aber auch das Gespür, einer von den drei Weisen aus dem Morgenlande zu sein, fehlte nicht. Und schließlich spürte er eines Tages, daß die Dreieinheit von Vater, Sohn und Geist in seinem Leben zu wirken begann.

Hansheinzhorsts Vater hatte von drei Buben geträumt: Einen Hans wollte er haben, einen Heinz und noch später einen Horst. Und dann kamen sie alle drei auf einmal: Es war tief in der Nacht am 28. Februar. Arzt und Hebamme taten ihr möglichstes, die Drillinge gesund zur Welt zu bringen. Aber die beiden Buben, die zuerst kamen, erblickten das

Licht der Welt nicht.

Dann kam eine große Pause, der Dritte wollte und wollte nicht kommen. Er schien sich im Mutterinnern festzukrallen. Wollte er nicht hinaus in die Unbill dieser geschundenen Welt? Wollte er im warmen Leib seiner Mutter bleiben, geschützt, geborgen und versorgt?

Die Hebamme griff zum Äußersten- und kurz danach kamen fast gleichzeitig „Horst“ und die Nachgeburt. Durch die Verzögerung trennte ihn nun ein ganzer Tag von seinen Brüdern. Es war der 29. Februar geworden.

Der Arzt hatte Hansheinzhorsts Vater gesagt, daß die Mutter nicht mehr gebären könne. Die Gebärmutter sei bei der Drillingsgeburt zu stark beschädigt worden, und er bedaure, daß nur der dritte Junge überlebt habe.

Aber Hansheinzhorsts Vater mit seinem westfälischen Dickschädel ließ sich dadurch nicht beirren. Und seine Traurigkeit trotzig auf die Seite schiebend, sagte er, dann solle der Horst nicht Horst, sondern Hansheinzhorst heißen.

So stand nun dieser Namen-Drei über seinem Leben wie ein Mondsonnenstern: von der Last des Lebens ward ihm dreifach zugeteilt, doch von der Lust hingegen nur ein Drittel.

Schon mit seinen Geburtstagen haperte es. Genau genommen hätte er ja nur in den Schaltjahren Geburtstag gehabt. Und dazwischen lagen immer drei Jahre ohne den 29. Februar. So mußte er in diesen drei Jahren seinen Behelfsgeburtstag stets am 1. Dritten feiern, mit Märzbeginn also.

Und später sollte er es auch so manches Mal merken: Wenn man schräg ins Leben eingestiegen war wie er, als drittes Drittel eines Drillings, dann paßte eben vieles, zum Beispiel Gesetze, die für normal geborene Bürger erlassen worden waren, nicht für ihn. So kam es, daß hie und da im späteren Leben einfach kein helfender Paragraph für ihn zu finden war. Welcher Gesetzgeber schaltet schon beim „Geben“ so, daß auch einem im Schaltjahr Geborenen, der nur alle vier Jahre richtig Geburtstag feiern kann, ein Stücklein Gerechtigkeit zuteil wird. Er war ein Drittel und bekam auch oft nur ein Drittel. Zwar war er von einem Drilling das Drittel, also mathematisch gesehen, ein Ganzer. Aber solch ein umständliches Bruchrechnen wurde natürlich bei der Konstruktion von Paragraphen nicht angestellt.

Er mußte sein Leben leben, wie es ihm am Tage seiner Geburt zugeteilt und vorgezeichnet worden war. Schon als Junge bekam er bald heraus, daß die Sache mit den drei Wünschen selten auf ihn paßte. Trotzdem – er stellte sich seiner Drei. Sie neckte ihn, er entzog sich ihr; sie rannte hinter ihm her, er versteckte sich; sie lauerte ihm auf. – Kurz und gut, das weitere Spiel dauerte so lange, bis der Ernst des Lebens an ihn herantrat.

Und ernst wurde es am 30. 1. 1933. 30 Tage vor seinem 13. Geburtstag hatte das Dritte Reich begonnen. Drei mal vier Jahre dauerte das 1000jährige Reich, davon drei mal zwei im Krieg. Und dieser begann 1939. Welche Kulmination seiner Schicksalszahl! Der Jahrgang 1920 (mit der Quersumme drei), Hansheinzhorsts Jahrgang, war von Anfang an gefragt.

Und am Ende des 1000fachen Schreckens lebte nur noch ein Drittel davon. Von Dreien hatte nur einer überlebt, so wie es bei seiner Geburt gewesen war.

1

Eine dreiköpfige Familie

Kleines Bier – großes Bier und „Milde Sorte“

Hansheinzhorsts Mutter sitzt in Müdigkeit und Schwäche am Krankenbett ihres kleinen Sohnes und ist schon fast ganz in sich zusammengesunken. Nur ihre Hände liegen noch oben auf der obersten Sprosse des Gitters, das sie sicherheitshalber wieder an dem kleinen Bett angebracht hat, damit ihr Junge in seinen Fieberphantasien nicht herausfallen sollte.

„Diphtherie mit Lungenentzündung“, hatte der Arzt vor drei Tagen festgestellt und ihr gesagt, daß nach dieser Zeit die Krise entweder so oder so beendet werden würde. Entweder er wache nach drei Tagen auf – oder die Behandlung müsse im Krankenhaus fortgesetzt werden.

Zwischen „auf“ und „oder“ hatte er eine kleine Pause gesetzt, und Hansheinzhorsts Mutter spürte, was der Arzt damit sagen wollte. Abwechselnd schaut sie durch das Gitter auf ihren Jungen oder richtet den Blick nach oben. Die ineinander gefalteten Finger verkrampfen sich fast, als sie wieder ihre Blicke nach oben sendet: „Laß mir meinen Jungen bei mir! Du hast mir bei der Geburt meiner Drillinge zwei genommen. Er ist doch der letzte, der einzige, den ich habe, haben werde!...

Und das alles ist doch noch gar nicht so lange her, daß ein anderer Arzt mir Drillinge ankündigte. Damals habe ich tief aufgeseufzt: Es wird wohl kaum für einen langen; wie soll ich drei ernähren! Als die schwierige Geburt vorbei war, fielen mir diese Worte wieder ein. Hatte ich mit meinem tiefen Seufzer den Tod zweier meiner Kinder verschuldet? Oder hatte sich Gott meiner Not erbarmt und nur den einen überleben lassen? Aber warum hat er dann unter meinem Herzen Drillinge wachsen lassen? Ach, was denkt man nur für lauter dummes Zeug zusammen, wenn man zwischen Tod und Leben bangt und hofft!"

Die über den Knöcheln weiß gewordenen Finger lösen sich, und ihre abgearbeiteten, von scharfen Putzmitteln rauh gewordenen gefalteten Hände legen sich nebeneinander auf den hölzernen Rost. So bekommt ihr Körper nun wieder einen festeren Halt. Auch für den ihr immer schwerer werdenden Kopf sucht sie nach einer Stütze. Schließlich kommt er mit der Stirn auf die beiden Handrücken zu liegen. Fast gleichzeitig, während sich ihre Augen schließen, spricht sie noch einmal zu ihrem Jungen hin:

„Bleib' bei mir, Hansheinzhorst; geh' nicht fort von mir!" Während ihr die müdgeweinten Augen zufallen, öffnet Hansheinzhorst erstaunt seine Augen. Er vernimmt die letzten Worte seiner Mutter und ruft ihr leise zu: „Aber ich will doch gar nicht von Dir fortgehen! Ich will doch bei Dir bleiben!"

Mutter: „Du willst, du darfst bei mir bleiben? Ich kann dich behalten?" Bei diesen Worten hat sie sich langsam, fast ungläubig aufgerichtet und schaut schließlich – erschöpft, aber beglückt – auf ihren langsam erwachenden Sohn.

Hansheinzhorst: „Mutter, es ist ja schon dämmrig! Habe ich den ganzen Tag geschlafen?"

Mutter: „Drei Tage und drei Nächte hast Du geschlafen! – Aber nun wird alles wieder gut werden! Nun brauchst Du nicht mehr fort von mir!"

Und nach einer kleinen Weile fügte sie, ein Lächeln versuchend, indem sie, die Silben langsam setzend, betonte und ganz leise zu sich sprach: 'Nicht ins Krankenhaus!' –

Nun wirst Du bald sechs Jahre alt. Und einen solchen Geburtstag verbringt man weder im Krankenhaus noch im Krankenbett. Also spute Dich, daß Du bald ganz gesund wirst. Und mach' mir einen guten Eindruck, wenn heute der Onkel Doktor kommt!"

Hansheinzhorsts Eltern – im Ruhrgebiet zuhause – hatten beide im vergangenen Krieg einen Lungenschuß bekommen. Der Vater hatte „Glück" gehabt, wie man dies halt so, ohne großes Bedenken der Folgen, bei einem Heimatschuß sagt. Seine Verwundung hinterließ nur ein kleines Loch. Aber Einschuß und Ausschuß waren im rechten Lungenflügel. Seine Gesundheit blieb angegriffen, denn bei diesem Lungendurchschuß hatte er im Grabenkampf vor Verdun nicht gleich nach hinten gebracht werden können. Später, nach seiner Entlassung aus dem Lazarett, hätte er noch weiterhin gut ernährt werden müssen. Aber da gab es schon den Krieg nicht mehr und nur wenig zu essen. Die „Solldaten" und die „Habendaten" hatten nicht mehr übereingestimmt. Eine kräfteaufbauende Kost gab es für einen abgehalfterten Soldaten im nunmehr sogenannten zivilen bürgerlichen Leben nicht.

Und er hat nicht einmal eines: Mit einer angeschlagenen Lunge schafft er zügiges Gehen und Arbeiten nicht mehr. Bei Belastungen fängt er an zu rasseln und zu schnaufen wie eine kaputte Dampfwalze, die repariert werden müßte. Aber eine Reparatur für ihn gibt es nicht mehr. Seine unbeschädigte Lunge – die ist Vergangenheit -; und die Gegenwart heißt Arbeitslosigkeit. Und die Zukunft, die er sich noch nicht vorstellen konnte, wird man Inflation nennen. Das wird für ihn bedeuten: Wenn gute Ernährung wieder möglich sein sollte, wird das Geld keinen Wert mehr besitzen. Der Weg am Hunger entlang wird noch lange dauern.

Ab und an spielt er mit einem anderen Kriegsteilnehmer bei einem kleinen oder großen Bierchen – je nach Finanzlage – Billard in der Kneipe an der Ecke. Der Kriegskamerad ist Plattenaufleger im Kino zwei Straßen weiter. Es ist Stummfilmzeit.

Ab und zu vertritt ihn Hansheinzhorst im Kino, wenn es seinem Kumpel nicht gut geht.

Als der an seiner Verwundung stirbt – zwei Hände voll Splitter in der Herzgegend -, wird Hansheinzhorst sein Nachfolger als „staatlich geprüfter und diplomierter Schallplattenaufleger“. So bezeichnet er sich gerne, wenn er in guter Stimmung ist, und fügt hinzu: „Früher habe ich die Platten auf den Fußboden gelegt, heute lege ich sie auf den Teller. Wenn das kein Aufstieg ist!“

Seine Einnahmen aus diesem Schallplattengeschäft müssen der Behörde verschwiegen werden. Sie müssen das kümmerliche Arbeitslosengeld aufbessern. Von der Unterstützung allein hätte die dreiköpfige Familie ihr armes, kleines Leben nicht bewältigen können.

Mutters Lungenschuß ist von heimtückischerer Art als der des Vaters: Sie arbeitete während des Krieges in einer Munitionsfabrik und drehte Granaten. Bei ihrer Arbeit hatte sie wahrscheinlich Tuberkel eingeatmet. Es war nichts Ungewöhnliches, daß man sich bei einer Kollegin anstecken konnte. Jedenfalls stellten sich nach einer gewissen Zeit beim Luftholen Beschwerden ein. Die „Schwindsucht“, wie man damals sagte, wurde später vom Arzt festgestellt. Und eine solche Lungentuberkulose war seinerzeit eine schleichende, meist todbringende Krankheit.

Hansheinzhorsts Mutter weiß darum und trägt oft schwer daran: Wie sollen meine beiden Männer ohne mich miteinander auskommen: Diese zwei halben Portionen, der eine noch nicht Portion, der andere nicht mehr – so wie sie diesen früher oder später zu erwartenden Zustand – ungefragt – für sich zu bezeichnen pflegte? Als ihre Kräfte mehr und mehr schwanden, dachte sie für sich: „Ich muß es meinem Mann noch sagen! Wohl oder übel muß er wieder heiraten!“ Viele, viele Menschen damals bissen sich auf die Lippen und behielten ihre Sorgen und Nöte für sich, oft aus dem Grunde, um den anderen nicht noch mehr Unbill aufzubürden.

Hansheinzhorst weiß wenig vom Schicksal seiner Eltern. Seine Mutter erlebt er öfters in Schwäche und nimmt an, daß sie müde von der Arbeit ist oder daß sich ihr bedächtiges Wesen ab und zu so äußert. Schließlich muß sie ihren Küchenhilfsposten in einem vornehmen Restaurant aufgeben. Um dort um 15 Uhr anzutreten, muß sie um 14 Uhr aus dem Haus, muß zur Straßenbahnhaltestelle hasten, eine halbe Stunde mit der Bahn fahren und dann nochmals ein Stück bis zu ihrer Arbeitsstelle laufen. In ihrem Stadtviertel gibt es kein solch' vornehmes Restaurant, in dem sich abends neureiche Geschäftsleute gegenseitig einladen, um pikante Geschäfte zu besprechen.

Zur gleichen Zeit, als sie wegen ihrer zunehmenden Atembeschwerden selbst gehen wollte, bekommt sie ihre Kündigung. Gerade rechtzeitig für sie und ihre Familie „bewährte“ sich einmal mehr das alte Wort: „Dem einen sein Tod ist dem anderen sein Brot.“ Sie legt Platten und Teller und den übrigen Aufwasch beiseite, und ihr Mann, Hansheinzhorsts Vater, hebt die Platten auf und legt sie auf den Teller.

Sie nimmt dieses Zusammentreffen für sich wie eine Befreiung an, um von nun an zuhause bleiben zu können. Auf diese Weise bleibt Hansheinzhorst nachmittags nie mehr allein in der Wohnung, und sein Vater erlaubt sich wieder ab und zu ein kleines Helles. Mutter kann nicht mehr soviel im Haushalt schaffen wie früher. Das kommt nun aber Hansheinzhorst zugute. Sie sitzen viel zusammen, Mutter erzählt, Hansheinzhorst spielt; aber trotzdem hört er dabei zu. Und so kommt es, daß er sich trotz Mutters Anwesenheit oft ganz weit weg von daheim fühlt: Hinter den sieben Bergen, in den Jagdgründen von Bibern, Löwen und wilden Raubtieren, auf anderen Erdteilen oder auch zur See. Mutter kann großartig erzählen. Dieses Talent hat sie von ihrem Vater geerbt.

Vater unternimmt gerne am Sonntagvormittag seinen Waldspaziergang. Am Sonntagnachmittag muß er zur Jugendvorstellung im Kino Platten auflegen. Hansheinzhorst begleitet ihn dann stets, denn er weiß, daß sein Vater unterwegs meist gut aufgelegt ist und auch mit ihm spielt. Meistens spielen sie dann ihr Lieblingsspiel, eines, das auf die beiden geradezu klassisch zugeschnitten ist. Eines Tages haben sie es selbst erfunden:

Zunächst spendiert Vater eine Straßenbahnfahrt bis zur Endstation. Hansheinzhorst sitzt auf Vaters Schoß, schaut zum Fenster hinaus und zählt seinem Vater alles auf, was vorbeizieht. Hinter der Endstation beginnt ein breiter Forstfahrweg. Von diesem geht bald ein schmaler Pfad ab, von lauter Fichten umsäumt, der sich auf eine kleine unbewaldete Höhe hinaufschlängelt.

Als sie diesen kleinen Weg das erste Mal zusammen gingen, mußte Vater in einer Biegung stehenbleiben, um Luft zu schöpfen. Hansheinzhorst ging weiter. Nach einem kurzen Zögern rief ihm sein Vater zu: „Na, lauf' bis zur nächsten Kurve!" Noch einige Schritte weiter, und Hansheinzhorst verschwand hinter den Fichten. Als er, sich umdrehend, Vater nicht mehr sah, kehrte er zurück, um zu sehen, wo er bliebe.

Vater war ihm inzwischen vier, fünf Schritte entgegengekommen, seine Lunge hatte ein wenig ausgeruht, und so rief er seinem Sohn zu: „Na, da sehe ich Dich schon! Ich dachte, Du bist bereits über alle Berge. Wollen wir einmal sehen, wer von uns beiden zuerst auf der kleinen Anhöhe ist?"

Kaum ausgesprochen, hatte sich Hansheinzhorst – schwupps – umgedreht, und davonrennend hielt er erst in der nächsten Biegung an. Vater war in der vorhergehenden wieder stehengeblieben und mußte erneut tief Luft schöpfen. Hansheinzhorst deutete Vaters Stehenbleiben als ein lustiges Spiel – und natürlich war er vor Vater der erste, der auf der kleinen Anhöhe ankam. Dort oben stand eine Bank, und beide ruhten sich aus und genossen die schöne Aussicht.

Beide überkam ein glückliches Gefühl von Geborgenheit. Hansheinzhorst schmiegte sich an seinen Vater, und dieser spürte für eine kleine Weile, sich rückerinnernd an einst, als für ihn noch Schöpfer, Geschöpf und Schöpfung in Einklang standen, eine Woge unbeschreiblichen Glücks. Mutter war, solange sie die Kräfte dazu noch hatte, diesen Weg mitgegangen. Das war aber schon einige Jahre her. Da lag Hansheinzhorst noch im Sportwagen.

Das schöne Erlebnis wiederholten Vater und Sohn oft, wenn der Sommer die Sonne scheinen ließ und das Geld für die Straßenbahnfahrt langte. Vater hatte sich angewöhnt, oben auf der kleinen Anhöhe seiner Lunge eine Erfrischung zu bieten. Meistens zog er daher zwei Hustenbonbons aus seiner Rocktasche hervor. Eines davon hielt er seinem Sohn stets mit den Worten hin:

„Darf ich dem Herrn eine 'Milde Sorte' anbieten?"

„Verbindlichsten Dank, mein Herr, sehr freundlich von Ihnen!"

Vater hatte vor dem Krieg sonn- und feiertags „Milde Sorte" geraucht. Seit seiner Atemnot hatte er eine ganze Reihe von Hustenbonbons durchprobiert, bis er eine Sorte fand, die ihm angenehm schmeckte, und die er, an alte Zeiten sich erinnernd, „Milde Sorte" nannte.

Nun sitzen die beiden nebeneinander und „rauchen". Beide führen den rechten Zeige- und Mittelfinger an den Mund, um dann die „Zigarette", nach rechts führend, aus dem Mund zu nehmen, um den Rauch schließlich, ausatmend, fauchend und pustend herauszulassen.

„Wie schade, daß Mutter nicht mehr dabei sein kann", sagt Vater. „Aber wenn wir nachhause kommen, erwartet sie uns mit Streußelkuchen und Kathreiner!"

2

Kindheit:

Knopf- und Knopflochleiste – und ein Träumezug

Die Jahre zwischen dem dritten und sechsten Lebensjahr werden meistens für die Kleinen zu einer aufregenden Zeit. Sie üben und üben, bis sie sich allein anziehen können, wobei das Schuhbänderschnüren und die Knöpfe in die richtigen, das heißt in die dazugehörigen Knopflöcher durchzustecken, ganz entschieden die beiden Höhepunkte dieser Schwerarbeit sind.

Hansheinzhorst hatte das Schuhbänderschnüren bereits erfolgreich hinter sich gebracht, und das Schleifenlegen und -durchziehen bereitete ihm kaum noch große Schwierigkeiten.

Aber das Knöpfen an seiner dicken bunten Strickjacke, die Mutter ihm zu Weihnachten aus Wollresten angefertigt hatte, machte ihm noch arge Sorgen.

Heute, eine Woche vor seinem sechsten Geburtstag, will er endlich seiner Mutter zeigen, daß er das Auf- und Zuknöpfen auch an seiner dicken Wolljacke beherrscht. Nach dem Frühstück zieht er sich seine Jacke über und knöpft sie sorgsam zu, während seine Mutter sich in der Küche zu schaffen macht und das Mittagessen vorbereitet. Schließlich stürmt Hansheinzhorst in die Küche und ruft:

„Mutter, Mutter! Ich habe alle Knöpfe an meiner Strickjacke zubekommen! Nur da unten, da hast Du einen vergessen anzunähen!"

Die Mutter sieht ihren Jungen an, betrachtet die Strickjacke von oben bis unten – und dann noch einmal von unten nach oben – und hat dabei den Zuknöpf-Fehler schnell erkannt:

„Ich sehe schon, woran es liegt. Schau' einmal in den Spiegel an der Garderobe im Flur."

Hansheinzhorst betrachtet sich dort sehr genau, dreht sich dann zu seiner Mutter um, die ihm in den Flur gefolgt ist, und ruft ihr zu:

„Und oben hast Du einen Knopf zuviel angenäht, Mutter!"

„Na, mein Söhnchen, was meinst Du wohl, wer hier einen Fehler gemacht hat, Du oder ich? – Du hast mit dem zweiten Knopf angefangen zu knöpfen. Dann ist oben der erste übrig, und unten fehlt einer. Das ist so wie im Leben, wenn man den zweiten Schritt vor den ersten setzt. Dann kommt man leicht ins Verzählen und ins Stolpern. Es ist nicht einfach, immer den richtigen Knopf ins passende Knopfloch zu stecken!"

Währenddessen hat Hansheinzhorst die Jacke aufgeknöpft und fängt – dabei wieder in den Spiegel schauend – nochmals von Anfang an, richtig zuzuknöpfen. Als er den dritten Knopf eingeknöpft hat, ruft er stolz seiner Mutter nach, die inzwischen wieder in die Küche gegangen war:

„Jetzt habe ich aber richtig angefangen!"

Doch als er, mit dem Spiegel im Rücken, stolz weiterknöpft und den letzten Knopf glücklich durchgesteckt hat, bleibt wieder ein leeres Knopfloch übrig:

„Mutti, es fehlt doch ein Knopf!"

„Man kann nicht nur am Anfang, sondern auch in der Mitte – des Lebens -", diese beiden Worte sagte sie aber nur zu sich selbst, „Fehler machen. Dreh' Dich um, und schau' noch einmal in den Spiegel!"

„Nein, wie bin ich dumm, Mutti!"

Er knöpfte von unten her noch einmal bis zum vierten Knopf auf, zieht den vierten Knopf aus dem dritten Knopfloch – und steckt dann, nach unten folgend, alle Knöpfe in die richtigen Knopflöcher.

„Aber jetzt stimmt es!" – „Siehst Du, mein Sohn, so ist das mit dem Knöpfen und – dem Leben".

Jetzt sagt sie diese beiden letzten Worte nicht nur für sich, sondern kommt zu dem Entschluß, „das Leben" ruhig mit in die folgenden Sätze einzubeziehen.

„Man muß viel üben, bis alles an seinem richtigen Platz sitzt. Wenn Dir zum Beispiel der erste Knopf abgerissen worden ist, dann kann man keinen ersten Knopf durch's erste Knopfloch stecken. Vater war im Kriege und ist jetzt arbeitslos und Deine Mutter nicht mehr gesund, dann sitzt die ganze Jacke schief, und Du kannst sie nicht richtig zuknöpfen und schließen. Darauf kommt es im Leben an: Richtig zuknöpfen und verlorene Knöpfe wieder annähen oder wenigstens einen anderen, wenn man den richtigen nicht wieder findet!

Du hast heute viel gelernt, mein Sohn. Und jetzt weißt Du, wie man Fehler sucht, findet und korrigiert. Und noch eines ist wichtig im Leben: daß man Menschen an seiner Seite hat, die einem sagen: 'Du hast Deine Jacke falsch zugeknöpft!' oder: 'Du, da fehlt ein Knopf an Deiner Jacke! Komm', ich näh' ihn Dir an!'" -

„Ich habe zwar nicht alles von dem verstanden, Mutti, was Du mir erzählt hast, aber ich will mir soviel wie möglich davon merken. Denn das ist schon wichtig mit der Knöpferei, das sehe ich ein. Man muß ja jeden Tag mit Knöpfen umgehen." -

„Und was wird sein, wenn Du erwachsen bist? Mit 21 ist man groß und muß sich um alles selbst kümmern! Dann schreiben wir 1941. Wird es wieder Krieg geben? Wirst auch Du Soldat sein müssen wie Dein Vater? Dann müßtest Du Dir wohl die Knöpfe selbst annähen! Aber noch hast Du Deine Mutter, die das tut. Noch bist Du mein Kind – und bald feiern wir Deinen sechsten Geburtstag!" -

„Mutti, weißt Du, ob ich das Dreirad bekommen werde?"

„Ich weiß nur, daß Vater nach einem gebrauchten Dreirad Ausschau gehalten hat."

„Ich habe in der vergangenen Nacht nämlich schon von einem Dreirad geträumt. Es klingelte an meinem Geburtstag an der Wohnungstür. Ich stieg am Geburtstag aus dem Bett, ging in den Flur und machte die Wohnungstür auf. Und da stand das Dreirad vor der Tür! Gehen Träume in Erfüllung, Mutter?"

„Das können sie schon. Aber es gibt noch mehr Träume, die nicht in Erfüllung gehen! Manchmal fahren die Träume nachts nur so am Bett vorbei – man schaut ihnen hinterher und weiß zur gleichen Zcit, daß sie sich nicht erfüllen werden, erfüllen können!"

„Und wie ist das, wenn man von einem Dreirad träumt?"

„Das weiß ich nicht. Da habe ich noch keine Erfahrungen sammeln können. Früher habe ich einmal ein schönes Gedicht vom Träumen gelesen. Damals habe ich es auswendig gelernt, weil es mir so gut gefiel. Ich glaube nicht, daß ich es noch richtig zusammenbringe."

„Versuch' es doch einmal! Vielleicht kannst Du es noch!"

„Ich will es probieren:

Der Bahnhof meiner Träume ist viel zu klein gebaut.
Sie fahren oft nur so hindurch und halten leider nicht.
Ich schaue ihnen hinterdrein und winke,
bis sie ganz verschwunden sind.
Hält einmal einer wirklich an,
dann halte ich ihn fest und prüfe ihn sehr sorgfältig,
ob in die Wirklichkeit er sich verwandeln läßt."

„Sind denn Träume Züge, Mutti?"

„Oh ja, mein Kind! Sie können anhalten, sie können vorbeifahren, und ich und Du, wir können mitfahren!"

„Hurra, Mutti! Dann spielen wir jetzt Träumezug, ja? Dein Sessel hier ist der Bahnhof, Du bist der Bahnhofsvorsteher, und ich bin der Träumezug: Tsch, tsch, tsch! Ich hole Dir noch ganz schnell eine Kelle aus der Küche, und dann kann es losgehen."

„Wie gut, daß der Herr Bahnhofsvorsteher den Kartoffelsalat schon gestern hergerichtet hat. Dann braucht er nur noch die Würstchen heißmachen."

Hansheinzhorst (aus der Küche zurückkommend): „Hier hast Du die Kelle, Mutti! Wenn der Träumezug halten soll, dann mußt Du winken. Wenn er nicht halten darf, wenn er durchfahren soll, dann mußt Du die Kelle nach oben strecken."

Die Mutter: „Der Bahnhofsvorsteher wird sich bemühen, alles richtigzumachen!"

Hansheinzhorst (schreitet im Zimmer einen Kreis ab und ruft): „Der Träumezug bringt einen Geburtstagskuchen!"

Die Mutter (winkt mit der Kelle und ruft): „Halt, anhalten, abladen!"

Hansheinzhorst (nach einer weiteren Runde): „Der Träumezug bringt sechs Geburtstagskerzen!"

Die Mutter (hebt wieder den Arm und winkt): „Halt, anhalten, abladen!"

Hansheinzhorst (nach der nächsten Runde): „Der Träumezug bringt ein paar neue Schuhe für mich!"

Die Mutter (will erst winken und 'Halt' rufen, aber dann reckt sie die Kelle in die Höhe): „Durchfahren, nicht abladen, so wichtig auch die Schuhe für Dich wären, damit Du nicht immer bei Regen mit nassen Füßen und Strümpfen nachhause kommst! – Kein Geld in der Kasse! Schuhe können nicht bezahlt werden!"

Hansheinzhorst: „Der Träumezug bringt einen Bankdirektor!"

Die Mutter: „Halt, aber nicht abladen! Ich weiß schon, daß Du gerne Bankdirektor werden möchtest, weil Du meinst, der habe immer Geld. Aber so ein Beruf kostet eine Schulzeit von 13 Jahren. Möchtest Du über ein Dutzend Jahre die Schulbank drücken? Und wer soll das bezahlen? – Weiterfahren! –"

Hansheinzhorst: „Also das mit der langen Schulzeit habe ich nicht gewußt. Das muß ich mir noch überlegen, ob ich so lange zur Schule gehen will. – Vielleicht werd' ich dann doch lieber Straßenbahnschaffner. Der kassiert ja auch immer soviel Geld und braucht sicher keine höhere Schulbildung!"

3

Schulzeit:

Ein anstößiger Briefwechsel und ein seltsames Zeugnis

Hansheinzhorst, einige Zeit nach dem Tode seiner Mutter mit seinem Vater nach Dresden gezogen, bekam dort eine Stiefmutter, zu der er bald ein gutes Verhältnis fand. Der Übergang von seiner alten Schule zur neuen bereitete ihm zwar einiges Kopfzerbrechen, aber bald faßte er wieder Tritt und kam gut mit.

Der Sprecher von Hansheinzhorsts Klasse, Wolfgang Kämpfer, steht in der Tür und beobachtet den Flur. Als er Studienrat Karlas entdeckt, ihren Lehrer in Mathematik und Physik, ruft er in den Klassenraum hinein: „Stuka kommt!"

Er verläßt schnell seinen Beobachtungsposten, stellt sich vor seine Mitschüler und ruft: „Achtung!"

Alle Schüler erheben sich mehr oder weniger schnell aus ihren Bänken und warten auf das nächste Kommando: „Stillgestanden! – Augen rechts!" In dem Moment betritt Studienrat Karlas in SA-Uniform den Klassenraum und nimmt die Meldung Kämpfers entgegen, wobei beide den rechten Arm zum Gruß erheben: „Obersekunda B zum Unterricht angetreten!"

Studienrat Karlas schätzt dieses Zeremoniell, das eigentlich nur in Wehrmacht und SA üblich ist. In die Schule gehört es nicht, auch die Uniform nicht. Aber da Studienrat Karlas, bedingt durch eine vormilitärische Nachtübung, einmal zu spät zum Unterricht erschienen ist, hat er sich vom

Direktor eine Sondererlaubnis für künftige Fälle dieser Art erteilen lassen. Meinung des Direx: Lieber Unterricht in Uniform, als diesen ausfallen lassen!

Hansheinzhorst schaut Studienrat Karlas auf seine Halbschuhe, die ihm gar nicht so dreckig erschienen, wie sie eigentlich hätten sein müssen, wenn... Es hatte sich längst in der Penne herumgesprochen, daß die Nachtübungen öfters im Wirtshaus stattfanden und die Zeit nicht mit Kartenlesen, sondern mit Kartenspielen verbracht wurde.

Studienrat Karlas liebt diese Art von Nachtübungen mit der Konsequenz, die Schule in Uniform betreten zu können. Auch seinen Spitznamen findet er nicht übel. Wird doch zur Zeit ein Sturzkampfflugzeug erprobt, dessen Abkürzung Stuka bereits in SA-Kreisen seine Runde macht.

Studienrat Karlas: „Heil-Hitler-Jugend!"

Er ruft die drei Worte mit zwei gleich langen Pausen. Es ist nicht herauszuhören, ruft er nun „Heil Hitlerjugend" oder „Heil Hitler, Jugend"! Jedenfalls sieht er Hansheinzhorst wieder einmal scharf an, von dem er weiß, daß er kein HJ-Mitglied ist. – „Kämpfer, besondere Vorkommnisse?"

Kämpfer: „Es fehlen entschuldigt wegen Krankheit Paul Müller – und unentschuldigt seit fünf Tagen David Goldstein."

Studienrat Karlas: „Interessant, interessant! Vor einiger Zeit verschwand der Günther Sobersky mit seiner Familie, und jetzt reist der Goldstein samt Familie hinterher nach Israel. Aber das kann uns nur recht sein. Raus mit der Judenbande aus dem deutschen Vaterland! Kämpfer, wo sind wir beim letzten Unterricht stehengeblieben?"

Kämpfer: „Sie hatten uns die mathematischen Grundlagen des Schießens bei der Artillerie aufgezeigt. Dabei hatten Sie uns von Ihren Schießkünsten im ersten Weltkrieg erzählt."

Studienrat Karlas: „Wir werden gleich mit diesem Thema fortfahren. Aber erst muß ich noch den Hansheinzhorst etwas fragen: Schreiben Sie sich immer noch mit dem Günther Sobersky?"

Hansheinzhorst: „Warum sollte ich mit ihm keine Briefe wechseln?“

Studienrat Karlas: „Man schreibt sich nicht mit Menschen, die in Israel leben!“

Hansheinzhorst: „Aber der Günther Sobersky gehörte doch einmal zu unserer Klasse! Noch vor einem Jahr haben Sie ihn uns als Besten in Physik, als Vorbild hingestellt!“

Studienrat Karlas: „Die Zeiten haben sich geändert. Jetzt wissen wir ziemlich genau, was die Juden in unserem Volk alles angestellt haben. Und ich wünsche nicht, daß ein arischer Junge aus meiner Klasse sich mit einem Judenbengel schreibt!“

Hansheinzhorst: „Das verstehe ich nicht!“

Studienrat Karlas: „Sind Sie wirklich so naiv? – Sie scheinen noch nicht zu wissen, daß nunmehr wieder großdeutsche Zeiten angebrochen sind, endlich nach anderthalb Jahrzehnten der Demütigungen, der Schmach des Versailler Friedensdiktates. – Und: In Inflation, Arbeitslosigkeit und nationaler Schande, da stecken doch überall die Juden dahinter!“

Hansheinzhorst: „Aber doch nicht der Günther Sobersky!“

Studienrat Karlas: „Ich sehe, Sie sind unbelehrbar! Ich warne Sie noch einmal! Der Briefwechsel, den Sie da führen, ist unerwünscht! Er wird sicher eines Tages ganz unterbunden werden. Es kann sein, daß ich dann unter Umständen mit zur Beurteilung herangezogen werde. Und dann muß ich Stellung beziehen. Wissen Sie, was das für Sie heißen könnte, da Sie nicht einmal Mitglied der Hitlerjugend sind?“

Hansheinzhorst: „Die Sportvereine sollen jetzt alle der Hitlerjugend angegliedert werden. Diesen Termin warte ich noch ab.“

Studienrat Karlas: „Warten Sie nur ab, bis es zu spät ist.“

Hansheinzhorst: „Es gefällt mir halt besser, Sport zu treiben und Fußball zu spielen. In unserer Mannschaft ist ein Pfundsgeist. Das macht Spaß, da mitzukicken.“

Studienrat Karlas: „So, dort macht es Ihnen Spaß – und in der HJ nicht! Ich habe Sie dreimal einladen lassen!"

Hansheinzhorst: „Ich weiß. Ich bin auch hingegangen. Aber ich möchte doch lieber noch warten, bis die Sportvereine in die HJ übernommen werden. Bei uns, in unserer Fußballmannschaft, ist das Kameradschaftliche ganz anders. Das ist einfach da. Ich habe das weder beim Geländespiel noch bei den vormilitärischen Übungen, auch nicht beim Kameradschaftsabend der HJ verspürt."

Studienrat Karlas: „So, Sie haben nichts verspürt! Der Sport ist Ihnen also wichtiger als das Vaterland! Passen Sie bloß auf, daß Sie beim nächsten Zeugnis nichts verspüren werden."

–

Hansheinzhorst: „Vater, nun schau' Dir doch einmal das Zeugnis richtig an! Da steckt bestimmt der Stuka dahinter. Er hatte mich praktisch gewarnt und gesagt, ich würde beim nächsten Zeugnis etwas verspüren, weil ich nicht Mitglied in der HJ bin."

Vater: „... doch bemüht sich wenig, seine körperlichen Anlagen zu entwickeln... – und bei Sport steht die Note 'gut'! Das ist ja ein Ding!"

Hansheinzhorst: „Und so einen Krampf hat der Stuka auch noch unterschrieben!"

Vater: „Und der Direktor auch! Ich würde urteilen: Bei einem Mathematiklehrer könnte man so etwas gerade noch durchgehen lassen. Der hat es ja fast ausschließlich mit Zahlen zu tun. Aber der Direktor gibt doch Deutsch ...? Du, ich glaube, da steckt mehr dahinter als nur so ein sichtbarer Widerspruch."

Hansheinzhorst: „Wie meinst Du das?"

Vater: „Onkel Gustav erzählte mir vor einigen Tagen von dem beruflichen Abgangszeugnis eines ehemaligen Arbeitskollegen, in dem auch so ein komischer Satz stand. Wie hieß er doch gleich? Nun ja, so ungefähr: Herr M. bemüht sich wenig, den Erfordernissen der neuen Zeit gerecht zu werden."

Hansheinzhorst: „Aber Vater, mir, dem Schulbesten im Dreisprung, wenig Bemühen um seine körperlichen Anlagen zu bescheinigen! Und außerdem bin ich ein guter Fußballer und besitze das Reichssportjugendabzeichen."

Vater: „Deshalb hast Du sicher die gute Sportnote bekommen. Hast Du mir nicht einmal gesagt, dieses Abzeichen garantiert Dir eine Zwei? So etwas nennt man 'weisungsgebunden.'"

Hansheinzhorst: „Und an welche Weisung ist der Quatsch da oben gebunden?"

Vater: „Der Satz oben im Zeugnis hat meines Erachtens mit Sport und Deinen körperlichen Anlagen gar nichts zu tun, eher könnte das eine politische Aussage sein. So ähnlich sagte auch damals Onkel Gustav zu mir. – Sicher will man Dir noch ganz anders auf die Sprünge helfen als nur zu einem Dreisprungsieg im Sport."

Hansheinzhorst: „Stuka! Da steckt SA-Sturmführer Studienrat Karlas dahinter! Das ist mir jetzt ganz klar. Er hat mich dreimal zu HJ-Veranstaltungen eingeladen. Ich bin zwar hingegangen, aber ich bin nicht eingetreten! Und das hat ihn sicher gewurmt! Statt dessen schreibe ich mich mit einem ehemaligen jüdischen Mitschüler."

Vater: „Du entziehst Dich den vormilitärischen Übungen und sabotierst damit einen zügigen Aufbau der Wehrmacht ..."

Hansheinzhorst: „Aber Vater! Eine politische Aussage auf Schul- und Berufszeugnissen! Da gehört doch Politik überhaupt nicht hin!"

Vater: „Es gibt überall Stukas, die den Auftrag ausführen, politische Unzuverlässigkeit diskret zu formulieren. In diesem Jahr werden Ober- und Unterprima zusammen entlassen. Ist das kein Politikum? Kein Eingriff in die Schule?"

Hansheinzhorst: „Ich habe mich auch schon gefragt, was das soll ..."

Vater: „Wenn mich nicht alles täuscht, bedeutet das: Adolf braucht Offiziere – und zwar jede Menge zum Aufbau der Wehrmacht. Und das heißt für die Schule: Es gibt keine Unterprima mehr, es gibt keine Oberprima mehr. Es gibt nur noch eine Prima! Prima – nicht wahr?“

Hansheinzhorst: „Aber für eine Wehrmacht in Friedenszeiten braucht man doch nicht so viele Offiziere!“

Vater: „Man könnte ja den Frieden verändern wollen?“

Hansheinzhorst: „Glaubst Du, Adolf will auf einen Krieg hinaus? Sollte wirklich ein Gefreiter, der doch alle Schrecken des ersten Weltkrieges miterlebt hat, einen zweiten anfangen wollen?“

Vater: „Die Menschen haben noch nie aus der Geschichte gelernt. Sie wiederholen es immer wieder: 'Nie wieder Krieg' – und dann ziehen sie doch wieder in den nächsten – und wenn es mit dem Motto ist 'Krieg gegen den Krieg.'“

Hansheinzhorst: „Es fällt mir schwer, Dir diese Feststellung abzunehmen.“

Vater: „Das glaube ich Dir gern. Oder meinst Du, mir ist eine solche Sache willkommen, auch wenn ich wegen meiner Verwundung nicht mehr fronttauglich bin?“

Hansheinzhorst: „Jetzt verstehe ich das ganze Brimborium in der HJ. Da ist ja alles schon auf das Soldatsein hin zugeschnitten.“

Vater: „Deshalb empfehle ich Dir, dieses 'Soldatsein' zu unterlaufen: Melde Dich freiwillig zum Wehrdienst!“

Hansheinzhorst: „Du bist gut! – Du bist einverstanden, daß ich nicht in der HJ Soldat spiele – und nun soll ich sogar freiwillig die Uniform anziehen?“

Vater: „Ganz recht, mein Sohn. So etwas nennt man Dialektik. Paß auf! Um den Arbeits- und Wehrdienst kommst Du sowieso nicht herum. Und da ist es am besten, Du bringst Deinen Wehrdienst gleich nach dem Abitur hinter Dich. Bleibt es friedlich, dann kannst Du nach den zweieinhalb Jahren die Uniform wieder ausziehen und ungestört Dein

Studium anfangen, ohne daß Du es jemals unterbrechen mußt..."

Hansheinzhorst: „Das leuchtet mir ein."

Vater: „Sollte es Krieg geben, dann wärest Du unter Umständen ein 'alter' Krieger, bevor Du an die Front kommst. Du bist dann wahrscheinlich gut ausgebildet und wirst nicht so übereilt und kaum kriegsverwendungsfähig an die Front geworfen wie ich seinerzeit 1917. Die Verwundung ließ dann ja auch nicht lange auf sich warten. Es ist in eisenhaltiger Luft auf alle Fälle besser, kein Greenhorn zu sein!"

Hansheinzhorst: „Auch das leuchtet mir ein."

Vater: „Aber das Allerwichtigste erreichst Du mit dieser Freiwilligen-Meldung, indem Du sie als Trumpfkarte benutzen kannst, die bei bestimmten Fragen gut stechen könnte: Mitgliedschaft in der HJ, Wehrbereitschaft, Dienst für's Vaterland und so weiter... Du machst damit auf alle Fälle Dein Abitur sicherer. Ich möchte nicht, daß es aus politischen Gründen gefährdet wird. Du verstehst mich?"

Hansheinzhorst: „Wir sind zwar nicht immer einer Meinung, Vater. Aber hierbei verstehe ich Dich gut. Du hättest Diplomat werden sollen!"

4

Arbeitsdienst:

Reichsparteitag und Spielzeugmuseum oder die Stellvertreter

„Nein, ich werde nicht mit nach Nürnberg fahren", sagte Hansheinzhorst zu sich selbst. „Ich denke nicht daran, dort in den mittelalterlichen Straßen herumzumarschieren, mich auf dem Gelände des Reichsparteitages zu tummeln und vor dem Führer meine Fußballerbeine in die Höhe zu schmeißen! Ich bin gewillt, dafür meinen Preis zu zahlen. Ich werde mein geliebtes Spielzeugmuseum nicht wiedersehen!"

In einer Woche soll es ins Trainingslager gehen. Die, die es kannten, nannten es „Schleifparadies". Für vier Wochen kamen von jedem Arbeitsdienstlager sechs Mann, um in dieser Zeit zur „Marschsäule Schlesien" gedrillt und geformt zu werden. Danach gab es drei Tage Sonderurlaub. Eine schöne Zeit, um von der alten Dürerstadt mehr als nur das Spielzeugmuseum anzuschauen.

Hansheinzhorst hatte eine ganze Weile gebraucht, um sich zu seiner Entscheidung durchzuringen, diesem Hitler, diesem böhmischen Gefreiten, auf keinen Fall zu huldigen. Aber wie sollte er diese Erkenntnis in die Tat umsetzen?

Er verwünschte zum ersten Mal in seinem Leben das Fußballspiel, das ihm die gut durchtrainierten Beine gegeben hatte, die ihn nun wiederum zum Parademarschteilnehmer auserkoren hatten.

Da fiel ihm ein, daß der Fußball ihn letzten Endes aber auch aus dem Schlamassel heraushelfen könnte. Vor etwa zwei Jahren hatte er sich einen Sehnenriß samt Prellung und Zerrung am linken Fuß zugezogen. Der Heilungsprozeß war gut abgelaufen, da stieß ihn ein Schulkamerad nur so aus Blödsinn die Treppe zum Pausenhof hinunter. Er kam mit seinem linken Fuß dumm auf. Sofort schoß ein Schmerz durch den Knöchel, der Fuß schwoll an, und er konnte ihn kurze Zeit später nicht mehr bewegen. Wieder vergingen über sechs Wochen, bis er den Fuß wieder richtig aufsetzen konnte.

„Diesen Vorgang müßte man doch auch bewußt wiederholen können. Man müßte nur beim Stämmeschleppen und -abwerfen den richtigen Zeit- und Bodenpunkt abwarten und dabei den Fuß überdrehen", dachte er.

Sie hatten zur Zeit eine ziemlich miese Arbeit: Erlen wurden im überfluteten Randstreifen eines kleinen Flüßchens gefällt, das regelmäßig im Herbst und im Frühjahr über die Ufer trat. Die Stämme wurden in große Stücke zersägt und dann zu vier Mann hoch auf den Schultern zu einer etwas höhergelegenen Wiese getragen und dort abgeworfen.

Dieses Abwerfen schien Hansheinzhorst der richtige Zeitpunkt zu sein: Der Boden war sowieso ein wenig schlüpfrig, und der tropfende Baumstamm tat sein übriges dazu. Er mußte den linken Fuß mit geballter Kraft so ausdrehen, daß die Schmerzen einschießen konnten, und den Stamm noch gut mit abwerfen, um keinen Kameraden zu gefährden. Dann konnte er seinen Schrei ausstoßen und sich zusammensinken lassen.

Drei Tage lang hatte er die Drehung sorgfältig bis zur Schmerzgrenze ausprobiert, vorsichtig und nicht zu stramm. Denn das Einschießen des Schmerzes hätte den Mund wie von selbst geöffnet. Morgen wollte er es darauf ankommen lassen.

–

Hansheinzhorst liegt mit verbundenem Fuß in der kleinen Revierstube. Der Arzt ist dagewesen und hat zunächst für vier

Wochen Bettruhe verordnet. Für später hat er einen Gehgips in Aussicht gestellt.

Eventuell ins Trainingslager nachgeschickt zu werden, das ist nun nicht mehr drin. Hansheinzhorst schmunzelt in sich hinein, als sich die Tür leise öffnete und Erwin hereinkommt (Erwin ist aus Berlin!).

Erwin: „Mensch, Hansheinzhorst, det haste einfach prima jemacht!"

Hansheinzhorst wird es etwas mulmig zumute. Er sieht ihn, ein klein wenig unsicher geworden durch diese Worte, schräg von der Seite an. Aber es kommt alles ganz anders, als er vor Schreck vermutet hat.

Erwin: „Nee, nee, Kleener, kiek mir man nich' so von der Seite an. Sowat kann man ja jarnich' machen. So'n Unglück, det packt eenen und legt dir einfach auf's Jreuz. Ick hab' sowat Ähnliches ooch schon mal erlebt.

Ick will mir man nur so'n bißken bei Dir bedanken, weeßte. Vastehste jarnich', wat? Ick bin doch Dein Ersatzmann, Dein Stellvertreter. Und nu kann ick doch durch Dein Pech für Dir nach Nürnberg. Weeßte, ick will doch schon immer 'mal Adolfen aus der Nähe seh'n. Det mußte wissen, er hat doch meinen Alten wieder in Arbeit und Brot jebracht, Autobahnbau und so. Und mir hat er 'ne Lehrstelle verschafft."

Hansheinzhorst: „Wat denn, wat denn, Adolfen persönlich?!"

Erwin: „Quatsch nich' so dußlich! Du weeßt doch janz jenau, wie ich det meene! Die NSDAP hat doch wieder Schwung in den deutschen Laden jebracht. Det kann doch keener leugnen. Österreich gehört zu uns. Saint Germain ist durchjestrichen, und jetzt wird Versailles korrigiert, sagt mein Vater immer. Det Sudetenland wollen se als nächstes angliedern, wird neuerdings in Berlin jetuschelt.

Jetzt quassel' ick die janze Zeit nur von mir und det ick mir so freue. Und Du bist jewiß traurig, det Du nun nich' nach Nürnberg fahren kannst."

Hansheinzhorst: „Ich hätte schon gern 'mein' Spielzeugmuseum wieder besucht!"

Erwin: „Spielzeugmuseum? Und der Vorbeimarsch vor'm Führer uf'm Reichsparteitagjelände?"

Hansheinzhorst: „Nun, ja, das wäre für mich natürlich auch ein Erlebnis gewesen."

Erwin: „Wie kommst Du denn überhaupt auf Spielzeugmuseum?"

Hansheinzhorst: „Ach, das gibt es schon lange in Nürnberg, so wie auch die Spielwarenmesse. Beides existierte schon lange, bevor die Parteitage stattfanden..."

Erwin: „Wat soll denn det nun schon wieder heißen? Willst Du mir schon wieder kitzeln?"

Hansheinzhorst: „Quatsch' nicht so dämlich. Schließlich stand doch das Brandenburger Tor auch schon lange, bevor es die Reichskanzlei gab! Onkel Gustav, der Bruder meiner zweiten Mutter ..."

Erwin: „Stiefmutter, meenste!"

Hansheinzhorst: „Sie ist nicht wie eine Stief-, sondern wie eine richtige Mutter zu mir. Also – mein Onkel Gustav ist Vertreter für erzgebirgisches Spielzeug. Als ich ihm seinerzeit meine Versetzung in die Untersekunda zeigte, nahm er mich als Fünfzehnjährigen mit an seinen Stand auf der Spielwarenmesse: 'Noch ein Jahr, dann hast Du das Einjährige!' Seine Einladung galt einerseits als Belohnung und andererseits als Einführung in die erzgebirgische Welt der Holzschnitzkunst. Anschließend zeigte er mir dann das Museum. Ständig gibt es dort eine Schau erzgebirgischen Handwerks. Damals war eine Sonderschau weihnachtlichen Brauchtums aufgebaut: Pyramiden, Krippen, Leuchter, Nußknacker, Räuchermännchen und kerzentragende Engel. Diese hatten es mir ganz besonders angetan: gedrechselte, geschnitzte, naturbelassene und bunt bemalte Engel. Wenn ich die Augen schließe, dann sehe ich noch heute alles vor mir!"

Erwin: „Engel, sagt Du? Waren da auch so kleene mit jrünen Flügeln und weeßen Tupfen drauf dabei? Und alle hatten se een Musikinstrument in der Hand? Die liebt Muttern besonders. Vater schenkt ihr jedes Jahr eenen mit eenem anderen Instrument."

Hansheinzhorst: „Ja, sicher! Die Grünhainicher Engel dürfen doch bei einer Engelparade nicht fehlen. Dazu gehört noch einer, der in jeder Hand eine Kerze hält. 'Das ist der Beleuchter vom ganzen', sagte mein Onkel. 'Der leuchtet uns auch nach Hause, wenn es soweit ist. Damit wir den Weg ins himmlische Haus finden.'"

Erwin: „Muttern hat' mir 'mal so eenen kleenen Kerzenengel jeschenkt. Ick aber hatte mir vom Christkind eenen richtijen Panzer jewünscht, der selbst fahren konnte. Aber so wat war natürlich für meenen arbeitslosen Vater unerschwinglich. Wütend schmiß ick den Engel in die Ecke: 'Wat soll ick denn damit?' Seine Flügel hatte er bei diesem Wurf verloren. Damals war mir det jleichjültig. Meine Mutter hat ihn dann zu meenen alten Spielsachen auf den Speicher jetan. Da wird er sicher noch heute liejen!"

Hansheinzhorst: „Und?"

Erwin: „Heute bedaure ick meene Wut von damals. Denn als jelernter Möbelschreiner weeß ick inzwischen, wie man mit Holz umzujehen hat. Vor allem weeß ick, wieviel Mühe es macht, eenem hölzernen Jegenstand een ansprechendes Äußeres zu jeben. Mach's jut, Hansheinzhorst! Kommst Du mir vielleicht doch noch nach?"

Hansheinzhorst: „Nee, Erwin, sechs Wochen Schonung. Mach's gut in Nürnberg. Bist sicher der bessere Marschierer!"

–

Erwins Rückkehr aus Nürnberg

Erwin: „Mensch, Hansheinzhorst, bist Du immer noch nich' wieder eensatzfähig?"

Hansheinzhorst: „Wie Du siehst, hat mich der Arzt noch einmal innendienstfähig geschrieben. Ich schäle also die Kartoffeln, die unsere Kumpels im Ernteeinsatz auflesen, damit sie – und solche begeisterten Heimkehrer wie Du – etwas Gutes zu essen kriegen."

Erwin: „Also mit der Bejeisterung is det ja nun ooch nich' mehr soweit her! Da lasse ick mir erst 'mal vier Wochen schleifen, um paradefähig zu werden, und dann jrieg' ich Adolfen nich 'mal richtig zu sehen, nur so een kleen bißken aus der Ferne!"

Hansheinzhorst: „Ich dachte, Ihr seid ganz nah' am Führer vorbeimarschiert?"

Erwin: „Von wegen Nahaufnahme! Und überhaupt erst einmal dahin gekommen zu sein. Erst sind wir zu unser'm Treffpunkt marschiert. Dann haben wir zwee Stunden warten müssen, bis schließlich die Feldküche kam. Een paar Kameraden waren da schon umjekippt. Nachdem man uns jesättigt hatte, haben wir uns wieder in Richtung Parteitagjelände de Beene vertreten. Schließlich jing's an's Einrücken. Was für eene Tribüne, auf die wir zumarschierten! Adolf war dort fast so jroß wie uf 'ner Briefmarke!"

Hansheinzhorst: „Es kommt halt auf die Perspektive an, ob einer groß oder klein erscheint."

Erwin: „Ick dachte mir, nur noch 'ne kurze Zeit, und dann wirst Du ihn von janz nahe seh'n."

Hansheinzhorst: „Und?"

Erwin: „Wir schoben uns mit unserer Kolonne weiter nach vorn uf de rechte Tribünenseite zu. Die zackige Marschmusik wurde lauter, bald mußte dat 'Links-schwenkt-Marsch!' ertönen, danach Paradeschritt – am Führer vorbei – Augen rechts!

Und wat müssen meene betrübten Aujen mit ansehen? Adolfen jeht nach hinten. Ick dachte mir, vielleicht hat ihn eene menschliche Regung jepackt, nich' wahr? Pinkeln muß ja jeder 'mal so im Laufe des Tages. Besonders dann, wenn er so 'nen stundenlangen Vorbeimarsch abnimmt! Aber ausgerechnet vor mir zu pinkeln, ick meene, vor mir zum Pinkeln geh'n zu müssen! Ick will det ja nich' beschwör'n, ob det der wirkliche Grund war, ick nehme det ja nur so an. Na ja, Du vastehst mir schon, wie ick det meene, ick kann mir halt nich' so richtig ausdrücken, weeßte!"

Hansheinzhorst: „Natürlich verstehe ich das und Dich gut. Das war doch schon immer so, auch der höchste Repräsentant eines Staates muß 'mal müssen. Als unsere Vorfahren noch in einer Monarchie lebten, sagte man doch auch schon – wenn auch ein bißchen vornehmer – 'wo der Kaiser zu Fuß hingeht!' Das ist doch das menschlich Verbindliche: Jeder, ob groß oder klein, jeder muß 'mal müssen."

Erwin: „Aber ausgerechnet vor mir, wo ick ihm in de Aujen kieken wollte!"

Hansheinzhorst: „Wenn Adolfen das gewußt hätte, wäre er sicher noch ein paar Sekunden geblieben und dann erst gegangen."

Erwin: „Du willst mir woll auf die Schippe nehmen!"

Hansheinzhorst: „Schließlich bist Du doch nach Nürnberg gefahren, um den Führer nicht pinkeln sehen zu müssen. Ich verbessere mich, um den Führer nicht zum Pinkeln gehen sehen zu müssen. Und was geschah dann?"

Erwin: „Rudolfen trat an seine Stelle. Du weest ja, wie det mit den Stellvertretern so ist. Mensch, Aujenbrauen hat der, da kannst De dreie draus machen!"

Hansheinzhorst: „Und dann, wie ging's weiter?"

Erwin: „Und dann war ick an Rudolfen vorbei. Es kam 'Im-Gleichschritt-Marsch', die Beene brauchten wir nich' mehr in de Höhe zu schmeißen, wir drehten der Tribüne den Rücken zu, und aus war's..."

Hansheinzhorst: „Also, wenn ich Adolfen wäre, dann würde ich mir einen Stellvertreter anlachen, der auch für mich stellvertretend pinkeln gehen könnte!"

Erwin: „Wie meenst De denn det nun schon wieder?"

Hansheinzhorst: „Ich meine das so: Das wäre doch für Dich genau die Lösung gewesen, wenn der eine Dolf zum anderen, also ich meine, wenn der Adolf zum Rudolf hätte sagen können: 'Mensch, Rudolf, ich muß 'mal, besorge das für mich!'"

Erwin: „Ideen hast De – oder willste mir etwa verscheißern?"

Hansheinzhorst: „Aber woher und wohin denn! Das ist doch ganz logisch. Du wolltest Deinen Führer seh'n, und da gerade mußte Adolf 'mal. Hätte das der Rudolf für ihn besorgen können, dann hättest Du Deinem Führer in die Pupillen kieken können."

Erwin: „Also, ick weeß immer noch nich', ob Du mir für doof verkaufen willst oder was De sonst noch mit mir vorhast."

Hansheinzhorst: „Du warst doch mein Stellvertreter und bist für mich nach hinten, ich meine, nach Nürnberg gefahren. Und das ist doch für einen Menschen immer, also damals für mich, ein gutes Gefühl, wenn da einer ist, der das besorgt, was man aus irgendwelchen Gründen nicht selbst erledigen kann. Oder hast Du etwas gegen gute Gefühle?"

Erwin: „Ach, quatsch' nich' immer so dußlig. Schluß jetzt mit den menschlichen Bedürfnissen!"

Hansheinzhorst: „Von mir aus gern. Schließlich hast Du ja mit der ganzen Pinkelei angefangen."

Erwin: „Ick hab' mir halt jedacht, wie man halt so wat denkt: Warum muß er ausjerechnet bei mir!"

Hansheinzhorst: „Das ist halt das Schicksal von Stellvertretern! Da kannst Du nichts dagegen machen. Das ist manchmal schon bitter."

Erwin: „Und dann bin ick halb aus Ärger, halb aus Neujier dorthin jegangen, wo Du auch nach einem so anstrengenden Marsch hinjegangen wärst! – Wat kiekste mir denn so komisch an? Natürlich dahin auch. Aber dann bin ick ins Spielzeugmuseum jestiefelt."

Hansheinzhorst: „Mensch, Erwin, das finde ich einfach toll!"

Erwin: „Ick war vielleicht erschrocken, als ick da einjetreten war!"

Hansheinzhorst: „Warum denn das?"

Erwin: „Adolf stand mir jejenüber, auf einem Marmorsockel, in Bronze jegossen, lebensjroß mit ausjestreckter rechter Hand! Ick war so verdattert, det ick prompt auch den Arm hochhob."

Hansheinzhorst: „Das ist sicher so gewollt. Gegen vorprogrammierte Automatik kannst du schlecht etwas unternehmen. Aber das ist irgendwie auch keine schlechte Lösung – so in Bronze, nicht in Fleisch und Blut. Wenn einer so da steht, dann muß er ja nicht mehr... Na, Du weißt schon!"

Erwin: „Also jetzt fang' mir bloß mit der janzen Pinkelei nich noch 'mal von vorne an!"

Hansheinzhorst: „Aber wo werd' ich denn. Ich bin ja schon so gespannt auf deine Schilderung, wie Dir das Museum gefallen hat."

Erwin: „Weeßt De, wo ick mir am längsten aufjehalten habe?"

Hansheinzhorst: „Keine Ahnung! Ich war ja leider nicht dabei."

Erwin: „Im Puppenstubenzimmer. Was diese Bastler, diese Künstler für Miniaturmöbel anjefertigt haben! Ick hab' mir man nur so jestaunt. Da war meen Jesellenstück als Möbelschreiner gar nischt dajegen. – Und jetzt haben mir nun Sand und Kiefern wieder!"

Hansheinzhorst: „Erwin, nur ein paar Wochen noch, dann stehen alle Berliner Mädkens, die Du schon 'mal im Arm gehabt hast, am Schlesischen Bahnhof Spalier und rufen: 'Endlich hat Berlin den Erwin wieder und wir ihn auch!'"

Erwin: „Du hast heute eene Art, mit mir umzujehen! Det sind doch nur vierzehn Tage mit Ringelpiez und Anfassen und so – und danach mußte mit Deiner Soldatenbraut schlafen jehen, mit dem Jewehr. Und dieser Zustand dauert dann zwei Jahre!“

Hansheinzhorst: „Denk an Sonntagsurlaub, Erwin, an die Krumme Lanke, in Rixdorf ist Musike. Die Berliner Luft kannst Du doch – hoffentlich in tiefen Zügen – immer wieder einmal schnuppern!“

Erwin: „Seit ick im Spielzeugmuseum war, wird mir die Möbelschreinerei noch mehr Spaß machen. Wenn die zwei Jahre doch schon vorüber wären!“

Hansheinzhorst: „In zwei Jahren willst Du wieder schreinern?“

Erwin: „Na klar – und Du studieren?“

Hansheinzhorst: „Und wenn wir dann die Knobelbecher gar nicht ausziehen dürfen?“

Erwin: „Meenste det wirklich? Meenste, es jibt Krieg?“

Hansheinzhorst: „Marschieren haben wir wenigstens gelernt.“

Erwin: „Also, wenn det wahr werden sollte, Stellvertreter würde ick dann nich noch eenmal werden, vastehste? Dann laß ick Dir den Vortritt, und ick bleibe hinten. Ick laß mir ‘uk’ stellen und werde Sargschreiner...“

5

Heimkehr:

Aufenthaltsgenehmigung und Lebensmittelkarten für vier Wochen

Hansheinzhorst hatte sich für das kleine Harzstädtchen Nordenhausen, in der britischen Zone gelegen, als Entlassungsort entschieden. Lange hatte er in der Gefangenschaft überlegt, wo er nun endlich sein bürgerliches Leben beginnen wollte. Die elterliche Wohnung in Dresden war zerstört, seine Mutter beim Angriff in der Nacht vom 13. zum 14. Februar 1945 im Keller des Hauses umgekommen. Seinen Vater, der in seiner zerschlissenen und verdreckten Feuerwehruniform in Dresden Aufräumungsarbeiten verrichtet hatte, hatten die Russen verschleppt: „Du Soldat, Du Uniform, Du nicht hier, Du in Sibirien arbeiten!" Seine Halbschwester war nach Meißen zu Onkel Edwin geflohen, wo sie ein kleines Kämmerchen bewohnen konnte.

Hansheinzhorst wollte sein Studium fortsetzen. Aber wo und wie? In Leipzig, wo er 1941 in Uniform sein Studium auf einem Frontstudienurlaub begonnen hatte, ein Kriegstrimester Germanistik, konnte er es nicht fortsetzen. Überhaupt – unter sowjetischer Herrschaft leben und studieren -, das konnte er sich nicht vorstellen. Sicher würde er auch gar nicht erneut zugelassen werden. Eher käme da wohl die Alternative Uranbergbau oder Polizei infrage.

Im Lager Attichy hatte er einen Junglehrer getroffen, dessen Garnisonsstadt Studienburg gewesen war. Dieser schwärmte richtig von jener wunderschönen kleinen Universitätsstadt und bedauerte, daß er dort nicht auch studiert hatte. Hansheinzhorst sollte doch versuchen, dort Fuß zu fassen. Man würde doch wohl einem aus der Kriegsgefangenschaft Entlassenen die Fortsetzung seines begonnenen Studiums ermöglichen können.

Und Hansheinzhorst, befragt, welchen Beruf er mit dem Studium oder an dessen Stelle anstrebe, hatte geantwortet: „Am liebsten würde ich Lektor in einem Verlag, wenn nicht, dann irgend etwas im buchhändlerischen Bereich werden."

„Das ginge doch letzten Endes auch ohne Studium", hatte der Junglehrer gesagt, und weiter gemeint: „Es gibt in Studienburg eine ganze Reihe vorzüglicher Universitätsbuchhandlungen und einen traditionsreichen wissenschaftlichen Verlag – also Auswahl genug!"

Hansheinzhorst hatte darüber nachgedacht und sagte sich: „Eigentlich ist es unendlich schwer, wenn nicht gar unmöglich, meinen zukünftigen Beruf aus der Gefangenenperspektive anzupeilen. Aber irgendwie handeln muß ich ja wohl. Studienburg kann ich natürlich nicht angeben. Da habe ich keine Adresse. Aber in der Umgebung vielleicht? Richtig: Nordenhausen! Da lebt doch die Frau Stelzer auf einem Bauernhof, eine Cousine meiner leiblichen Mutter.

Dort habe ich bei ihr, wenige Monate vor ihrem Tod, ein paar wunderschöne Sommerferientage verbracht, sozusagen als Belohnung dafür, daß ich den Sprung von der Volksschule ins Gymnasium geschafft hatte.

„Wenn Du uns später einmal schreiben willst, dann brauchst Du nur 'Bauernhof Stelzer' anzugeben", so erinnerte er sich jetzt, „und nach dem Abitur meldest Du Dich bei uns zur Gratulation."

„Nach dem Abitur", sinnierte Hansheinzhorst, „das trifft doch eigentlich auch heute noch zu: Da liegen zwar über acht Jahre dazwischen. Aber bei großzügiger Auslegung und Anrechnung von Arbeitsdienst, Wehrmachts-, Kriegs- und

Gefangenschaftszeiten ... Es wäre zumindest nicht abwegig, auch heute noch – wenn auch mit zeitbedingter Verzögerung – von einem 'Danach' zu sprechen ..."

Hansheinzhorst hatte sich bei dem Junglehrer für den Tip bedankt und verlor ihn einige Tage später aus den Augen. Aber „Bauernhof Stelzer" behielt er – und das so lange – in seinem Hinterkopf, bis er eine Gefangenenkarte mit dieser Adresse in den Harz schicken konnte. Und schließlich stand dann auch diese neue „Heimatanschrift" in seinen Entlassungspapieren. Geschrieben hatte er – und jetzt brauchte er sich nur noch bei Stelzers zu melden: „Abitur bestanden!"

–

Aber auch bei Stelzers hatte sich viel verändert:

Hansheinzhorst sitzt zunächst allein im ehemals großzügig ausgestatteten Wohnzimmer. Das Ehepaar Stelzer ist nach der Begrüßung noch einmal hinausgegangen. Der Ecktisch, an dem er jetzt sitzt, steht noch an seinem alten Platz. Wenigstens die schöne Eßecke ist noch komplett. Aber alles andere ist entweder aus dem Raum entfernt oder verschoben. Er kann sich erstaunlicherweise noch genau an alles erinnern. Der Wohnzimmerschrank und die Kommode stehen nun in der Mitte des Zimmers, die Nähmaschine steht unter dem Fenster. Hinter Schrank und Kommode ist eine Stoffbespannung angebracht, die die Stelzer'schen Ehebetten verdeckt. Der Schlafzimmerschrank schaut mit seiner Schmalseite ins Wohnzimmer hinein. Davor steht noch ein Sessel der schönen Sitzgruppe von einst, die ansonsten entfernt worden ist. Noch mehr Möbel kann diese Zimmerhälfte nicht mehr aufnehmen.

Als Hansheinzhorsts Onkel mit einem Willkommenstrunk wieder hereinkommt, schaut Hansheinzhorst gerade zwischen einem Ehebett und dem Kleiderschrank hindurch.

Stelzer: „Das hier ist jetzt unser neues kombiniertes Wohn- und Schlafzimmer. Das Elternschlafzimmer haben wir an unsere drei Kinder abgegeben. Im Obergeschoß wohnt nun eine Familie aus dem Osten, genau: aus Westpreußen. Nach dem ersten Weltkrieg büßten sie dort schon einmal ihre Heimat ein- und nun zum zweiten Mal..."

Hansheinzhorst: „Und das kleine Gastzimmerchen bewohnen sie auch?"

Stelzer: „Bei vier Kindern blieb uns wohl nichts anderes übrig, als ihnen diesen Raum auch noch zu geben. Du mußt leider mit dem urgroßmütterlichen Erbstück in der Küche vorliebnehmen. Erinnerst Du Dich noch an das alte Biedermeiersofa?"

Hansheinzhorst: „Oh ja, das kenne ich noch gut. Aber die Tante Ruth hat sich verändert – oder empfinde ich das nur so? – nach 15 Jahren!"

Stelzer: „Tante Ruth, die Cousine Deiner Mutter, meine liebe erste Frau, lebt nicht mehr."

Hansheinzhorst: „Sie starb – hier?"

Stelzer: „Nein – nicht hier! Sie starb auf der Rückfahrt vom 85. Geburtstag ihres Großvaters, der bei Detmold im Hause ihrer Tante lebte. Ihr Zug geriet unter Jabobeschuß. Eine Bombe warf die Lok aus den Gleisen, und der stehende Zug diente den Jabos als bequeme Zielscheibe für ihre Maschinengewehre. Man fand meine Frau, von mehreren Schüssen getroffen, nur noch tot in einem Abteil vor.

Ich war zu dieser Zeit in Norwegen stationiert, bekam sofort Sonderurlaub, konnte sogar ein Kurierflugzeug nach Berlin bekommen und mitfliegen. Aber als ich hier eintraf, lag sie schon unter der Erde."

Hansheinzhorst: „Dann habe ich ja gar kein verwandtschaftliches 'Recht' mehr, hier Unterschlupf zu finden. – Aber ich will gar nicht so lange hier bleiben, sondern sobald wie möglich in Studienburg weiter studieren."

Stelzer: „Davon wollen wir morgen reden. Erst mußt Du Dich polizeilich anmelden, und dann wollen wir weitersehen."

Hansheinzhorst: „Ich bin gespannt, wie man sich hier auf der Meldebehörde gegenüber einem Asylsuchenden verhalten wird..."

Stelzer: „Eine Nachbarin versorgte zu ihren Kindern auch die meinen mit, bis ich, glücklicherweise sehr bald, aus der Kriegsgefangenschaft entlassen wurde. Als ihr Mann kurz darauf ebenfalls nachhause kam, gab sie mir zu verstehen: 'Du mußt wieder heiraten, Ludwig, – der Kinder wegen...'"

Als die Hausfrau bei den letzten Worten mit dem Abendessen hereinkommt, fügt Stelzer hinzu:

„Und da habe ich halt wieder geheiratet und habe es bis heute nicht bereut. Stimmt das, Maria?"

Maria: „Nicht immer, aber doch zumeist!" (fügt sie lachend hinzu).

Hansheinzhorst (stimmt in die heitere Stimmung mit ein): „Übrigens – Du wolltest mir doch noch gratulieren, Onkel! Erinnerst Du Dich nicht mehr? (Stelzer sieht ihn fragend an.) – Zu meinem Abitur!!!"

Stelzer: „Ei, weih! Das habe ich total vergessen. Aber das ist doch entschuldbar nach so langer Zeit, nicht wahr? Deshalb bist Du doch überhaupt hierher gekommen – oder nicht?"

Hansheinzhorst: „Was denkst Du denn, was der Anlaß meiner Harzreise ist?"

Stelzer: „Und Du bist heil geblieben?"

Hansheinzhorst:" In etwa ja, wenn ich meine drei Verwundungen nicht mitzähle."

Stelzer:" Und wie steht es mit inneren Verwundungen? Du warst doch fast noch ein Jugendlicher, als Du die Uniform anzogst – und dann sechs Jahre Krieg und schließlich noch die Gefangenschaftszeit. Das geht doch alles nicht spurlos an einem Menschen vorüber! Das weiß ich doch von mir!"

Hansheinzhorst: „In all' den Tagen nach der Entlassung aus der Gefangenschaft bis hierher habe ich immer wieder an die Abschiedspredigt unseres Lagerpfarrers denken müssen.

Er hatte sie unter das Motto gestellt: 'Weiß ich den Weg auch nicht, Du weißt ihn wohl'. Übrigens hatte er eine besondere Gabe, Tröstliches und Heiteres miteinander zu verbinden. Wortspiele waren seine Spezialität: 'Wohl den Heimkehrern, die heimkehren können. Aber die nicht heimkehren können, gekehrt werden muß trotzdem, auch wenn es nicht das Heim ist'. Das rief er besonders den Männern zu, die nicht in ihr Heim, in ihre Heimat zurückkehren konnten: den Pommern, den Schlesiern, den Ostpreußen und den Sudetendeutschen. Ich hatte eigentlich vor, das Heim bei meinem Großvater zu kehren und wollte mich deshalb ins Siegerland entlassen lassen. Aber während ich noch in Gefangenschaft lebte, starb er hochbetagt. Meine PW-Karte kam jedenfalls mit dem Vermerk an mich zurück."

Stelzer: „'Weiß ich den Weg auch nicht' – das ist ja das Lied der baltischen Märtyrer nach dem ersten Weltkrieg. Das summt Maria oft. Sie ist in Litauen geboren, lebte noch bis 1940 dort und ist dann, als die Sowjets einmarschierten, mit Eltern und Geschwistern in den Westen geflohen."

Maria: „Und dann hat mich der Weg in den Harz geführt, und nun bin ich Bäuerin hier auf dem Stelzerhof."

Hansheinzhorst: „Ich glaube, meine Bewährungszeiten werden erst noch kommen. Die Proben auf meine Exempel habe ich noch vor mir: Werde ich in Studienburg einen Studienplatz bekommen können und ein Dach über dem Kopf? Werde ich mit den wenigen Lebensmitteln als Ein-Mann-Haushalt auskommen können? Wenn ich nicht weiter studieren kann, was dann...?"

Stelzer: „Wenn der Hunger zu groß werden sollte, dann schreibst Du uns halt!"

Nach dem Abendbrot bringt Maria Hansheinzhorst hinüber in die Küche und bereitet ihm dort seine Schlafstatt. So gut es geht, richtet sie auf dem alten Biedermeiersofa ein Bett her.

Hansheinzhorst: „Das Abitur war meine letzte zivile Leistung. Seit dieser Zeit bin ich auf Staatskosten und in Uniform durch halb Europa gereist. Ich bin gespannt, wie es nach dieser langen Pause weitergehen wird." (Mit diesen Gedanken schläft er ein.)

Hansheinzhorst hat zuerst das Gefühl gehabt, daß er nach unten schweben würde, aber dann kracht er doch ziemlich unsanft in die rauhe Wirklichkeit eines hölzernen Fußbodens. Er reibt sich seinen schmerzenden Oberschenkel.

Als er seine Augen öffnet, ist nur Dunkelheit um ihn herum. Diese Dunkelheit kennt er doch. Damals bei seinem Kopfstreifschuß währte sie drei Tage. Wo befinde ich mich eigentlich? Der Krieg ist doch zu Ende und die Kriegsgefangenschaft auch. Er hat doch in einer Amtsstube gesessen, erinnert er sich, als ihm übel wurde, übel von der entsetzlichen bürokratischen Prozedur, die er nach seiner Anmeldung auf dem Rathaus über sich ergehen lassen mußte...

Unter Schmerzen richtet er seinen Oberkörper langsam auf, fühlt zunächst eine Holzleiste am Hinterkopf, lehnt sich dann tief aufatmend zurück und sucht mit den Händen nach den Stuhlbeinen. Mit der rechten Hand ergreift er zunächst etwas Weiches und dann ein Stück gebogenen Holzes. „Das kann doch nicht ein Stuhlbein sein?" Beim Greifen mit der linken Hand erwischt er ein gleiches Holz. Mit den beiden Händen fährt er ein Stück an den gebogenen Hölzern nach oben. Und als die Senkrechte in eine Waagerechte übergeht und er den Kopf anhebt, führt dieser ihn an einem Polsterstück nach oben. Auf einmal durchzuckt es ihn: „Sollte er etwa in der Mitte vor dem alten Biedermeiersofa in Stelzers Küche sitzen?"

Wenn das stimmt, muß nicht weit weg der Küchentisch stehen. Dort hat sein Onkel eine Kerze und Streichhölzer hingelegt, falls er in der Nacht einmal das Häuschen mit dem Herzchen draußen aufsuchen müßte. Mühsam richtet er sich auf, macht ganz kleine Schritte in die vermutete Richtung und freut sich, daß er nach fünfmal Fuß-vor-Fuß die Tischkante an seinem Oberschenkel spürt. Mit der gleichen Vorsicht fingert er nach Kerze und Streichhölzern. Endlich gelingt es ihm, Licht in die dunkle Angelegenheit zu bringen und sich an der Unfallstätte umzusehen.

Jetzt gibt es keinen Zweifel mehr. Er ist nicht von einem Amtsschemel gekippt, sondern im Schlaf, im Traum, vom alten abgesessenen Biedermeiersofa gefallen.

In der Gefangenschaft hatte er von dem ganz kleinen Zimmer unter dem Dach geträumt, das er damals bei Stelzers als Junge bewohnt hatte.

Jetzt wohnten unter dem Dach die Flüchtlinge aus Pommern. Damals konnte er unter der schrägen Holzwand immer herrlich einschlafen. Die Holzbretter waren geflämmt, und die hell- und dunkelbraunen Muster und die fast schwarzen Astlöcher gaben ihm an jedem Abend Stoff für kleine Gespenstergeschichten, die er dann im Schlaf weiterträumte.

Das Biedermeiersofa ist dreigeteilt, die Rückteile sind entsprechend ausgearbeitet und mit Zierleisten abgesetzt. Diese lassen auf der einen Seite zwar noch die einstige Qualitätsarbeit ahnen, drücken ihm aber auf der anderen Seite in Rücken und Oberschenkel. „Und um diesem Druck zu entgehen, habe ich mich sicher zu weit auf die Kante gelegt und das Gleichgewicht verloren", denkt er.

Wahrscheinlich vermitteln Holzleisten im Kreuz unsanftere Träume. Hansheinzhorst hebt die Decke auf, rückt das Kissen wieder an seinen Platz und legt sich diesmal, etwas tiefer rutschend, auf die andere Seite, so daß das Holz ihm auf die Brust und auf die Lenden drückt. „So geht das auch nicht", sagt er zu sich, „sonst kippe ich ja rücklings hinunter." Er holt tief Luft und legt sich schließlich so auf den Rücken, daß er nur noch leicht an das Holz anstößt. In dieser Lage kann er eigentlich immer nur sehr schlecht einschlafen. Und so sinniert er eine ganze Zeitlang, bis er hinter das Geheimnis seines Doppelsturzes kommt:

Er erinnert sich, daß er vor dem Einschlafen den morgigen Tag überdacht hat: „Zum ersten Mal in deinem Leben, mit fast 27 Jahren, gehst du als Zivilist zu einem Amt. Bisher bist du immer nur in Uniform dienstlich unterwegs gewesen. In deinem Entlassungsschein steht ordnungsgemäß die Adresse deines Onkels eingetragen. Was soll da bei der Anmeldung noch schief gehen?“

Aber da schiebt sich ihm die alte Landser-Weisheit von seinem Hinterkopf nach vorn hinter die Stirn: „Nicht, wenn du den Urlaubsschein in der Hand hast, sondern erst, wenn du in der Heimat angekommen und angemeldet bist, hast du Urlaub.“

Er sah sich auf dem Weg zum Rathaus – aber das mußte wohl schon im Traum gewesen sein: Er trug seine in der Gefangenschaft schwarz eingefärbte Uniform, die auf Geheiß der Amerikaner so behandelt werden mußte. Genaugenommen war er seiner Kleidung nach noch gar kein richtiger Zivilist. Was aber war er dann? Ein eingefärbter Soldat? Nicht Fisch noch Fleisch? Mindestens zur Hälfte noch immer ein Landser, so schätzte er sich ein – und ein bürgerlicher Beruf war auch als Silberstreifen noch nicht am Horizont zu sehen.

„Anmeldung in Zimmer 3“, so hatte er gelesen – und nun stand er vor dem Beamten, dem er seinen Entlassungsschein gab.

Beamter in Zimmer 3: „Das ist ein Entlassungsschein aus amerikanischer Kriegsgefangenschaft. Sie sind hier aber in der britischen Zone! Wissen Sie das nicht? Solche Fälle bearbeite ich nicht. Das macht mein Kollege in Zimmer 6.“

Hansheinzhorst nimmt den Entlassungschein wieder an sich und geht nach Zimmer 6.

Beamter in Zimmer 6: „Mein Kollege auf Zimmer 3 hat Ihnen sicher schon gesagt, daß Sie sich hier in der britischen Zone befinden. Wo waren Sie früher polizeilich gemeldet, vor dem Kriege, meine ich...?“

Hansheinzhorst: „Zuletzt war ich 1938 in Dresden gemeldet. Da wohnte ich bei meinen Eltern. Nach meinem Schulabschluß habe ich die Arbeitsdienstkluft angezogen, die ich später gegen eine Wehrmachtsuniform eintauschen mußte, die ich jetzt, wenn auch schwarz gefärbt, immer noch trage."

Beamter in Zimmer 6: „Mich interessiert nur Ihre letzte polizeiliche Meldung. Diese bezieht sich nach Ihren Angaben also auf Dresden. Das kompliziert Ihre Anmeldung bei uns hier ganz erheblich. Dresden liegt in der sowjetisch besetzten Zone. Diese schwierigen Fälle bearbeitet mein Kollege auf Zimmer 9."

Beamter in Zimmer 9: „Sie sind zuletzt in Dresden gemeldet gewesen? Warum sind Sie denn nicht wieder dorthin zurückgekehrt?"

Hansheinzhorst: „Was soll ich in einer Stadt, die fast völlig zerstört worden ist? Warum soll ich vor einem Haus stehen, das in sich zusammengesunken ist, und nach einer Familie suchen, von der ich weiß, daß deren Mitglieder tot oder verschleppt worden sind?"

Beamter in Zimmer 9: „Aber polizeilich sind Sie dort zuletzt gemeldet gewesen. Und das ist maßgebend und nicht Ihre subjektive Einstellung, daß es dort für Sie keine Heimat und Zukunft mehr gäbe..."

Hansheinzhorst: „Darf ich Sie höflichst darauf aufmerksam machen, daß dies nicht nur meine subjektive Meinung gewesen ist, sondern auch die verbindliche Meinung amerikanischer Offiziere bei meiner Entlassung – wenn auch aus einem anderen Grund?"

Beamter in Zimmer 9: „So! Na, und nun sagen Sie mir einmal diese amerikanische Meinung."

Hansheinzhorst: „Da die Russen in Oranienburg von den Westalliierten entlassene deutsche Offiziere nicht in die auf den Papieren angegebenen Heimatorte entließen, sondern sie einfach nur umluden und sie gen' Osten weiterfahren ließen, entließen die Amerikaner keine deutschen Offiziere mehr in die SBZ und rieten ihnen, sich in die westlichen Besatzungszonen zu begeben."

Beamter in Zimmer 9: „Davon ist mir hier nichts bekannt. Sie scheinen ein besonders schwieriger Fall zu sein. Den möchte ich nicht entscheiden. Gehen Sie bitte in Zimmer 12."

Hansheinzhorst sagt dort wieder sein Verschen auf und wartet nun auf die Reaktion.

Beamter in Zimmer 12 (nachdem er den Entlassungsschein studiert hat): „Wir können hier nur Heimkehrer aufnehmen, die früher hier gewohnt haben, und Flüchtlinge, Vertriebene und Ausländer unter bestimmten Kriterien. Sie kann ich weder in die eine noch in die andere Kategorie einreihen."

Hansheinzhorst: „Und für einen Nicht-wieder-nach-Hause-gehen-Könner sehen Sie keine Möglichkeit?"

Beamter in Zimmer 12: „Nein, ein solcher Fall ist in unseren Verordnungen nicht vorgesehen."

Hansheinzhorst: „Eigentlich müßten Sie doch einen solchen Fall wie mich unter Heimatvertriebene einreihen können, zumindest im übertragenen Sinn. Der Amerikaner..."

Beamter in Zimmer 12: „Sie sind hier in der britischen Zone, und wir richten uns nicht nach Vorgaben der Amerikaner. Wieso kommen Sie überhaupt nach Nordenhausen! Haben Sie hier Verwandte?"

Hansheinzhorst: „Jein! Ich war früher mit der Familie Stelzer verwandt, als die erste Frau von Herrn Stelzer noch lebte. Sie war eine Cousine meiner Mutter. Aber vom Tod der ersten Frau habe ich gestern erst erfahren..."

Beamter in Zimmer 12: „Da könnte es vielleicht doch eine Bestimmung geben. Aber das ist nicht mein Bier. Da müssen Sie zu meinem Kollegen in Zimmer 15 gehen..."

Inzwischen war es Frühstückszeit geworden, und als Hansheinzhorst die Amtsstube 15 betrat, biß der betreffende Beamte gerade in seine Stulle und nahm einen Schluck Kaffee aus seiner Thermosflasche. Hansheinzhorst wartete geduldig eine kleine Weile, bis er angesprochen wurde.

Beamter in Zimmer 15: „Sie wünschen bitte?"

Hansheinzhorst: „Wie Sie aus meinem Laufzettel ersehen, bin ich ein schwieriger Fall. Ich bin bereits in allen für mich in Frage kommenden Zimmern gewesen von 3 bis 15! Sagen Sie mir doch bitte einmal: Das ist aber eine merk-würdige Numerierung in diesem Rathaus. Kann man darüber Näheres erfahren?"

Beamter in Zimmer 15: „Mein Kollege in Nr. 18, der hat eine Zeitlang, bis zu seiner Einberufung, mit dem späteren Kreisleiter zusammengearbeitet. Der leitete damals das Einwohnermeldeamt, mein Kollege arbeitete unter ihm. Der weiß noch, wie damals die Amtszimmer umnumeriert worden sind."

Hansheinzhorst: „Und mein Anliegen: Aufnahme bei Verwandten hier, bei Verwandten dritten Grades?"

Beamter in Zimmer 15: „Da sind Sie auch am besten bei meinem Kollegen dort aufgehoben. Ich bearbeite hier nur solche Fälle mit Verwandtschaft ersten Grades, mein Kollege kümmert sich um Verwandte zweiten, dritten und so weiter Grades. Also gehen Sie nach Zimmer 18..."

Hansheinzhorst erzählt in Zimmer 18 das, was ihm der Beamte in Zimmer 15 mitgeteilt hatte.

Beamter in Zimmer 18: „Ja, unser Kreisleiter! Der hat sich durch seine Mitgliedschaft in der Partei mit einer Art 'Dreiervirus' angesteckt. Das Dritte Reich mußte in irgendeiner Form überall in Erscheinung treten. Mein Kollege auf Zimmer 21 war dabei, wie unser Kreisleiter das ganze Rathaus infizierte... – Und was kann ich für Sie tun?"

Hansheinzhorst: „Ich wollte eine Zuzugsgenehmigung für den Bauernhof Stelzer. Die erste Frau war eine Cousine meiner verstorbenen Mutter."

Beamter in Zimmer 18: „Da liegt ja im doppelten Sinne gar keine richtige Verwandtschaft mehr vor."

Hansheinzhorst: „Erstens wußte ich vom Tod von Frau Stelzer nichts, zweitens ist die zweite Frau sehr nett, und drittens steht dort ein Biedermeiersofa, auf dem ich schlafen kann."

Beamter in Zimmer 18: „Das ist alles schön und gut, was Ihnen dazu einfällt. Aber Zuzüge zu einer, wie soll ich mich gleich ausdrücken, zu einer früheren oder Nichtverwandtschaft, die bearbeite ich nicht. Sonderfälle grundsätzlicher Art werden auf Zimmer 21 bearbeitet. Richtig, das hatte ich Ihnen ja schon aus einem anderen Grunde empfohlen."

Beamter in Zimmer 21: „Zuzug nach Kriegsgefangenschaft zu einer Nichtverwandtschaft, einen solchen Fall hatte ich noch nicht. Da muß ich erst einmal in meinen Vorschriften nachsehen. Aber wie die einzigartige Numerierung bei uns im Rathaus entstanden ist, das kann ich Ihnen auch ohne Vorschriften erzählen:

Das war so eine verrückte Idee vom Kreisleiter, als er hier eingeführt wurde. Bei dieser Feier sagte er unter anderem: 'Wir sollten das Dritte Reich nicht nur in unserem Herzen tragen, sondern man soll es ständig auch in unseren Rathäusern erkennen. Deshalb habe ich es für richtig gehalten, die Numerierung unserer Amtszimmer zu ändern. Alle Zahlen habe ich mit drei multiplizieren lassen. Es gibt kein Zimmer Nr. 1 mehr. Dieses trägt jetzt die Nr. 3 und so weiter und so weiter... Ich werde als Ihr neuer Kreisleiter weiter solche Umnumerierungen in meinem Gebiet durchführen lassen.' Dieser Unsinn wurde ihm dann aber vom Gauleiter verboten, und so blieb es bei jenem einmaligen Meisterstück."

Hansheinzhorst: „Und was wurde dann aus dem Kreisleiter?"

Beamter in Zimmer 21: „Er ist nach Kriegsende in einem Internierungslager sozusagen an einem Anti-Dreier-Virus – genannt Umerziehung – zugrunde gegangen. Am Ende hat er sich selbst umgebracht. – Was wollen Sie denn überhaupt von mir?"

Hansheinzhorst: „Eine Aufenthaltsgenehmigung ganz besonderer Art: Ich war hier nie polizeilich gemeldet, habe, wie ich gestern erfuhr, auch keine Verwandtschaft mehr am Ort und besitze keinen Entlassungsschein von den Briten, sondern nur einen von den Amerikanern, und eigentlich gehöre ich nach polizeimeldeamtlichen Gesichtspunkten nicht hierher, sondern in die SBZ. Außerdem will ich nicht in Nordenhausen bleiben, sondern baldmöglichst nach Studienburg zum Studium übersiedeln."

Beamter in Zimmer 21: „Warum haben Sie letzteres nicht gleich gesagt? Es handelt sich also um einen vorübergehenden Aufenthalt! Das können wir natürlich etwas großzügiger erledigen. Bei Zuzugsangelegenheiten müssen wir allerdings sehr streng sein! Sie erhalten eine Aufenthaltsgenehmigung für vier Wochen: Zimmer 24 und Lebensmittelkarten für die gleiche Zeit: Zimmer 27!"

Hansheinzhorst: „Sagen Sie einmal, sind hier im Rathaus wirklich alle Zimmer so komisch numeriert? Wann werden die Räume wieder normal beziffert?"

Beamter in Zimmer 21: „Das wäre schon längst geschehen, wenn wir unseren verrückten Major, den englischen Ortskommandeur, nicht hätten."

Hansheinzhorst: „Was hat denn der damit zu tun?"

Beamter in Zimmer 21: „Er will unser Rathaus unter Denkmalschutz stellen lassen. Eine solche Numerierung der Zimmer gäbe es in ganz Deutschland nicht noch einmal. Die müsse unbedingt erhalten bleiben. Es sei eine Kuriosität ersten Ranges aus dem Dritten Reich. Und wenn er keine Bewilligung bekommt, dann will er alle Zahlen in den wertvollen Kartuschen ausbauen und in England in seinem Schloß anbringen lassen: 'That is the best idea, what I have in my life.' Er ist im Zivilberuf Antiquitätenhändler, müssen Sie wissen..."

Hansheinzhorst: „Von mir aus kann er mich auch mit auf sein Schloß nehmen. Ich bin nämlich auch so eine wertvolle

Antiquität aus dem Dritten Reich. Wenn das in Studienburg schief geht, werde ich mich seiner erinnern!"

Beamter in Zimmer 24: „Wir werden Ihre Angelegenheit bearbeiten, und Sie können dann morgen alles erledigen: auf Zimmer 24 und 27."

Hansheinzhorst: „Und auf Zimmer 30 und 33 brauche ich dann nicht mehr?"

Beamter in Zimmer 24: „Nein, das sind unsere Registraturräume. Da werden Ihre Papiere dann abgelegt. Da werden sie sich wohlfühlen zwischen all' den Unterlagen, Lebensläufen und ausgefüllten Fragebogen Ihrer Schicksalsgenossen, Ausgebombten, Flüchtlingen, Vertriebenen, Asylsuchenden, Fremdarbeitern, Kriegsgefangenen und Heimkehrern."

Erschöpft von einer derartig umfassenden und auch unerwarteten bürokratischen Prozedur zuckte Hansheinzhorst bei dem Wort „Heimkehrer" zusammen. Und als der Beamte vorübergehend den Raum verließ, kippte Hansheinzhorst langsam von seinem Stuhl hinunter – und erwachte aus seinem Traum.

Als Hansheinzhorst am Morgen des folgenden Tages wieder durch die Rathaustür ging, schaute er nicht nach der Nummer 1, denn die gab es ja in diesem komischen Bau, wie er gesehen hatte, nicht. Infolgedessen hielt er nach der Nummer 3 Ausschau – und er fand sie auch sogleich auf der rechten Seite, direkt hinter der Eingangstür.

Aber zugleich stutzte er, als er las: „Secretary and Speakingroom of the Commander – for British people only". Und darunter stand in Deutsch: „Sekretariat und Sprechzimmer des Stadtkommandanten – nur für Engländer."

Einerseits erstaunt, andererseits aber auch nicht, sagte er zu sich: „Also die Sache mit dem englischen Stadtkommandanten stimmt. Wenn das Sekretariat die Nummer 3 trägt, dann müßte das Zimmer des Kommandanten die Nr. 6 tragen." Er ging an die nächste Tür und war wiederum verblüfft, als dort keine 6 sondern eine 4 stand: Wo blieben denn da die Kuriosita des Majors? Etwas hilflos schaute er sich um und erkannte über der Beschriftung „Anmeldung“ eine 1. „Merkwürdig“, dachte er, „daß hier alles in einer Nacht anders geworden ist!“ Er wollte nun endlich Klarheit haben und ging in das Zimmer Nr. 1 hinein.

Hansheinzhorst: „Guten Morgen, ich war gestern schon einmal hier, und der Herr auf Nr. 27 hat mir gesagt, ich solle heute wiederkommen und mir meine Aufenthaltsgenehmigung und meine Lebensmittelkarten abholen.“

Beamter in Zimmer 1: „Ein Zimmer 27 haben wir hier aber nicht. Lebensmittelkarten gibt es auf Zimmer 9!“

Hansheinzhorst: „Ach ja, richtig, geteilt durch drei! Das hatte ich fast vergessen...“

Beamter in Zimmer 1: „Sie scheinen wirklich von gestern zu sein, oder haben Sie geträumt?“

Hansheinzhorst: „Das letztere, das letztere! Das tausendjährige Reich haben wir ja nicht mehr. Es dauerte nur zwölf Jahre, wie man so sagt. Jetzt zählt man also wieder normal!“

Beamter in Zimmer : „Nun gehen Sie mal auf Zimmer 27 und lassen sich dort Ihre Unterlagen geben.“

Hansheinzhorst: „Entschuldigen Sie bitte, meinten Sie Zimmer 9?“

Beamter in Zimmer 1: „Was habe ich denn gesagt?“

Hansheinzhorst: „Zimmer 27!“

Beamter in Zimmer 1: „Sie bringen mich mit Ihrer Zahlenspielerei ganz durcheinander.“

Hansheinzhorst: „Ich, wieso ich? Ich war doch hier nicht Kreisleiter!“

Hansheinzhorst drehte sich um, öffnete die Tür und ging den Flur nach links hinunter. Als das der Beamte sah, rief er Hansheinzhorst hinterher:

Beamter in Zimmer 1: „Nicht Zimmer 27, Zimmer 9! Sie müssen rechts herum gehen!“

In Zimmer 9 angekommen, wiederholte Hansheinzhorst, was er seiner Meinung nach schon gestern hier vorgebracht hatte. Der Beamte von Zimmer 9 war zwar nicht dieser Meinung, sagte aber nichts dazu, denn er hatte am Vortage so viele Besucher abgefertigt, daß er sich auch irren konnte.

Aber der Vorgang, in der Wiederholung vorgebracht, war eigentlich ganz einfach: Aufenthaltsgenehmigung auf Zeit – Entlassungsschein liegt vor – und Lebensmittelkarten für vier Wochen dazu! Und als Hansheinzhorst hinzufügt: „Die Angelegenheit sollte bis heute Vormittag bearbeitet sein", murmelt der Beamte nur noch: „Ich habe das gestern nicht mehr geschafft. Aber das haben wir gleich. Wissen Sie, manchmal ist hier eine Tretmühle, da glauben Sie abends, Sie seien ein alter, müder Gaul, der am Göpel seine letzten Runden abdreht.

Also: Sollten Sie in Studienburg nicht Fuß fassen können, dann müßte die vorübergehende Aufenthaltsgenehmigung..."

Hansheinzhorst: „Ich weiß, ich weiß! Seit gestern Nacht weiß ich ganz genau, wie's geht, weiß ich ganz genau Bescheid!"

6

Berufsanfang:

Zuzugsgenehmigung ohne Anspruch auf Wohnraum

Hansheinzhorst sucht die Beratungsstelle der Universität Studienburg auf.

Hansheinzhorst: „Guten Morgen, Herr Doktor!"

Doktor: „Guten Morgen, Sie wünschen?"

Hansheinzhorst: „Sie wurden mir als Zaubermeister für Studienplätze hier an der Universität empfohlen..."

Doktor: „Mein Hexenmeisterstab kann zur Zeit nicht einmal ein Kaninchen aus dem Hut, geschweige denn einen Studienplatz hervorzaubern!"

Hansheinzhorst: „Und ich war drauf und dran zu glauben, daß Sie aus einem alten wieder einen neuen Studenten machen könnten..."

Doktor: „Wie gern würde ich zu Ihnen sagen: Das Wintersemester hat gerade angefangen; wenn Sie wollen, können Sie noch einsteigen..."

Hansheinzhorst: „Und wie sind die Realitäten?"

Doktor: „Unter zwei Jahren ist nichts zu machen. Wir haben Vormerkungen über Vormerkungen. Wieviel Semester haben Sie denn bereits studiert?"

Hansheinzhorst: „Gar keines, ein Kriegstrimester Germanistik im Winter 41/42..."

Doktor: „Da müßten Sie sowieso noch einmal von vorn anfangen. Leider sind Sie zu spät aus der Gefangenschaft gekommen."

Hansheinzhorst: „Ich habe gehört, daß diejenigen, die nicht mit der Partei liiert gewesen sind, bevorzugt behandelt werden sollen."

Doktor: „Auch das ist letzten Endes nur graue Theorie. Fast alle Hitlerjungen zum Beispiel waren doch noch nicht erwachsen – unter 21 Jahren. Und diese sind nun alle amnestiert worden, und damit sind sie denjenigen, die zum Beispiel nicht in der HJ waren, gleichgestellt – und wenn solche ehemaligen Hitlerjungen eher aus der Gefangenschaft wiederkamen, hatten sie eben eher Möglichkeiten."

Hansheinzhorst: „Ich verstehe: Wer zuerst kommt, mahlt zuerst. – Dieser Spruch hat eine alte Tradition. Und was hätten Sie sonst noch zu bieten?" – Doktor: „Ein Berufsziel haben Sie schon?" – Hansheinzhorst: „Ich dachte an eine akademische Laufbahn, an ein höheres Lehramt, an eine Stellung in einem Lektorat oder in einem anderen buchhändlerischen Bereich..."

Doktor: „Da brauche ich nicht einmal zu zaubern, das geht auch ohne Simsalabim." (Er reicht Hansheinzhorst einen Zettel hinüber.)

Hansheinzhorst: „Universitätsbuchhandlung Richter sucht einen Lehrling zum sofortigen Eintritt, Student der Germanistik erwünscht!"

Doktor: „Das heißt für Sie: eine zweijährige Lehrzeit aufgrund Ihrer Vorbildung und Ihres Status als Heimkehrer. Da ich Ihnen erst in zwei Jahren eine Fortsetzung Ihres Studiums anbieten kann, wäre das meines Erachtens eine vernünftige Lösung, die Zeit bis dahin auszufüllen."

Hansheinzhorst: „Womit Sie wohl nicht unrecht haben dürften, wenn es keine bessere Lösung gibt."

Doktor: „Stellen Sie sich doch dort einmal ganz unverbindlich vor. Ich kann Ihnen sicher so schnell nicht wieder ein so günstiges Angebot machen."

Hansheinzhorst: „Sie haben recht. Ich sollte wohl diesen Knopf sogleich ins richtige Knopfloch stecken und mir diese Jacke anziehen!"

Doktor: „Wie meinen Sie das?"

Hansheinzhorst: „Meine Mutter würde mir sicher diesen Rat geben, wenn..."

–

Hansheinzhorst stellt sich in der Universitätsbuchhandlung Richter vor

Hansheinzhorst: „Guten Morgen, Herr Richter!"

Richter. „Guten Morgen, um was handelt es sich?"

Hansheinzhorst: „Ich komme von der Uni-Beratungsstelle aufgrund Ihres Lehrlingsangebotes."

Richter: „Sie wollen in unsere Buchhandlung eintreten? Das ist sehr erfreulich. Wohnen Sie am Ort oder außerhalb?"

Hansheinzhorst: „Ich wohne noch überhaupt nicht, ich bin erst vor wenigen Tagen aus der Gefangenschaft entlassen worden. Wenn ich bei Ihnen anfangen kann, wäre es wohl am besten, wenn ich mich um einen Zuzug nach hier bemühen würde."

Richter: „Das wird nicht ganz einfach sein. Aber ich kann mit gutem Gewissen sagen, daß sich bisher niemand gemeldet hat und Sie derjenige sind, der für diesen Lehrlingsplatz am besten geeignet scheint..."

Hansheinzhorst: „So umständlich ist das?"

Richter: „Nur, wenn ich nachweisen kann, daß ich diese Lehrstelle nicht mit einem Einheimischen besetzen konnte, können Sie für hier Zuzug bekommen."

Hansheinzhorst: „Na, das wird dann sicher genauso ein Hürdenlauf werden wie in Nordenhausen, wo ich erst einmal bei Bekannten einen Unterschlupf gefunden habe. Erst als ich sagte, ich wolle ja in Nordenhausen nicht bleiben, gab man mir schließlich ausnahmsweise eine vorläufige Aufenthaltsgenehmigung für vier Wochen und Lebensmittelkarten..."

Richter: „Ich gebe Ihnen hier erst einmal eine Einstellungsbescheinigung. Damit gehen Sie zunächst zum Arbeitsamt. Weitere Gänge zu Behörden werden folgen. Wie mir scheint, haben Sie in Nordenhausen schon ein wenig geübt!"

–

Hansheinzhorst auf dem Arbeitsamt

Hansheinzhorst: „Ich komme von der Universitätsbuchhandlung Richter. Ich habe dort die Möglichkeit, eine Lehrstelle zu bekommen. Herr Richter hat mir dieses Schreiben mitgegeben..."

Inspektor (Beamter im Arbeitsamt): „Daß Sie der Bewerber sind, der für diesen Platz am besten geeignet ist, spricht für Sie; daß Sie hier nicht wohnen, spricht leider nicht für Sie. Ohne eine Zuzugsgenehmigung können wir Sie leider nicht vermitteln. Ohne Rückfrage beim Wohnungsamt können wir die Angelegenheit nicht bearbeiten."

Hansheinzhorst: „Wie gut, daß ich schon einen Probelauf in Nordenhausen hinter mir habe!"

Inspektor: „Nehmen Sie den Einstellungsbescheid von Herrn Richter wieder mit und legen Sie ihn beim Wohnungsamt vor. Ich habe einen Sichtvermerk darauf angebracht."

–

Hansheinzhorst auf dem Wohnungsamt

Oberinspektor (Beamter im Wohnungsamt): „Mein lieber Mann! Das ist alles ganz schön und gut. Aber damit haben Sie immer noch keinen Anspruch auf Wohnraum, da wir keinen haben."

Hansheinzhorst: „Aber Sie müssen doch ständig Wohnraum für die Studenten vorrätig halten!"

Oberinspektor: „Und das ist auch der Grund, warum wir anderweitig über keine Räume verfügen können."

Hansheinzhorst: „Soll das heißen, daß ich keine Zuzugsgenehmigung erhalten werde?"

Oberinspektor: „Jein! Theoretisch unterscheiden wir zwischen zwei Arten von Zuzügen: Zuzug mit Wohnraum und Zuzug ohne Wohnraum."

Hansheinzhorst: „Was heißt 'ohne Wohnraum'? Eine Parkbank oder ein Zelt über einem Schützenloch im Vorgarten eines Hauses, wie gehabt? Vielleicht machbar im Sommer, aber es geht in den Winter hinein!"

Oberinspektor: „Es gibt noch eine dritte Lösung. Ein Wohnraum ist ein heizbarer Raum. Es gibt auch nichtheizbare Räume, Nebenräume in Geschäften zum Beispiel. Ich könnte mir Lagerräume für Bücher vorstellen, die jetzt leer sind, weil es kaum noch Bücher gibt."

Hansheinzhorst: „Soll das eine Aufforderung sein, bei Herrn Richter nachzusehen, ob es dort einen leeren Raum gibt?"

Oberinspektor: „Wenn es zutrifft, dann stünde einem eingeschränkten Zuzug nichts im Weg, falls Herr Richter bescheinigt, daß er Ihnen einen solchen Raum zur Verfügung stellen kann."

Hansheinzhorst: „Ich werde auf Vorkommando gehen und die neue Feuerstellung erkunden, ob sie für die neuen Aufgaben brauchbar ist."

Oberinspektor: „Gehen Sie bitte aber vorher zum Arbeitsamt, und legen Sie dort den Einstellungsbescheid wieder vor. Ich habe einen Sichtvermerk eingetragen."

–

Hansheinzhorst wieder in der Universitätsbuchhandlung

Hansheinzhorst: „Ich bekomme Zuzug und Einstellungsbescheid, wenn ich hier in der Buchhandlung, vielleicht in einem nicht benutzten Nebenraum, wohnen kann..."

Richter: „Wir haben oben unterm Dach eine Bodenkammer. Das wäre meiner Meinung nach die einzige Möglichkeit: Aber kein Bett, kein Ofen. Gehen wir einmal hinauf, dann können Sie sich diesen Taubenschlag ansehen."

Hansheinzhorst (sich umsehend): „Zumindest eine interessante und gutgetarnte Beobachtungsstelle."

Richter: „Der Stapel Packpapier müßte Ihnen zunächst als Bett dienen. Wir mußten unsere Wohnung für die englische Besatzung frei machen und wohnen jetzt bei den Eltern meiner Frau: drei Generationen in drei Zimmern. Die Kinder schlafen auf dem Fußboden."

Hansheinzhorst: „Und wie ist es mit dem Waschen?"

Richter: „Wasser gibt es unten im Packraum – allerdings nur kalt, kalt wie auch der Raum."

Hansheinzhorst: „Und wo gibt es Wärme?"

Richter: „Leider nur in der öffentlichen Wärmestube, die nicht sehr weit entfernt ist. Übrigens wird dort mittags auch ein preiswertes Essen ausgegeben."

Hansheinzhorst: „Ich sehe, der Frieden ist gar nicht so weit vom Krieg entfernt. Man braucht, alles in allem, nicht viel umzulernen. Ich bin mit dieser Fortsetzung im Taubenschlag einverstanden. Die Hauptsache ist, ich kann in einen Beruf einsteigen."

Richter: „Ich schreibe Ihnen unten noch eine Bestätigung, daß Sie zum Lehrlingsplatz auch noch einen Raum bekommen können. Damit melden Sie sich wieder auf dem Arbeitsamt."

–

Hansheinzhorst wieder auf dem Arbeitsamt

Hansheinzhorst: „Es hat geklappt. Ich bekomme zur Lehrstelle noch einen Taubenschlag, einen Abstellraum auf dem Boden!"

Inspektor: „Ich hätte Ihnen lieber einen Kellerraum gewünscht. In der Erde ist es wärmer. Aber da unten am Fluß, wo sich die Buchhandlung Richter befindet, gibt es nur niedrige und feuchte Keller. Wenn der Schnee auf den Dachpfannen liegt, zieht eine ganz schöne Kälte in den Boden hinein. Sie müssen sich im Winter darauf einrichten, daß es in Ihrem Appartement unter Null werden kann."

Hansheinzhorst: „Alles wie gehabt. Zur Zeit gibt es nur wenig Unterschiede für mich zwischen soldatischem und bürgerlichem Leben. Und ich möchte sagen, daß die zivile Bürokratie der militärischen fast noch überlegen ist."

Inspektor: „Und nun gehen Sie bitte zum Wohnungsamt, ich habe wieder einen Vermerk auf Ihre Bestätigung geschrieben: Einer Einweisung als Lehrling usw. usw. steht von Seiten des Arbeitsamtes nichts im Wege!"

–

Hansheinzhorst wieder auf dem Wohnungsamt

Oberinspektor: „Na, da sind Sie ja wieder! Hat alles geklappt?"

Hansheinzhorst: „Es hat alles vorzüglich geklappt, und ich brauche mich nicht einmal umzustellen!"

Oberinspektor: „Wie meinen Sie denn das?"

Hansheinzhorst: „Mein Leben wird so weitergehen wie bisher. Die Uniform, zwar schwarz gefärbt, habe ich ja noch an. Man kann seine Feuer- und Beobachtungsstellen immer nur nach den gegebenen Möglichkeiten einrichten. Sie werden mir das sicher gleich bestätigen: Einen Wohnraum für einen Heimkehrer wie mich gibt es nicht. Oder haben Sie inzwischen eine bessere Lösung für mich gefunden?"

Oberinspektor: „Leider nein! Aber seien Sie trotzdem froh, daß ich Ihnen nun den Zuzug geben kann. Es hätte auch anders ausgehen können. So bleibt es dabei: Zuzugsgenehmigung ohne Anspruch auf Wohnraum."

Hansheinzhorst auf der Heimfahrt

Hansheinzhorst ging spät am Nachmittag zum Bahnhof zurück. Dort lagen nicht nur große Gleise für Personen- und Schnellzüge; dort fuhr auch – auf schmalen Gleisen – die Kleinbahn nach Nordenhausen ab. Müde setzte sich Hansheinzhorst in ein enges Abteil und fing an, seine Tageserlebnisse zu ordnen und zu überdenken. Dabei nickte er ein wenig ein:

„Da kommst du als Deutscher nach Jahren des Krieges und der Gefangenschaft endlich nach Deutschland zurück – und dein Vaterland will nichts von dir wissen. Da kehrst du als Heimkehrer in deine Heimat zurück – und sie nimmt kaum von dir Notiz. Du bist für die Behörden mehr ein Ärgernis als ein Fall zur Eingliederung. Du möchtest endlich ein bürgerliches Leben beginnen, und der Einstieg dazu ist eine bizarr verzerrte Variation über das Märchen vom Hasen und vom Igel – auf der Strecke bleiben, eingeschlossen. Eigentlich behandelt man doch so einen Ausländer, einen Asylsuchenden, einen Fremden, der nicht hierher gehört. Das ist also die Bilanz des Tages: Keine Fortsetzung des Studiums, keine warme Bude. Dafür gibt es mit viel Mühe und Not eine Lehrstelle und darüber unterm Dach einen Taubenschlag mit luxuriöser Ausstattung: Ein Stapel Packpapier steht mir als Schlafstelle zur Verfügung."

Plötzlich ruckte der Zug an. Hansheinzhorst schreckte auf. Er blickte zum Fenster hinaus und sah die breiten Gleise langsam an sich vorbeigleiten.

„Auf einer Normalspur kann ich, wie's scheint, nicht vorwärtskommen, also werde ich auf der schmalen Spur einer Kleinbahn schleppend und ruckend, bedächtig dahinfahren müssen." Er lächelte still einvernehmlich in sich hinein und murmelte: „Zuzugsgenehmigung ohne Anspruch auf Wohnraum."

7

Gang über die Grenze:

Mit kalten Lippen pfeift sich's schlecht

Im Wartesaal von Halle, genannt „Warte-Halle", hatten sie sich kennengelernt, die vaterlose Familie aus Schlesien und Hansheinzhorst. Er war mit viel Verspätung, aus Leipzig kommend, wo er auf dem Fußboden des dortigen Wartesaales genächtigt hatte, am späten Vormittag mit einem Bummelzug an der Saale eingetroffen. Einen Anschluß in Richtung Westen gab es nicht. Am frühen Nachmittag sollte ein Zug zunächst bis Eisleben fahren. Aber erst dort würde man erfahren können, ob der Zug über Heiligenstadt bis zum Grenzbahnhof Arenshausen weiterfuhr.

Als Einzelner findet man im Wartesaal stets leichter noch einen Stuhl. Die meisten strömten ja in Gruppen herein oder kamen wenigstens zu zweit – und lassen sich dann in den Gängen nieder, wenn kein anderer Platz zu finden ist – und das ist sehr häufig so in diesen unruhigen Nachkriegszeiten.

Hansheinzhorst kommt zunächst mit der jüngeren schlesischen Frau, dann mit der älteren ins Gespräch. Die Kinder sind etwa vier und sechs Jahre alt und schlafen schon. Hansheinzhorst findet sehr bald heraus, daß es drei Generationen einer Familie sind, die hier zusammensitzen.

Hansheinzhorst: „Sie wollen nach drüben, heraus aus der SBZ, nicht wahr? Das kann ich gut verstehen."

Ilse (so wird die junge Mutter von ihrer Mutter angesprochen) legt den Finger an den Mund: „Mein Mann hat sich zusammen mit einem Kriegskameraden ins Schwäbische, in dessen Heimat, entlassen lassen, und nun haben wir uns aufgemacht, um nach Württemberg zu reisen. Schlechter als die Notunterkunft im Brandenburgischen kann es dort wohl auch nicht sein. Und was wir als Gepäck am Beginn unserer abenteuerlichen Flucht mitnehmen konnten, ist auch nicht mehr geworden. Nur die Hoffnung wird von Tat zu Tag stärker, daß mein Mann die letzten Kriegsmonate lebend und gesund überstanden haben möge."

Großmutter: „Mein Schwiegersohn hatte uns bei seinem letzten Urlaub, als die Russen schon vor Warschau standen, gesagt: Wenn Schlesien in russische oder polnische Hände fallen sollte, dann komme ich nicht nach Hause. Ich stehe an der Südfront in Italien und habe einen Kameraden, der einen Hof im Schwäbischen besitzt. Dorthin werde ich mich begeben, und ihr flieht rechtzeitig und kommt auch dahin. Hier ist die Anschrift – und er drückte meiner Tochter damals einen Zettel in die Hand. Aus 'rechtzeitig' wurde nichts, und nun wollen wir verspätet über die Zonengrenze – und es fehlt uns nur noch der junge Mann, der uns dabei behilflich ist!"

Hansheinzhorst: „Womit Sie mich gemeint haben dürften. – Mit dem Gepäck da und den beiden Kindern bei diesem Schneetreiben?" – Hansheinzhorst pfiff durch die Zähne: „Und mein Rucksack hat auch ganz schön Gewicht. – Wenn alles klappt, sind wir zwar schnell über die Grenze, aber bis nach Friedland und dann noch bis zum Bahnhof, das zieht sich ganz schön hin. Das ist ein Marsch von mehreren Kilometern, fünf bestimmt. Im Sommer eine Kleinigkeit. Aber jetzt im Winter mit zwei Kleinkindern, die zumindest teilweise auch laufen müssen, eine risikoreiche Strapaze. Wir werden die zweite Hälfte, mit den Kindern auf dem Arm und leerem Magen im Bauch, mehr stolpern als laufen und die Koffer mehr schleifen als tragen."

Großmutter: „Wir müssen es wagen. Die Kinder müssen doch zu ihrem Vater, und meine Tochter muß zu ihrem Mann. Mit Ihnen zusammen werden wir es schon schaffen!"

Hansheinzhorst: „Hoffentlich gibt es keine erfrorenen Nasen und Ohren!"

Großmutter: „Wenn Sie uns führen, bestimmt nicht! Und wo kommen Sie her?"

Hansheinzhorst: „Von Dresden, von Rathen und von Meißen. Von überall, wo noch Verwandte von mir wohnen."

Ilse: „Von Dresden? Ach, was war das für eine herrliche Stadt! Elbflorenz nannte man sie, nicht wahr?"

Hansheinzhorst: „Geboren bin ich allerdings im Ruhrgebiet. Mein Vater hat erst nach dem Tod meiner Mutter noch einmal nach Dresden geheiratet."

Ilse: „Und wir haben unsere Flitterwochen dort und dann in der Sächsischen Schweiz verbracht. Mein Mann ist Gartenarchitekt und hat die Gartenbauschule in Pillnitz besucht. Das Gärtnerische liegt bei ihm in der Familie. Ein Großonkel war bei Fürst Pückler im Muskauer Park tätig."

Großmutter: „Und was ist aus Ihren Angehörigen geworden?"

Hansheinzhorst: „Meine Stiefmutter ist im Keller unseres Wohnhauses verschüttet worden und wahrscheinlich erstickt. Mein Vater war bei der Freiwilligen Feuerwehr in Dresden und ist dort bei Aufräumungsarbeiten in Uniform von den Russen einfach mitgenommen worden wie ein kriegsgefangener Soldat. So erzählte man mir. Ich habe nie wieder etwas von ihm gehört. Meine Stiefschwester bewohnt als Ausgebombte eine kleine Kammer bei meinem Onkel in Meißen und konnte inzwischen als Lehrling in der Porzellanmanufaktur anfangen. Mein Stiefbruder ist seit 1944 auf der Krim vermißt."

Großmutter: „So ähnlich dürfte es meinem Mann ergangen sein. Er wurde als Divisionsadjutant von Partisanen in den letzten Kriegswochen '45 auf dem Balkan gefangen, und das heißt für mich, daß er wohl kaum noch am Leben sein dürfte. – Und Sie wollen nicht wieder zurück in Ihre alte Heimat?"

Hansheinzhorst: „Ich danke für russische Erbsen ohne Speck! Ich war über Weihnachten bei meiner Stiefschwester und bei meinem Onkel Edwin in Meißen. Dort habe ich aus seiner Kleiderkammer Zivilzeug empfangen. Seine kostbare, 'antike' Wanderkluft hat er einem dahergelaufenen alten Landser vermacht! Das ist doch schon etwas in unserer Zeit."

Ilse: „Also ich muß schon sagen: Ein Golfspieler kann nicht eleganter aussehen als Sie! – Und wie geht es bei Ihnen nun im Westen weiter?"

Hansheinzhorst: „Eine Weiterführung meines Studiums ist zur Zeit nicht möglich. Ich habe eine Buchhändlerlehre angefangen – und betätige mich nebenbei als Fremdenführer."

Großmutter: „Diese Tätigkeit wird Ihnen da sicher mehr einbringen als Ihre Lehrlingsbezahlung."

Hansheinzhorst: „Aber sie ist nicht ganz ungefährlich!"

Großmutter: „So...?"

Hansheinzhorst: „Besonders dann, wenn man zwei Damen mit zwei Kindern von einer Zone in die andere bringen soll."

–

Als sie in Arenshausen ausstiegen, war es etwa eine Stunde vor Mitternacht. Der schimmernde Schnee gab der Dunkelheit ein wenig Transparenz, obwohl tiefe Schneewolken über die Dächer fuhren, als wollten sie diese abdecken.

Im Zug, dessen zerschlagene Fensterscheiben durch Pappstücke ersetzt worden waren und dessen hin und her baumelnde Innenbeleuchtung häufig an- und ausging, hatten sie von der Landschaft so gut wie nichts wahrnehmen können. Aber durch ein lebhaftes Gespräch mit einem heimkehrenden Arenshausener, der, wie es schien, auch in den beiden angrenzenden Westzonen zu tun hatte, wurden sie mehr als entschädigt:

Arenshausener: „Ja, das müßte schon gehen, auch wenn die Kinder dabei sind. Der Weg ist natürlich im Winter beschwerlich. Sie müßten sich unbedingt an den Eisenbahndamm halten. Es ist besser, den Damm ständig zur Linken zu haben und dabei einen Umweg in Kauf zu nehmen, als weiter rechts über flaches Land zu marschieren und dabei die Orientierung zu verlieren. Übrigens ist die mangelnde Sichtweite sehr vorteilhaft. Sie ist günstig für Sie und hinderlich für die Grenzposten. Ich würde sie sogar als einen sicheren Schutz für Sie alle bezeichnen, es sei denn, Sie laufen nicht gerade auf einen Wachmann auf..."

Der Arenshausener begleitet sie noch ein Stück, bis er anhält und den Eisenbahndamm so beschreibt, als läge er bereits sichtbar vor ihnen. Hansheinzhorst versteht, was er damit deutlich machen will. Sie wissen beide, daß die bevorstehende Wanderung ein Abenteuer ist. Aber Mut machend und Vertrauen schenkend, verabschiedet er sich von ihnen: „Ein gutes und gesundes Neues Jahr wünsche ich Ihnen. Der Himmel meine es gut mit Ihnen."

Sie nehmen den Weg unter ihre Füße, der zwar einerseits immer mehr zuschneit, andererseits aber von Weidezäunen gesäumt ist. Und als diese erst rechts und dann links aufhören, meint Hansheinzhorst, einen dunklen Querstreifen vor sich zu sehen, während die Wolken sich ein wenig zerteilen und langsamer ziehen. Und als es dann vorübergehend zu schneien aufhört, kann er mit den Augen fassen, was er nur geahnt, aber trotzdem ausgesprochen hatte, um der kleinen Kolonne die Mühsal des Weges für kurze Zeit vergessen zu lassen.

„Wenn Sie in etwa 200 bis 100 m Entfernung, je nach Sichtverhältnissen, den Eisenbahndamm erkennen können, dann beginnt das sogenannte Niemandsland. Dieses endet erst nach etwa 2000 m in einer Kuschelgruppe. Dort beginnt die Gemarkung Friedland, und die Gefahrenzone ist endgültig durchschritten. Im Windschatten des Eisenbahndammes steht ein alter Feldschuppen mit einem kleinen Apfelbäumchen. Hier biegen Sie nach Norden ab und gehen, immer mit dem Eisenbahndamm zur Linken, weiter." So hatte ihnen der Arenshausener den weiteren Weg beschrieben.

Es sagt sich schneller, als der Weg zurückgelegt werden konnte. Während der sechsjährige Bub an der Hand seiner Großmutter tapfer seine Füßchen durch den Schnee zieht, hat seine vierjährige Schwester schon aufgeben müssen und sitzt auf dem Arm ihrer Mutter, die ihre Tasche an Hansheinzhorst gegeben hat.

Schließlich haben sie ihr erstes Zwischenziel mühsam erreicht und lehnen sich an die Windschattenseite des alten Feldschuppens. Die Großmutter zieht aus ihrer alten Reisetasche eine Flasche mit noch lauwarmem Tee, und jeder nimmt einen Schluck daraus.

Hansheinzhorst sieht sich um und entdeckt am Baum einen kleinen Apfel, ganz alt und verschrumpelt, aber von einer eigenartigen, doppelten Süße, gebildet aus Reife und Frost. Mit einem kleinen Sprung kann er ihn gerade noch erreichen. Er schält ihn, schneidet ihn in fünf Teile und serviert ihn dann mit den Worten: „Der Nachtisch, bitte!"

Während sie noch kauen, beginnen die Glocken im Land das Neue Jahr anzuläuten. Erst erklingen sie aus Norden (das mußte wohl die Kirche von Friedland sein). Dann läuten sie von Süden her. Abschiedsgrüße von Arenshausen. Und dann mischt sich von jenseits des Bahndammes ein Geläute ein: Das waren wohl die Glocken von Witzenhausen. Und zwischen den lauten Tönen hören sie leises Geläute von weiter entfernt liegenden Orten.

Großmutter: „Zu Silvester sind wir stets daheim zur Mitternachtsvesper und zum Abendmahl gegangen."

Hansheinzhorst: „Ich denke, wir sollen wohl dankbar mit dem vorlieb nehmen, was wir gerade haben. Unterwegssein zu einer neuen Heimat war schon oft die Aufgabe von Christen. Und ist dies hier draußen nicht auch eine Vesper in einem Raum aus Schnee und Wolken, Luft und Himmel?" – Und zum sechsjährigen Buben gewandt, fährt er fort: „Und kann nicht auch ein verhutzeltes, windschiefes Apfelbäumchen ein Weihnachtsbaum sein, der uns auf seine Weise beschenkt hat?"

Der Sechsjährige hat, mit dem Kopfe nickend, gerade in den Himmel hineingeschaut und ist voller Freude: „Ein Stern, ein Stern! – Ist das der Stern von Bethlehem?" Die Großmutter sieht zu Hansheinzhorst hinüber, so als würde er die bessere Antwort wissen.

Hansheinzhorst: „Sicher, ganz sicher ist das der Stern von Bethlehem, von unserem Bethlehem heute. Und das heißt Friedland. Der Stern steht dort nicht über einem Stall für uns, sondern über einem Bahnhof. Und nun brauchen wir nur noch dem Stern nachzugehen, so wie seinerzeit die drei Weisen aus dem Morgenlande..."

Die Großmutter steckt den letzten Rest Tee in der Thermosflasche ein, hebt ihre Tragetasche auf, nimmt links ihren Enkel an die Hand und trägt rechts den kleinen Koffer. Die Mutter setzt ihre in tiefen Schlaf versunkene Tochter auf den linken Arm; die noch freie rechte Hand fährt in den Griff der schweren Reisetasche und hebt sie an.

Hansheinzhorst wirft seinen vollgepackten Rucksack wieder auf den Rücken, packt seine Aktentasche in die linke Hand und den noch gewichtigeren Koffer seiner Begleiter in die rechte.

Hansheinzhorst: „Einen Schlitten sollte man haben! – Kompanie Marsch!"

Wieder stolpert die kleine Kolonne durch den Schnee, und bald geht es noch langsamer als bisher voran. Die Kinder fangen an zu weinen, und die Koffer werden immer öfter von den tief durchatmenden, immer müder werdenden Menschen in den Schnee gestellt. Hansheinzhorst kaut noch immer auf dem Wort „Schlitten" herum und schaut dabei auf den großen Koffer.

Schließlich bleibt auch er erschöpft stehen.

Hansheinzhorst: „So kommen wir nicht mehr vernünftig weiter. Wir werden folgendes probieren: Ich werden den großen stabilen Koffer in einen Schlitten verwandeln. Mir fällt ein, daß ich noch einen derben Strick, eine halbe Wäscheleine, in der Aktentasche habe. Die Beschläge, Schlösser und Schlaufen ermöglichen uns, den Strick so am Koffer zu befestigen, daß ich ihn gewiß gut ziehen kann. Wir setzen die Kinder drauf, die Mutter geht hinterher und gibt acht, daß sie nicht runterfallen, und ihre Reisetasche gibt sie an ihre Mutter ab."

Großmutter: „Großartige Idee! – 'Eine Organisation fast wie bei einem Stoßtrupp auf dem Rückmarsch', so sagte mein Mann immer, wenn er von den Absetzbewegungen im ersten Weltkrieg erzählte."

Hansheinzhorst: „Und was tut die Truppe, wenn sie von einer Geländeübung total erschöpft ist, aber trotzdem noch ein Stück marschieren muß?"

Großmutter: „Wenn der Kompanieführer gut beraten ist, läßt er singen."

Hansheinzhorst: „Genau das wollte ich hören, Frau Oberst! Und was singt die Truppe heute?"

Während die Großmutter überlegte, legte Hansheinzhorst letzte Hand mit an, um den Strick richtig um den Koffer zu legen und ihn zu befestigen; eine Arbeit, die ihre Tochter mit schnellen und geschickten Griffen begonnen hatte.

Großmutter. „Ich bin für 'Alte Kameraden'! Das ist der Lieblingsmarsch meines Mannes gewesen."

Hansheinzhorst: „Das paßt wie der Faustschlag in die Magengrube. Schließlich kennen wir uns nun bereits seit vergangenem Jahr! Also sind wir doch 'Alte Kameraden'."

Großmutter: „Wenn Sie wollen, blase ich Posaune – Kinderposaune. Wie oft spielten wir in unserem Garten Musikzug! Wie oft hat dann unsere Köchin Küchengeräte gesucht, die wir als Musikinstrumente verfremdet hatten! Aber Posaune kann man schließlich auch ganz ohne Instrument, ohne Küchengerät spielen."

Hansheinzhorst (zur Mutter gewandt): „Und nun sagen Sie nur, Sie spielen auch noch ein Instrument?"

Ilse: „Aber sicher, ich pfeife!"

Hansheinzhorst: „Wie die Ilse Werner?"

Ilse: „Aber nein doch! Bei einem Marsch, einem preußischen dazu, pflege ich Querflöte zu spielen, – zu pfeifen wie Friedrich der Große!" (Sie legt ihre Hände an die gedachte Querflöte, aber sie bringt nur einen mißtönenden Pfeifton heraus und schüttelt den Kopf).

„Mit kalten Lippen pfeift sich's schlecht."

Hansheinzhorst: „Also doch Ilse Werner?" – Ilse: „Wieso?"

Hansheinzhorst: „Ihr letzter Satz war die erste Zeile eines ihrer schönen Chansons (singt): Mit kalten Lippen pfeift sich's schlecht – aber das muß doch nicht sein, aber das muß doch nicht sein! Mit kalten Lippen küßt sich's schlecht, aber das muß doch nicht, aber das muß doch nicht sein... (summt). Wird auch das Herz erwärmt und bleibt nicht stumm... Heiße Lippen flüstern leise 'Du'!"

Ilse (leicht errötend): „Sagen Sie mal, was erlauben Sie sich eigentlich?"

Hansheinzhorst: „Ilse Werner erlaubte sich, Sie zu erwärmen. Ihre Wangen sind schon ein wenig rot geworden – und schauen Sie einmal an Ihren Stiefeln hinunter: Der Schnee fängt gleich unter den Sohlen an zu schmelzen. Und Ihre Lippen sind sicher auch schon pfeifbereit geworden. – Und jetzt können Sie noch ein Stückchen durchhalten!"

Ilse: „Deshalb also... – Danke!"

Großmutter: „Otto, Otto, wie er leibt und lebt! – Ach, was rede ich denn so töricht daher! Das stimmt ja weder noch!"

Hansheinzhorst: „Wer ist Otto?"

Ilse: „Otto war ein Schulkamerad meines Bruders! Wenn er die Ilse Werner nachahmte, bogen wir uns alle vor Lachen."

Hansheinzhorst: „Und wo ist Otto jetzt?“

Großmutter: „Bei den Fischen, im Atlantik. Er war U-Boot-Kommandant.“

Hansheinzhorst: „Wir sollten nun aufbrechen. Spielen die Kinder auch ein Instrument?“

Ilse: „Sie werden trommeln, sie werden mit den Fäusten auf den Koffer schlagen..,“

Großmutter: „... um sich so auf diese Weise warm zu halten, damit sie noch ein Stückchen durchhalten können. Sie sind mir ja ein ganz durchtriebener Psychologe, ein ganz gewiefter Taktiker!“

Hansheinzhorst: „C'est la guerre, Madame! zu Ihrer hochwohllöblichen Kenntnis: Ich habe einmal den Rest meiner Einheit nach einem ganz schlimmen Schlamassel mit einem Schlager wieder marschfähig gemacht. Vielleicht haben wir im Bahnhof noch ein wenig Zeit, dann erzähle ich Ihnen die Ballade: 'Ich wollt', ich wär' ein Huhn'. Aber jetzt geht es erst einmal mit einem Marschlied zum Bahnhof: Musikzug stillgestanden! Im Gleichschritt: Marsch: 'Drei – vier – Alte Kameraden auf dem Kriegspfad...'“ (Hansheinzhorst singt, Großmutter spielt Posaune, Ilse Querflöte, die Kinder trommeln und singen, so gut sie können, aus Leibeskräften mit).

–

Der „Musikzug“ hatte sich, – mühsam, aber immer noch singend -, vorwärts durch den hohen Schnee geschoben, da er-kannte Hansheinzhorst die geschilderte Baumgruppe fast direkt vor sich, nicht weit entfernt.

Hansheinzhorst: „Wir haben gleich die Friedländer Gemarkung erreicht! Hurra, wir haben es geschafft!“

Nicht bemerken konnte Hansheinzhorst zwei Gestalten, die sich in der Baumgruppe versteckt hielten und den verschneiten Weg beobachteten. Der eine der Männer legte plötzlich seine Stirn in Falten und die rechte Hand hinter das rechte Ohr: Hatte er richtig gehört, oder hatte er schon einen

Schluck zuviel aus der Flasche getrunken? Er stieß seinen Kumpel an, um sich zu vergewissern, ob er richtig gehört hatte: Marschmusik aus dem Niemandsland!

Max: „Mensch Fritz, die Preußen kommen!"

Fritz: „Was, die Preußen kommen? Du hast wohl einen kleinen Mann im Ohr!"

Max: „Nein, das nicht, aber 'Alte Kameraden'!"

Fritz: „Du hast bestimmt schon zu tief in Deinen Flachmann geblickt! Kein Wunder, bei dem langen Warten in dieser Mordskälte."

Max: „Jetzt leg' einmal Deine Hände hinter Deine Ohrmuscheln, zieh' die Augenbrauen hoch und lausche!"

Fritz: „Mensch Max, Du hast recht! Das klingt wirklich nach 'Alte Kameraden'. Ich höre sogar Posaunenklang dazwischen. Hört sich aber nicht sehr sauber an!"

Max: „Und eine Flöte muß auch dabei sein. Scheint ein bißchen schwach auf der Brust zu sein."

Fritz: „Sollte das etwa ein ganzer Musikzug sein?"

Max: „Jetzt erkenne ich Gestalten. Eine scheint einen Schlitten zu ziehen. Das ist aber ein komisches Gefährt. Zwei Kinder sitzen drauf und schlagen mit ihren Fäusten im Marschtakt auf ihren eigenartigen Unterbau. Die trommeln auf einen Koffer!"

Fritz: „Ist das die Nachhut von 1946, oder ist das schon die Vorhut von 1947?"

Max: „Das ist bestimmt die Vorhut für das angefangene Jahr. Und dann werden sie wieder in Scharen folgen: Sachsen, Thüringer, Preußen, Flüchtlinge, Vertriebene. Wo wollen diese Millionen Deutsche nur hin? Es gibt doch jetzt kaum noch Dächer über den Köpfen bei uns."

Fritz: „Komm, Max, wir begrüßen sie, indem wir 'Alte Kameraden' pfeifen und ihnen ein paar Schritte entgegengehen."

Max (danach): „Grenzkontrolle! Gepäckstücke und Ausweise vorzeigen!"

Hansheinzhorst (erfaßt ganz schnell die Lage: Russen können es nicht sein, aber deutsche Zöllner – nein, die gibt es noch nicht, sollte man sich...): „Einen netten Scherz haben Sie sich da für diese Silvesternacht ausgedacht. Wenn ich einen guten Schluck dabei hätte, würde ich mit Ihnen anstoßen!"

Fritz: „An Getränken fehlt es nicht, nur an Gläsern."

Max (reicht Hansheinzhorst seinen Flachmann hin): „Bitte!"

Hansheinzhorst: „Den Damen zunächst." (Diese wischen, ganz „vorschriftsmäßig" mit dem Handballen über das Drehgewinde des Verschlusses und nehmen einen guten Schluck.)

Großmutter: „Das tut gut! Wie am Ende einer Jagd daheim!"

Fritz (wickelt ein Stückchen Schokolade aus und gibt es den beiden Kindern): „Ihr sollt auch eine kleine Stärkung haben."

Großmutter: „Und was treiben Sie eigentlich hier in der Neujahrsnacht für Frühsport?"

Max: „Wir haben erfahren, daß hier verdächtige Grenzgänger in dieser Nacht passieren sollen. Wir sollen sie festnehmen bzw. festsetzen, hier auf diesem Schlitten, und in ein sicheres Gewahrsam bringen. Da die Erwarteten aber bis jetzt nicht gekommen sind, werden wir Sie dafür festsetzen und in ein sicheres Gewahrsam bringen."

Hansheinzhorst: „Und auf wen haben Sie wirklich gewartet?"

Max: „Unser Vater ist unterwegs, seine Schwester mit Familie aus dem Eichsfeld hierher zu holen. Man hat unseren Onkel dort enteignet. Auch mußte er damit rechnen, eingesperrt zu werden."

Fritz: „Wahrscheinlich hat sich die Abreise aus irgendeinem Grund verzögert. Gerade wollten wir aufbrechen, da hörten wir 'Alte Kameraden', und da sind wir noch geblieben."

Max: „Und da nun die einen Kameraden da sind und die anderen nicht, so können Sie halt die Schlitten benutzen."

Fritz: „Dürfen wir die Damen bitten, Platz zu nehmen?"

Hansheinzhorst: „Nun sind wir kein Musikzug mehr, sondern eher der Rest einer Nordpol-Expedition, mit Schlittenhunden auf der Heimreise!"

Max: „Und wohin soll die Reise gehen? Ins Lager Friedland?"

Großmutter: „Nein! Auf keinen Fall noch einmal ins Lager! Wir wollen möglichst bald mit der Bahn in Richtung Süden fahren."

Ilse: „Mein Mann hat sich auf die Schwäbische Alb auf einen Bauernhof entlassen lassen. Der Besitzer dort und er waren zusammen in einer Kompanie."

Fritz: „Also dann auf zum Bahnhof!"

Großmutter: „Und was singt die Expedition auf der Heimreise vom Nordpol?"

Hansheinzhorst: „So leben wir, so leben wir, so leb'n wir alle Tage..."

Alle singen.

–

Nachdem sich Fritz und Max verabschiedet hatten, machte es sich die „Expedition Musikzug", soweit wie es möglich war, gemütlich: Der kleine Warteraum des Bahnhofs war zwar nicht geheizt, aber jedenfalls war die Temperatur innen wärmer als draußen. Und der Raum war windgeschützt. Hansheinzhorst ging um das Bahnhofsgebäude herum, fand dabei ein paar Scheite Holz, und bald konnten alle die Glieder an einem kleinen bullernden Kanonenöfchen ausstrecken.

Großmutter: „Wie schön, wieder auf preußischem Boden zu sein!"

Hansheinzhorst: „Frau Oberst sind nicht in der preußischen Provinz Hannover, sondern im Land Niedersachsen! Seit zwei Monaten gibt es diese neue Bezeichnung."

Großmutter: „Ach, wie schade."

Hansheinzhorst: „Einen Staat oder ein Land oder auch nur eine Provinz Preußen gibt es nicht mehr. So wie es ab 1866 kein Königreich Hannover mehr gab. Das selbständige Königreich wurde eine preußische Provinz."

Großmutter: „Es kommt wohl immer darauf an, von welcher Seite man ein Problem betrachtet."

Hansheinzhorst: „Wissen Sie, was ein hannoveranischer Minister bei den Übergabeverhandlungen zu seinem preußischen Kollegen sagte?"

Großmutter: „Ich glaube nicht, daß ich dies wüßte."

Hansheinzhorst: „Ein Staat, der einen anderen Staat vernichtet, wird selbst vernichtet werden! In diesem Fall brauchte die Geschichte nur 80 Jahre."

Schweigen – Hansheinzhorst schläft vor Müdigkeit ein.

–

Der Bahnhofsvorsteher tritt an Hansheinzhorst heran und versucht, ihn zu wecken, was ihm aber erst nach vieler Mühe gelingt.

Bahnhofsvorsteher: „Ihr Zug wird bald kommen!"

Hansheinzhorst: „Bin ich noch in Friedland?"

Bahnhofsvorsteher: „Ja. Das sind Sie."

Hansheinzhorst: „Wo ist denn meine Familie?"

Bahnhofsvorsteher: „Wenn Sie die beiden Damen und die beiden Kinder meinen, die sind bereits mit einem früheren Zug in die andere Richtung abgereist! Sie haben sich so bemüht, Sie zu wecken. Schließlich haben sie es aufgegeben, als der Zug kam. Sie sagten mir noch, ich solle Sie wecken, wenn der Zug nach Studienburg käme. Warten Sie, ich hole Ihnen einen Becher Kaffee aus meinem Schalterraum."

Als Hansheinzhorst – wie zufällig – über den rechten Aufschlag seines Übermantels streicht, knistert es. Er faßt hinein und findet einen Hundert-Mark-Schein und einen kleinen

Zettel in der Hand: „Dem großen Truppenführer, Organisator und gewieften Taktiker! Es dankt Ihnen Ihr Musikzug!"

Automatisch faßt er in den linken Aufschlag und ergreift auch da etwas Festes: Es sind zwei kleine Riegel Schokolade: „Du hast uns den Stern von Bethlehem richtig gedeutet. Nie werden wir den Marsch durch diese Neujahrsnacht vergessen – Deine Preußenkinder."

Hansheinzhorst wickelt die beiden Schokoladenriegel mit zitternden Händen aus, steckt sich einen davon in den Mund und läßt ihn andächtig auf der Zunge zergehen, während er das zweite Stücklein zurückbehält. Dabei knistert zweimal das Papier. Seine Augen sind feucht geworden, und es fallen ein paar Tränen auf das Silberpapier. Behutsam packt er sie mit ein, wobei es zum zweiten Male raschelt, als er die silberglänzende Verpackung um das letzte Restchen Schokolade wickelt.

Als sich kurz darauf der Bahnhofsvorsteher mit dem Topf Kaffee nähert, fährt sich Hansheinzhorst verstohlen mit dem Handrücken über die Augen und nimmt dankend den Becher mit dem heißen Getränk entgegen. Tief aufatmend setzt er diesen nach dem ersten Schluck wieder ab. Ein wohliges Rieseln geht durch seinen Körper: „Das hätten wir gepackt, und jetzt bist du wieder der Alte."

8

Ärztlicher Ratschlag

Ein „wärmendes Rezept" und seine Folgen

Hansheinzhorst betritt das Wohnungsamt, geht den Flur entlang, wo sich die Wartebänke befinden, und begrüßt die Wartenden.

Hansheinzhorst: „Guten Morgen! Ich hoffe Sie sind gut durchgefroren durch die Nacht gekommen!"

Hansheinzhorst bekommt einen schlimmen Hustenanfall, und als dieser zu Ende ist, fährt er fort:

„Wie Sie sehen, trifft auch bei mir dieser Tatbestand sehr deutlich zu. – Nun ja, sonst wären wir wohl alle nicht hier. Oh, da ist ja noch ein Plätzchen frei!"

Schörner: „Nimm Platz, alter Kumpel!"

Hansheinzhorst: „Kennen wir uns denn?"

Schörner: „Vor einigen Tagen haben wir in der Wärmestube miteinander Skat gespielt!"

Hansheinzhorst: „Richtig, jetzt erkenne ich Dich! Du siehst ja heute so anders, so fast vornehm aus?"

Schörner: „Kleider machen Leute, das weißt Du doch."

Hansheinzhorst: „Und was will das besser angezogene Leut' heute hier?"

Schörner: „Mein Arzt hat ein Attest an das Wohnungsamt geschickt, damit ich aus meinem Rattenkellerloch in eine 'Beletage' ziehen kann."

Hansheinzhorst: „Und Du meinst, das klappt?"

Schörner: „Ein' Versuch ist das mindestens wert, um mein Rheuma, das ich schon vom letzten russischen Winter mit in die Heimat gebracht habe, nicht noch schlimmer werden zu lassen. Immer kann man sich in der Wärmestube ja auch nicht aufhalten. Und um 22 Uhr schließen sie da überdies."

Hansheinzhorst: „Die Kühle der Nacht bleibt uns auf alle Fälle sicher. Und wahlweise ein kleiner Skat vorher."

Schörner: „Das war ein Spiel vor ein paar Tagen! Erst fehlte mein Kumpel, der sonst immer mitspielt. Da sprangst Du ein mit den Worten: 'Eigentlich wollte ich in meinem Leben nie wieder Skat spielen', und dann hättest Du uns beinahe noch die Hosen ausgezogen."

Hansheinzhorst: „Links von mir wurde ein Baby gewickelt, und rechts stritten sich zwei Schwarzmarkthändler, wer wen übers Ohr gehauen hat."

Schörner: „Und neben mir saß einer, der still vergnügt seinen Kautabak mummelte. Ab und zu fiel ein Tropfen aus seinem Munde, wobei er versuchte, den nachfolgenden Tropfen immer auf dieselbe Stelle fallen zu lassen, wo der vorhergehende gelandet war."

Hansheinzhorst: „Und neben Deinem Kumpel saß ein junger Mensch, der versuchte, in diesem Getümmel Schulaufgaben zu machen. Ich schätze, das war ein alter Oberschüler, der jetzt sein Abitur ansteuerte, das er irgendwo in Ostdeutschland nicht mehr ablegen konnte."

Schörner: „Und über allem lag eine Luft wie zum Schneiden nach dem Motto: Warmer Mief ist besser als kalter Ozon."

Hansheinzhorst: „Und da war noch ein Gesundheitsapostel in meiner Nähe. Es roch ganz verdächtig nach Knoblauch! Alle menschlichen Sinne wurden vollauf und bestens befriedigt."

Schörner: „Und was willst Du hier?"

Hansheinzhorst: „Dasselbe wie Du: Mit Hilfe eines ärztlichen Attestes versuche ich ein anderes, ein heizbares Zimmer zu bekommen. Mein Arzt sagte mir, ich müßte versuchen, meine Bronchitis auszumerzen und sie nicht chronisch werden zu lassen. Wenn das mit dem Zimmer nicht klappen sollte (dabei zwinkerte er mit den Augen), gäbe es nur eine Alternative: Ich müsse mich kurz vor Dienstschluß bei einer Behörde einschleichen und einschließen lassen und die Nächte im Heizkeller verbringen!"

Schörner: „Keine schlechte Idee. Auch Akademiker haben manchmal gute, wenn auch ausgefallene Ideen."

Hansheinzhorst: „Und dann fuhr er fort: 'Stellen Sie sich einmal vor, ich wäre in der Prüfung gefragt worden. Was machen Sie mit einem Patienten, der an Bronchitis leidet, damit sie nicht in eine chronische übergeht?', und ich hätte geantwortet: 'Ich schicke den Patienten in den Heizungsraum einer Behörde.' (Hustet, bellt wie ein Hund.) „So habe ich mich durch die Nacht gehustet."

Oberinspektor: „Herr Schörner, bitte!"

Schörner: „Übrigens, mit dem Generalfeldmarschall weder verwandt noch verschwägert. Tschüß, mach's gut!"

Hansheinzhorst: „Ich werde noch ein wenig die Augen schließen, bis ich an die Reihe komme."

–

Arzt: „Also, denken Sie daran, wenn das mit dem Zimmer nicht klappt, dann auf in die Heizungskeller der Behörden. Oft nehme ich die ungelösten und unlösbaren Probleme meiner Patienten mit ins Bett. Dann sinken sie meistens in meine Seele hinab. So spüre ich es jedenfalls. Und dann steigen sie in der Nacht als Träume wieder auf, so wie es geschrieben steht: Den seinen gibt's der Herr im Schlafe. Und jetzt träumen Sie wieder!"

Hansheinzhorst sieht sich auf dem Wege zum Postamt. „Richtig", sagt er zu sich, „dahin will ich ja auch als erstes. Da gibt es so eine schöne abgeschlossene Telefonzelle. Die eignet sich vorzüglich als Versteck."

Die Uhr am Posteingang zeigt kurz vor 18 Uhr; und als er die Telefonzelle aufsucht, bemerkt das niemand, da noch viele Leute an den Schaltern abgefertigt werden wollen. Als sich die Schalterhalle schließlich nach und nach geleert hat und auch die Beamten an ihren Plätzen die Abschlußarbeiten verrichtet haben, verläßt Hansheinzhorst sein Versteck und geht, die Kellertreppe suchend, in den hinteren Flur hinaus. Das Finden wird schwierig, weil Hansheinzhorst nicht wagt, das Licht einzuschalten. Als er tastend um eine Ecke biegt, fällt schummriges Licht von einer Straßenlaterne auf den Treppenanfang. Mit dieser Hilfe kommt er, ohne zu stolpern, ganz gut, vorsichtig Stufe für Stufe nehmend, nach unten. In den Kellergang reicht nun allerdings das fahle Licht nicht mehr, und er steht dort im tiefen Dunkel: Was nun? Er tastet sich wieder an der Mauer entlang. Plötzlich spürt er den aus der Wand herausragenden Lichtschalter an der Hand. Soll er kurz einschalten? Schließlich können ja Gegenstände im Gang stehen. Er könnte anstoßen, und irgend etwas könnte umfallen und Krach machen. Er muß es riskieren, das Licht einzuschalten. Er steht dicht vor einigen Brettern, die senkrecht an die Mauer gelehnt sind. Wäre er weitergegangen, er hätte sie umgestoßen, und es hätte sicher einen Mordsspektakel gegeben. Erleichtert aufatmend, dabei den Hals ausreckend, um an den Brettern vorbeischauen zu können, stellt er auf seiner und auf der anderen Seite je vier Türen fest. Gleichzeitig nimmt er wahr, daß auf seiner Seite keine weiteren Gegenstände mehr stehen. Also los: Licht aus! Die dritte Türe im Gang läßt sich öffnen, und sie ist wirklich der Eingang zur Heizung. Eine wohlige Wärme umfängt ihn, und er läßt sich aufatmend auf einem kleinen Schemel nieder, den er schemenhaft erkennen kann. Jetzt nur noch eine Schlafunterlage gesucht – und dann die Augen zu!

Leider hatte er im Heizungskeller des Postamtes keine guten Unterlagen gefunden, und deshalb probiert er für die nächste Nacht den Heizungskeller im Finanzamt aus.

„Eigentlich habe ich in meinem Leben als Zivilist noch nie Steuern gezahlt und könnte daher auch keine Gegenleistung verlangen“, sagte er sich, „aber eines Tages, hoffentlich in nicht zu ferner Zeit, werde ich sowieso zur Nachzahlung verpflichtet werden.“

Eine Besuchertoilette hat er bald gefunden, und Hansheinzhorst behält diesen etwas ungemütlichen Sitzplatz bei, bis die Turmuhr von nebenan ihm schlagend anzeigt, er könne nun in den Keller hinabsteigen. Der Weg dorthin ist ähnlich schwierig – wieder ohne Licht – wie gestern, bis er schließlich unten ankommt. Diesmal sucht er gleich einen Lichtschalter, um sich rechtzeitig vorher orientieren zu können. Der Kellergang ist fast frei, nur an einer Tür liegt ein großer Haufen Akten, bunt durcheinander aufgeschichtet. Als er diese Tür öffnet, liegt der ersehnte Heizungskeller vor ihm.

„Sollen das alles Registraturbestände sein, die morgen hier in den Ofen gesteckt werden sollen? – Auf alle Fälle: Sollte der Ofen in der Nacht Nachschub benötigen, so wäre dieses Problem leicht zu lösen.“

Danach stellt er erstaunt fest, daß im hinteren Teil des Raumes eine aufgeblasene Luftmatratze an der Wand lehnt. „Was soll denn das bedeuten?“ Zunächst freut er sich über diese weiche Schlafunterlage. Aber dann sagt er sich: „Schläft hier vielleicht ab und zu noch ein anderer? Und wer? Sollte eventuell der Hausmeister hier unten schlafen, wenn ihm selbst die Kohlen ausgegangen sind? – Vielleicht hat aber auch sein Arzt nicht nur ihm eine entsprechende Heizungskeller-Therapie verordnet? Aber dann müßte doch der betreffende Patient schon hier sein? Ob derjenige heute eventuell im Ratskeller übernachtet, weil für ihn dort möglicherweise ein richtiges Bett am Ofen steht? Es scheint mir auf alle Fälle eine vertrackte Angelegenheit zu sein.“

Letzten Endes hört er aber auf zu denken, denn weitere theoretische Nachforschungsanstrengungen würden nur sinnlose Kraft kosten, und schließlich ist er müde und will schlafen. „Die Hauptsache ist, ich habe eine weiche Unterlage in einem warmen Raum" – und schon liegt er lang und schläft ein.

Am frühen nächsten Morgen gelingt es ihm, wie schon am Vortag durch die Telefonzelle, diesmal über die Toilette unbemerkt aus dem Amt zu kommen. Im Laufe des Tages grübelt er vor sich hin: „Wo soll ich die nächste, die kommende Nacht verbringen? Die Unterlage in der Post ist zu hart. Wenn man schon in einem so schwer auffindbaren Heizungskeller schlafen muß, dann sollte es wenigstens nicht nur mollig warm, sondern auch schön bequem sein. Blaue Flecken gegen eine zu heilende Bronchitis einzutauschen, wäre wohl nicht ganz im Sinn einer Therapie. Das Finanzamt ist zu gefährlich. Wem gehört die Luftmatratze? Also auf zu einer neuen, einer anderen Behörde! Wie wäre es mit dem Gesundheitsamt? Das muß doch eigentlich heilfreundlich sein?"

Und so war es auch, was die Wärme anbetrifft. „Aber wo bleibt meine Luftmatratze", hätte er beinahe ausgerufen, denn er sieht nur eine wackelige Bank vor sich und darauf zwei zerfledderte Kissen. „So eine ungepflegte Schlafstätte sollte es eigentlich in einem Gesundheitsamt nicht geben." Müde setzt er sich auf die hölzerne Unterlage und sagt ernüchternd vor sich hin: „Jetzt könnte mir einer noch eine weiche Matratze bringen!"

–

Oberinspektor: „Herr Hansheinzhorst!"

Hansheinzhorst (aufwachend): „Ja! Hier – im Heizungskeller – bin ich!"

Die ganze wartende Menge fängt an zu lachen, und Hansheinzhorst dreht sich erschrocken um und reibt sich erstaunt die Augen.

Hansheinzhorst: „Ach so, ich sitze ja auf einer Bank im Flur des Wohnungsamtes und warte."

Oberinspektor: „Herr Hansheinzhorst?“ (Hansheinzhorst reckt den Arm in die Höhe.) „Kommen Sie bitte.“

Der Beamte des Wohnungsamtes läßt Hansheinzhorst in sein Arbeitszimmer eintreten und schließt hinter ihm die Tür, während Hansheinzhorst dabei wirre Gedanken durch den Kopf schießen. Aber es gelingt ihm noch rechtzeitig, bevor der Beamte das Gespräch eröffnet, diese zu ordnen: „Man könnte doch auch einmal im Wohnungsamt übernachten. Aber ich werde hier, je nachdem, wie das Gespräch ausgeht, noch am Tage eine Qualitätsprüfung vornehmen! Ohne eine weiche Unterlage übernachte ich hier nicht! Aber erst einmal sehen, wie das Gespräch ausgeht. Das habe ich nun gelernt: Wenn man etwas haben will, muß man zum Tausch etwas mitbringen! Und so ein Tauschobjekt habe ich in der Hosentasche!“

Oberinspektor: „Ihr Arzt hat uns ein Attest geschickt, daß Sie dringend einen heizbaren Wohnraum benötigen, da sonst Ihre Gesundheit durch eine sich fortlaufend verschlechternde Bronchitis stark gefährdet ist. Hier ist meine Liste, die ich für solche Fälle führe. Sie ist bereits gut gefüllt. Ich habe nichts, keinen einzigen Raum verfügbar, womit ich Ihnen helfen könnte.“

Hansheinzhorst: „Mein Wunsch ist nicht, auf eine Liste gesetzt zu werden, sondern baldmöglichst eine warme Bude beziehen zu können. Wie wäre es mit einem Tauschobjekt?“

Oberinspektor: „Wie bitte? Tauschobjekt? Wie meinen Sie das denn?“

Hansheinzhorst: „Gestern traf ich unterwegs eine Dame, die ich von früher her kannte. Sie ist die Mutter eines Kriegskameraden von mir. Sie trug ein Liebesgabenpaket aus den Vereinigten Staaten, das ihr von einem entfernten Verwandten monatlich – stellen Sie sich vor, monatlich – geschickt wird.

Ich bot mich an, da sie schmerzlich während der Begrüßung das rechte Bein verrückte, ihr das Paket nach Hause zu tragen. Unterwegs erzählte sie mir, daß ihre Hüfte ausgeleiert sei und sie sich operieren lassen solle. Aber sie habe solche Angst davor. Sorge mache ihr auch ihr Mann, der in einem Umerziehungslager sei. Er würde zwar wieder bei der Post arbeiten können, wenn er zurückkäme, aber nur als Paketausfahrer oder Briefträger. 'Schrecklich, da er doch hier einmal stellvertretender Amtsleiter war! Ich habe ihm immer gesagt: 'Kümmere Dich nicht soviel um die SA!' Der Krieg sei damals schon verloren gewesen, sagen die Leute heute. Doch das hätte man auf der Post doch schon früher wissen müssen! Er war Sturmführer, wissen Sie, und nun haben Sie ihn entnazifiziert, und er ist seinen Postoberrat los, und ich bin Frau Briefträger.' Sie schluchzte tief auf und fuhr sich mit einem kleinen Seidentaschentüchlein über die Augen. 'Da drüben wohne ich. Was war das für eine herrliche Hochparterre-Wohnung, und nun muß ich sie mit einer sechsköpfigen Familie aus Rumänien teilen!'

'Sicher sind es Deutsche aus Siebenbürgen?'

'Ja, aus dem Siebengebirge von da unten kommen sie her. Und diese Kinder! Sie sind nicht nur lebhaft, nicht nur wild, sondern auch noch frech!'

Inzwischen waren wir vor ihrer Wohnungstür angekommen. Ihre Hände zitterten, als sie den Schlüssel ins Schlüsselloch steckte:

'Ach, kommen Sie doch mit herein und legen Sie mir das Paket in mein Wohnzimmer. Die Rumänen dürfen es nämlich nicht sehen, sonst erwarten Sie, daß ich Ihnen davon abgebe. Aber bei meinem angeschlagenen Gesundheitszustand brauche ich den Inhalt ganz allein für mich.'

Ich sah mich in dem Zimmer um, während sie uns eine Tasse Kaffee auf einem kleinen Kocher zubereitete. 'Wissen Sie, die Küche können wir zwar beide benutzen. Aber dort riecht es immer nach Kohl und Rüben. Und diesen Arme-Leute-Geruch kann ich nicht ausstehen. Meine Eltern, wissen Sie...' Sie biß sich auf die Lippen und verschluckte den Rest des Satzes.

Ich hatte inzwischen zwei gegenüberliegende Türen festgestellt und sagte ganz ungeniert zu ihr: 'Wohin gehen denn die beiden Türen?'

'Die eine führt in das Zimmer meines Sohnes, und die andere mit dem Samtvorhang davor ist die Tür zu meinem Schlafkämmerlein. Mein Sohn, der jüngere von beiden, studiert übrigens auf der TH in Hannover.' 'Und ist daher selten daheim', fuhr ich fort. 'Ja leider, nur an ein oder zwei Wochenenden ist er hier.' 'Und sonst steht das Zimmer leer?' Sie schwieg. 'Und das Schlafkämmerlein hat man Ihnen gelassen? Hier steht doch eine gute Schlafcouch?' 'Ja, ja, aber der Arzt hat mir gesagt, daß ich für mich ein richtiges Bett benötige! Sicherheitshalber schiebe ich immer die Frisierkommode vor die Tür, wenn die Kontrolle kommt. Das sieht direkt schick aus, weil die Tür einen Samtvorhang hat. Leider muß ich für diese 'Schieberei' immer den Mann meiner Freundin engagieren. Allein ist diese Arbeit für mich zu schwer. Und jetzt hat er doch gesagt, er habe gehört, es gäbe auch unangemeldete Kontrollen. So eine Frechheit! Wenn ich mein Schlafkämmerlein hergeben müßte, dann stände ich vor der schrecklichen Situation, zur Frisierkommode und zu meiner Kochecke auch noch das Bett hier hineinzustellen – in mein schönes Chippendale-Wohnzimmer. Wo bleibt da die Ästhetik? Was würde Chippendale zu solch einer Kulturschande sagen!'

Ich wußte nun genug, trank meine Tasse Kaffee aus und verabschiedete mich dankend. – Und nun biete ich Ihnen ein oder zwei Zimmer, je nachdem Sie beschlagnahmen werden, für einen Tausch an."

Oberinspektor: „Das heißt, Sie wollen nicht eines von beiden beziehen?"

Hansheinzhorst: „Oh nein, danke! Ich habe nicht die Absicht, mit so einem hysterischen Weibsbild den Rest meiner Lehrzeit in einer Wohnung, sozusagen Wand an Wand, zu verbringen! Verschaffen Sie mir eine leerstehende Studentenbude, aber heizbar bitte, und die beiden Zimmer, nach Kontrolle natürlich, verwenden Sie bitte anderweitig. Da müssen welche hinein, die aus anderem Holz geschnitzt sind als ich. Und meinen Taubenschlag können Sie noch zusätzlich haben, den schenke ich Ihnen freiwillig und umsonst!"

9

Auf Vorstellungsfahrt:

Von einem Hochrandteller, einem Ein-Gang-Menü und einem Niedrigwandbett

Hansheinzhorst betritt, etwas nachdenklich, den Aufenthaltsraum der Bahnhofsmission. Über seinen linken Arm gehängt, trägt er zwei Gepäckträgertaschen, die wie Satteltaschen aussehen und sein Reisegepäck darstellen. Er ist sich nicht sicher, was ihn hier erwartet. Schräg hinter seinem Rücken, im linken Teil des Raumes, sitzt ein weibliches Wesen, das ihn anruft und begrüßt.

Ulrike: „Hallo, Monsieur! Je später der Abend, desto edler der Gast."

Hansheinzhorst (wendet sich ihr erstaunt zu und grüßt zurück):

„Bonsoir, Mademoiselle!"

Ulrike: „Ein Herr von Welt! Hab' ich's mir doch gleich gedacht. Satteltaschen überm Arm und ein Golfbeinkleid. Er wird vom Golfplatz kommen – und dies zu einer so fortgeschrittenen Stunde in dieser Zeit!"

Hansheinzhorst: „Mademoiselle erlauben, daß ich Ihre Anschauung über meine Satteltaschen und mein Golfbeinkleid ein wenig zurechtrücke?"

Ulrike: „Aber bitte sehr, mein Herr, es sei Ihnen gewährt."

Hansheinzhorst: „Diese Taschen lagen nie auf dem Rücken eines edlen Pferdes, und diese Hose hat niemals, auch nur von weitem, einen Golfplatz gesehen. Das ist meines Onkel Edwins Knickerbockerhose, die er mir vererbt hat, sozusagen der Unterteil seiner ehemaligen Wanderkluft!"

Ulrike: „Von welch' edler Herkunft und welch' eine Verwandtschaft so von Hose zu Hose! Nein, wie sie sich täuschend ähnlich sind!"

Hansheinzhorst (der sich inzwischen im Raum umgesehen hat):

„Nanu! Welch' eine gähnende Leere in diesem teuren Etablissement! Kein Stuhl besetzt, alle noch frei, auch der Stuhl an Ihrer Seite, Mademoiselle?"

Ulrike: „Es wäre mir ein Vergnügen, Ihre Knickerbocker-Golfhose nicht nur von weitem betrachten, sondern auch aus der Nähe bewundern zu können."

Hansheinzhorst geht mit gemessenem, schlenderndem Schritt auf Ulrike zu, die dabei zwei aufgesteckte Wäscheklammern an den unteren Enden seiner Hose bemerkt.

Ulrike: „Oh, welch' eine bezaubernde Verzierung an Ihren Hosenbeinen!"

Hansheinzhorst: „Ah, Mademoiselle, das sind nur zwei Wäscheklammern, die nicht der Verzierung, sondern einem Feststeck-Effekt dienen: Echte Hosenklammern waren leider noch nicht in der Produktion. Aber diese hier (er zieht die Wäscheklammern ab) tun auch ihre Pflicht."

Ulrike: „Ihre Pflicht, welche Pflicht?"

Hansheinzhorst: „Damit die Hose sich nicht zwischen Zähnen und Kette verheddert."

Ulrike: „Wie bitte, Zähne und Kette? Die befinden sich doch oben und gehören zum Kopf und an den Hals – oder?"

Hansheinzhorst: „Mademoiselle brauchen keine Angst zu haben, es geht hier nicht um Kopf und Kragen. Es geht um ein sehr edles Fortbewegungsmittel, um einen fahrbaren Untersatz, dem zur Zeit meinigen; allerdings, ich gestehe es mutig ein, vorübergehend geborgten."

Ulrike: „Spannen Sie mich nicht so auf die Folter!"

Hansheinzhorst: „Ich komme, wie schon einmal erwähnt, tatsächlich nicht vom Golfplatz, sondern bin, wie Sie an meinen Taschen sehen können, zwar diesmal nicht von meinem Reitpferd, aber immerhin von meinem Esel, meinem Drahtesel abgestiegen. – Und da sind nun einmal die Zähne und die Kette unten in der Höhe der Beine; und damit die Hosenbeine nicht dazwischengeraten, benötige ich (legt Ulrike die Wäscheklammern hin) diese Verzierungen!"

Ulrike: „Es dämmert mir! Ich habe solch' eine Hosenbeinsicherung schon einmal am Beinkleid eines Vetters gesehen! Wir Damen haben übrigens auch so eine Sicherung, eine Netzsicherung!"

Hansheinzhorst: „Eine Haarnetzsicherung meinen Sie sicher? Damit die gute Frisur in Form bleibt!"

Ulrike: „Nein, ein solches Netz meine ich nicht! Ich meine das Netz unten" (Hansheinzhorst schaut verdutzt drein) „am Hinterrad, damit sich der Rock nicht in die Speichen verwickelt!"

Hansheinzhorst: „Nein, was für eine entzückende Einleitung für unser Kennenlernen."

Ulrike: „Ich muß es Ihnen auch gestehen, so eigenartig habe ich noch nie ein Gespräch mit einem jungen Mann begonnen: mit Hose, Rock und Wäscheklammern."

Hansheinzhorst: „Es sind eben außergewöhnliche Zeiten, Mademoiselle. Haben Mademoiselle schon soupiert?"

Ulrike: „Leider ja. Und ich hätte so gern zusammen mit Ihnen gespeist."

Hansheinzhorst: „Übrigens, wie ist die Bedienung hier in diesem Etablissement?"

Ulrike: „Zeitgemäß, sehr zeitgemäß: Selbstbedienung! Man bedient sich mit dem, was man mitgebracht hat, selbst."

Hansheinzhorst: „Das ist ja nicht nur indirekt, sondern auch direkt eine Aufforderung zu einem krassen Egoismus! Welch schreckliche Zeiten!"

Hansheinzhorst hat inzwischen aus seinen Taschen eine niedrige, runde Dose entnommen; und als er sie öffnet, ruft Ulrike:

„Oh, welch' ein bezauberndes Lebensmittelaufbewahrungsetui besitzen Sie da! Welch' eine exzellente Büchse!"

Hansheinzhorst: „Darf ich Mademoiselle höflich darauf aufmerksam machen: Diese Büchse ist keine solche nicht!"

Ulrike: „Wie bitte? Diese Büchse ist keine Büchse?"

Hansheinzhorst: „Nein, Mademoiselle! Ein Mann von Welt würde doch niemals aus einer Büchse essen, immer nur von einem Teller!"

Ulrike: „Diese Büchse ist also nach Ihrer Beschreibung ein Teller!?"

Hansheinzhorst: „Ja, natürlich, nur nicht so ein ganz gewöhnlicher, mit normalem Rand. Es ist ein sogenannter Hochrandteller!" (Während Ulrike herzlich lacht, fährt Hansheinzhorst fort):

„Man muß die Niedrig- und Widrigkeiten des Lebens dadurch überwinden, daß man sie in höhere Sphären hebt!"

Ulrike: „Sie haben eine ergötzliche, unwiderstehliche Phantasie, pardon, Philosophie. Da kann ich noch eine ganze Menge von Ihnen lernen."

Hansheinzhorst: „Bei einer so angenehmen Gesellschaft, wie zum Beispiel mit Ihnen, unterrichte ich natürlich kostenlos."

Ulrike (schnuppert intensiv): „Und welch' ein köstlicher Duft entströmt der Vorspeise! Es ist doch eine?"

Hansheinzhorst: „Diesmal: Jein, Mademoiselle! Wenn ich auf Reisen bin, sozusagen ohne Diener, dann leiste ich mir nicht viele Gänge. Dann fasse ich meine Haferflockenvariationen – Haferflocken roh, Haferflocken gekocht, Haferflocken geröstet, Haferflockenpudding – zu einer einzigen kompakten Mahlzeit zusammen, sozusagen zu einem Ein-Gang-Menü."

Ulrike: „Ah, sehr geschickt! Und wie heißt dieses großartige Menü? Es hat doch sicher eine unvergeßliche Bezeichnung."

Hansheinzhorst: „Oh, ja. Das hat sie: Kraftfutter für Langstreckenradler! Darf ich Ihnen eine Handvoll zum Nachtisch reichen?" (Hansheinzhorst schüttet ihr aus seinem Hochrandteller eine kleine Portion in ihre zu einer Schüssel geformten Hände.)

Ulrike: „Wie charmant, wie charmant; danke, es reicht! Soviel Selbstlosigkeit hätte ich vorm Schlafengehen heute nicht erwartet!"

Hansheinzhorst: „Selbstlosigkeit ist eine Spezialität von mir – wenn es sich lohnt. Und bin ich nicht schon vorab belohnt worden, so entzückende Sätze mit so einem entzückenden Mädchen in so einem entzückenden Etablissement wechseln zu können? -

Und was haben Mademoiselle als Nachtmahl zu sich genommen?"

Ulrike: „Bei mir gab es geraspelte Mecklenburger Karotten auf blankem Schweriner Bauernbrot, auf Holzteller serviert, nach Art des Hauses." (Pocht dreimal auf den Tisch.)

Hansheinzhorst: „Das finde ich aber auch sehr lecker: Bauernbrot!"

Ulrike (Hansheinzhorsts Kraftfutter kauend): „Ihr Kraftfutter finde ich auch sehr delikat."

Hansheinzhorst: „Sagen Sie einmal, Gnädigste, geht es dort zu den Toiletten? Ein goldenes D und ein goldenes H?"

Ulrike: „Diesmal irren Sie sich, da geht es zu den Schlafräumen, ausgestattet mit Niedrigwandbetten!"

Hansheinzhorst: „Wie bitte, Niedrigwandbetten?"

Ulrike: „So etwas Vornehmes kennen Sie nicht? Strohlager, abgeteilt durch hochstehende Bretter!"

Hansheinzhorst: „Der zweite Satz für Sie!"

Ulrike: „Die schicken Klos sind schräg überm Hof. Gut lackiertes Holz, daher keine Gefahr für Splitter im Oberschenkel; funktionsgerecht, es zieht etwas von unten, wie immer, wenn kein Zug von oben da ist. Note: zufriedenstellend!"

Hansheinzhorst: „Diese Türen passen doch eigentlich nicht hierher!"

Ulrike: „Da haben Sie durchaus recht. Ich nehme an, daß sie aus einer sehr vornehmen Pension stammen, die ausgebombt wurde. Auf alle Fälle sind die beiden Buchstaben mit Blattgold belegt; vornehm, sehr vornehm, Türen von Welt!"

Hansheinzhorst: „Mit Blattgold? Wie können Sie denn das beurteilen?"

Ulrike: „Mit meinen geschulten Augen! Ich bin Goldschmiedin!"

Hansheinzhorst: „Man soll es nicht glauben: Goldschmiedin mit goldenen Haaren ohne Netz! Ich dachte schon, ich säße der Loreley gegenüber!"

Ulrike: „Der der Kamm nicht durchs Haar fährt, sondern der ihr auf der Butter liegt."

Hansheinzhorst: „Wieso denn das? Das hätte aber Heine eben nicht hören dürfen!"

Ulrike: „Ich weiß nicht, was soll es bedeuten! Das meine ich!"

Hansheinzhorst: „Und wie soll ich das meinen oder verstehen?"

Ulrike: „Daß ich diese Fahrt unternehmen muß."

Hansheinzhorst: „Wie sind Sie denn überhaupt hierher gekommen?"

Ulrike: „Vornehme Damen lassen sich vorfahren!"

Hansheinzhorst (verschmitzt lächelnd): „Mit einem Taxi?"

Ulrike: „Mit einem gewaltigen Taxi mit Anhänger. Aber es ging gut im Führerhaus."

Hansheinzhorst: „Annäherungsversuche?"

Ulrike: „Ja – aber zum Glück nur wenig. Er sah mehr nach Familienvater aus. Ein Foto mit zwei süßen Kleinen klebte an einer Wand der Kabine. Ich zeigte mit einem Finger auf das Foto und sagte ihm: 'Wenn die Kinder einmal 15 Jahre älter sind, möchte der Vater das?' Und er wußte sicher auch: Bei starker Gegenwehr macht die ganze Sache in einem kleinen engen Führerhaus keinen rechten Spaß. Er ließ von mir ab und machte sogar meinetwegen einen kleinen Umweg und setzte mich hier vor der Tür ab. Mehr kann man doch in diesen Zeiten nicht verlangen."

Hansheinzhorst: „Und wie geht es morgen weiter? Wohin geht die Fahrt?"

Ulrike: „Zu meinem Vater."

Hansheinzhorst: „Und deshalb liegt der Kamm auf der Butter? Was ist denn da nicht in Ordnung?"

Ulrike: „Daß mein Vater aus russischer Kriegsgefangenschaft wiedergekommen ist!" (Hansheinzhorst ist entsetzt über diesen Satz und will Ulrike ins Wort fallen.) „Lassen Sie mich ausreden! Wiedergekommen, nachdem er vorher den Heldentod gestorben war!"

Hansheinzhorst: „Erzählen Sie. Das muß ich wissen."

Ulrike: „Einen Tag vor Weihnachten 1943 kam die Nachricht: 'Für's Vaterland den Heldentod gestorben' und das dazugehörige Blablabla, wie üblich, dazu. Mutter saß starr da, sagte keinen Ton, schob mir den Brief hin, verließ das Haus und ging über Wiesen und Felder, die ihr gehören. Stumm kehrte sie zurück. Erst am Heiligabend früh sagte sie: 'Eine solche Scheidung hab' ich nicht gewollt.' Und dann schwieg sie wieder den ganzen Tag. Kennst Du auch solche Situationen?"

Hansheinzhorst: „Ja! Ich habe einmal einen Verschütteten ausgegraben, den wir bereits fürs Leben aufgegeben hatten. Aber er hatte überlebt, weil sich über seinen Kopf eine Holzwand geschoben hatte, und er so noch etwas Luft zum Atmen bekam. – Weiß Du, daß Du eben 'Du' zu mir gesagt hast?"

Ulrike: „Nein! Eigentlich paßt es jetzt nicht hierher. Aber ich sage es trotzdem: Wie konnte ich nur, als Dame von Welt...!"

Hansheinzhorst: „Auch Damen von Welt brauchen in schwierigen Situationen Verständnis und suchen Geborgenheit – und dann wird das 'Sie' auf fast unerklärliche Weise auf einmal durchgestrichen. Ist's nicht so, liebe ...?" (Hansheinzhorst blickt sie fragend an.)

Ulrike: „Ulrike heißt die Dame von Welt!"

Hansheinzhorst: „Hansheinzhorst! Der Herr von Welt mit dem Golfbeinkleid und dem Hochrandteller. – So ist das halt, Ulrike, wenn sich der Kamm auf der Butter tummelt und die Häuser umgekippt in den Straßen liegen. Dann ist es gleichgültig, ob die Klammer im Haar oder an der Hose steckt oder ob sie die Wäsche an der Leine festhält. – Aber wie ging es zunächst einmal mit Deiner Mutter weiter?"

Ulrike: „Vater war Bildhauer – nein, er lebt ja noch! – Vater ist Bildhauer. Große Vorbilder hatte er: Michelangelo, Rodin, Barlach, vielleicht auch Breker. Aber er blieb einer von den Kleinen, den Unbekannten, einer derer, die in Grabsteinen Buchstaben und Zahlen einschlagen. Ab und zu bekam er einmal einen Auftrag für eine kleine Plastik im Garten eines reichen Industriellen. Ein einziges Mal hat er einen besonderen Auftrag bekommen: Er hatte eine Büste von einem kleinen Mädchen anzufertigen, das bereits vom Tod gekennzeichnet war. Diese Arbeit war ihm vorzüglich gelungen. Es steckte schon mehr in ihm drin! Aber zu oft hieß es aus seinem Munde: Immer diese Todesjahre ins Grabgestein meißeln!"

Hansheinzhorst: „Er war unzufrieden mit sich selbst, weil er nicht vorankam. Den mürrischen Teil seines Wesens kehrte er nach außen, zuhause war er manches Mal ungenießbar, und vor allem fiel er seiner Frau auf den Wecker!"

Ulrike: „Woher weißt Du das alles?"

Hansheinzhorst: „Ich habe zwar keine Frau, woher auch? – Aber mir geht es doch selbst so. Wenn man fast zehn Jahre seines Lebens vom eigentlichen Berufsleben abziehen muß, das noch gar nicht richtig begonnen hat, dann stellst Du eines Tages bei einem solchen Vorababzug fest, daß da eine ganze Menge Eigenschaften aus Dir herauskommen können, die der Herr von Welt verbirgt oder im Zaume hält, um als solcher zu gelten. Nun erzähl' weiter."

Ulrike: „Die Ehe meiner Eltern stand schließlich auf der Kippe, als Vater eingezogen wurde."

Hansheinzhorst: „Und Mutter war letzten Endes – natürlich nur einerseits – erleichtert, als er nicht wiederkam!"

Ulrike: „Du bist brutal!"

Hansheinzhorst. „Schlimme, böse Realitäten, besonders, wenn sie einen selbst betreffen, sind immer brutal!"

Ulrike: „Natürlich sagte Mutter manchmal: 'Ich habe Angst; wenn Vater aus dem Krieg heimkommt, fängt wahrscheinlich die ganze Misere wieder von vorne an oder sie wird noch schlimmer.' Mutter hatte zum Haus auch Felder von ihrem elterlichen Hof geerbt und diese bei der Heirat zunächst verpachtet. Nun nahm sie diese Stück um Stück wieder zurück. Noch war der Krieg nicht aus, da bekamen wir Einquartierung, eine vertriebene Bauernfamilie aus Westpreußen. Der Mann kam später hinzu, zurückgekehrt aus französischer Kriegsgefangenschaft. Seine Frau war von der Flucht gesundheitlich sehr angeschlagen. Sie hat die Heimkehr ihres Mannes nicht lange überlebt."

Hansheinzhorst: „Darf ich fortfahren? Ein gedämpftes Happy-End ließ nach einiger Zeit nicht auf sich warten. Der Witwer hielt um die Hand der Witwe an, schließlich brauchten die Kinder, hüben wie drüben, Vater und Mutter. Man ging guten Gewissens auf das Standesamt. Dein Vater war ja gefallen. Man besaß die Sterbeurkunde schwarz auf weiß: Heldentod fürs Vaterland und so weiter und so fort. Und die neue Familie lebte bescheiden, aber glücklich, bis Dein Vater, der Totgeglaubte, sich meldete!"

Ulrike: „Du sagst das alles wieder so zweideutig und brutal. Und dann doch wieder so, als ob es ein Märchen wäre. Aber das ist keines. Das ist bittere Tatsache!"

Hansheinzhorst: „Eine Geschichte, wie Du viele heute hören kannst, wenn Du nur die Ohren aufsperrst. Nur gehen sie alle nicht so, na sagen wir einmal, fünfzigprozentig glücklich aus, wie diese Geschichte, die Geschichte Deiner Eltern."

Ulrike: „Glücklich nennst Du so einen Ausgang?"

Hansheinzhorst. „Nenne mir einen besseren! Und der hieße doch nur: Dein Vater hätte nicht wieder nach Hause kommen dürfen. Die Lösung für ihn fehlt noch. Und um diese herauszufinden, bist Du nun unterwegs, Rike?"

Ulrike: „Nenne mich nicht Rike! So rief man mich, als ich noch klein war. Und kleine Mädchen können solche Probleme nicht lösen. Noch bin ich kein großes Mädchen, oder? Hilf Du mir!"

Hansheinzhorst: „Ulrike, Rike, Ulri. Nein, das paßt jetzt alles nicht, nicht mehr zu Dir. Ich hab's! Es ist soviel um- und verdreht worden in dieser Zeit. Warum soll man nicht zwei Buchstaben austauschen, um aus einem kleinen Mädchen nicht nur ein großes, sondern auch ein starkes Menschenkind zu machen. Urli werde ich Dich nennen!"

Ulrike: „Urli? Das klingt allerdings stark! Was bedeutet dies?"

Hansheinzhorst: „Eine Urle ist ein stolzer Bergahorn. Und einen noch nicht so großen könnte man doch Urli nennen. Der Ahorn ist ein starker, mächtiger, trutziger Baum. Auch wenn er noch jünger ist, kann er einem bösen Unwetter standhalten."

Ulrike: „Und Du meinst, das kann ich...?"

Hansheinzhorst: „Ja, das meine ich. Eine Urli kann das! Wer eine so elegante Lösung findet, einen Annäherungsversuch abzuschlagen, in einem LKW-Führerhaus, ist nicht nur eine Dame von Welt, sondern wird auch, als liebende Tochter, für ihren Vater eine Lösung finden. Wo wirst Du ihn antreffen?"

Ulrike: „In der Holledau, in Niederbayern. Dort hat er bei einem Kriegskameraden, der eine kleine Hopfenplantage besitzt, Unterschlupf gefunden. Im Winter betätigen sie sich als Holzschnitzer."

Hansheinzhorst: „Statt Stein bearbeitet er jetzt Holz? Das kann man doch in unserer bösen Zeit fast schon ein kleines Glück nennen. Und nun kommst Du und wirst ihm das kleine Glück bewahren helfen, wirst es zumindest versuchen. Das größere wäre doch für ihn zur Zeit sowieso nicht mehr zu erreichen. Und wäre es überhaupt ein Glück?"

Ulrike: „Glück oder nicht. Ich werde es ja erleben. – Und wohin fährst Du?"

Hansheinzhorst: „Meine Aufgabe scheint mir leichter zu sein. Wenn sie mißlingt, kann ich sie wiederholen. Ich fahre..." (verbessert sich) „radle nach Köln, um mich dort vorzustellen. Ich suche eine Anschlußstellung als Buchhändler nach meiner Lehrzeit."

Ulrike: „In diesem Aufzug? Mit diesen verstaubten, abgetragenen Knickerbockern und mit durchschwitztem, schmuddeligem Hemdkragen? Wo bleibt da der Herr von Welt?"

Hansheinzhorst: „Hat es ihn wirklich je gegeben, oder bestand er nicht nur in Ihrer Phantasie, Mademoiselle?"

Ulrike: „Konntest Du denn nicht wenigstens mit der Bahn fahren?"

Hansheinzhorst: „Aber, aber, Mademoiselle! Ohne Fahrkarte? Und noch eins: Wir hätten uns dann ja gar nicht kennenlernen können! Ich verdiene 60,- DM im Monat im zweiten Lehrjahr. Da wird schon die Körperpflege problematisch, und die Schuhe bleiben ungeputzt. Aber trotzdem. Wenn ich alles so recht bedenke, bin ich doch ein Hans im Glück. Alles, was mich beschwerte, ist mir inzwischen abgenommen worden; angefangen vom Goldklumpen eines Vorkriegsabiturs bis hin zum Schleifstein einer Lehrlingszeit, der nun dabei ist, in den Brunnen der Arbeitslosigkeit zu fallen. Ich bin finanziell völlig unabhängig, kann unbeschwert durch die Gegend radeln, schöne Frauen kennenlernen, an wohlgedeckten Tischen speisen und in prächtigen, wie diesem hier, Etablissements übernachten. 'Lebe nur weiter so fürstlich dahin, Du hast eine herrliche, unbeschwerte Zukunft vor Dir', sagte

Lohengrin zu Elsa von Brabant bzw. sagte der Hans im Glück von heute zu seinem Hansheinzhorst."

Ulrike: „Der Herr von Welt überschlägt sich, er scheint auch ein Artist zu sein!"

Hansheinzhorst: „Ich bin nicht nur ein Überschläger, ich bin auch ein Querschläger und ein Rundumschläger, wenn es darauf ankommt: 'Ich kann Sie leider im Hinblick auf die neuen Tatsachen, die durch die Währungsreform geschaffen worden sind, nicht als Gehilfe übernehmen.' Aber ich bin ja ein Herr von Welt und sage es daher lieber literarisch: Der Mohr hat seine Schuldigkeit getan, der Mohr kann gehen bzw. radeln – nach Köln."

Ulrike: „Und wie wird ein Mohr und ein Artist sein Problem dort angehen? Hast Du Dir das schon überlegt?"

Hansheinzhorst: „Oh ja! Das wird zwar ein Test für mich, aber auch für ihn! Wenn ich spüre, der Chef findet Gefallen an mir, dann werde ich ihm sagen: 'Die Stellung werde ich natürlich in einem anderen Anzug antreten. Was ich zur Zeit anhabe, ist nur meine Reisebekleidung'. Und wenn er mich nach meiner Fahrkarte fragen wird, um mir mein Reisegeld zu erstatten, werde ich ihm sagen: 'Ich bin aus sportlichen Gründen mit dem Fahrrad gekommen.' Den Betrag für die Fahrt erbitte ich trotzdem. Er steht mir doch zu, – das meinst Du doch auch, oder? Wenn er mich einstellt und mir das Geld gibt, dann ist er als mein zukünftiger Chef in Ordnung."

Ulrike: „Und wenn er es nicht tut?"

Hansheinzhorst: „Dann kann ich eben nicht die erste Rate für einen neuen Anzug bezahlen. Ich werde mich sicher traurig, hungrig und mürrisch auf meinen Drahtesel setzen, mit voller Kraft in die Pedale treten und meine Ungenießbarkeit abradeln. Vielleicht werde ich nach ein paar Kilometern feststellen, daß ich vergessen habe, die Wäscheklammern an meine Golfhose anzustecken, weil sich mein Beinkleid zwischen Zähnen und Kette verheddert hat."

Ulrike: „Wir sind so zwei richtige Champignons. Hast Du diesen neuen Schlager schon einmal gehört?"

Hansheinzhorst: „Na, sing' mal, vielleicht fällt er mir dann ein."

Ulrike (singt): „Zwei Champignons sind abgebrannt -"

Hansheinzhorst: „Halli, hallo!"

Ulrike: „Die ganze Welt, die ist schon krank -"

Hansheinzhorst: „Halli, hallo!" (Hansheinzhorst steht auf, bittet Urli um den Tanz, und beide tanzen mit weit ausgreifenden Schritten im Tangotakt durch den Aufenthaltsraum.)

Ulrike: „Es dampfte auch die Soße -"

Hansheinzhorst: „Die Si-, die Sa-, die Soße -"

Ulrike: „Und ist die Sehnsucht auch verschneit -"

Hansheinzhorst: „Die Nähe ist so weit!" (Sie bleiben stehen.)

Ulrike: „Eigentlich doch ein vollendeter Blödsinn!"

Hansheinzhorst: „Ein Abbild unserer verrückten Zeit."

Ulrike: „Ach, wie herrlich war das damals, als ich meinen ersten Tango tanzte!"

Hansheinzhorst: „Erzähle!"

Ulrike: „Ich habe eine fast noch friedensmäßige Tanzstunde mitgemacht. Dietmar war mein Tanzstundenherr. Er konnte fabelhaft Tango tanzen. Unsere Tanzfreundschaft blieb, bis auch er eingezogen wurde. In seinem letzten Urlaub, er war Fallschirmjäger geworden und kam von Kreta, waren wir viel zusammen. Aber er sprach nicht viel. Einen Satz aber, der mir durch Mark und Bein ging, habe ich nie vergessen: 'Töten habe ich nun gelernt, jetzt muß ich nur noch sterben lernen!' Am letzten Abend tanzten wir nochmals leidenschaftlich einen Tango zusammen. Er konnte einen raffinierten Schlußschritt, bei dem ich fast auf dem Parkett lag. Mit dem rechten Arm hielt er mich fest, den linken riß er in die Höhe und rief dabei 'Olé'. Er konnte auch eine noch raffiniertere Variation, bei dem er auf die Knie ging.

Auch ein anderer Satz von ihm blieb mir unauflöslich in Erinnerung: 'Leben lernen müßte man können – und nicht lebendiges Leben töten!' Und dann haben wir miteinander die erste Lektion des Lebenlernens eingeübt. Es ist bei der einen Lektion geblieben. Er kam nicht wieder!"

Hansheinzhorst: „Komm, tanzen wir noch einmal den Tango des Lebens, des heutigen Lebens!"

Ulrike: „Zwei Champignons sind abgebrannt -"

Hansheinzhorst: „Halli, hallo!"

Ulrike: „Die halbe Welt, die ist schon krank -"

Hansheinzhorst: „Halli, hallo!"

Ulrike: „Es dampfte auch die Soße -"

Hansheinzhorst: „Die Si-, die Sa-, die Soße -"

Ulrike: „Und ist die Sehnsucht auch verschneit -"

Hansheinzhorst: „Die Nähe ist so weit!"

(Während Hansheinzhorst die letzten fünf Worte spricht und die Schritte dazu ausführt, läßt er seinen rechten Arm langsam am Rücken von Urli heruntergleiten, bis er waagerecht im Kreuz von ihr liegt. Er zieht dabei ihren rechten Arm fest an sich, läßt sich auf das rechte Knie sinken, während er dabei das linke Bein, einen kleinen Schritt nach vorn bringend, so aufsetzt, daß Unterschenkel und Oberschenkel einen rechten Winkel bilden, indem er ihre rechte Hand um seinen Hals legt, damit er seinen linken Arm lösen kann, um ihn nach oben zu werfen und ein „Olé!" auszurufen. Aber es kommt nicht soweit.)

Ulrike (stößt einen entsetzlichen Schrei aus): „Nein! Nein! Ich will nicht, lassen Sie mich los!"

(Hansheinzhorst ließ sie daraufhin los, drückte sie, tief erschrocken, aber dann doch, als sie zu taumeln anfing, an seine Brust.)

Ulrike (trommelte, ohne ihn anzusehen, wie eine Wildgewordene auf seine Brust): „Du sollst mich loslassen!"

Hansheinzhorst: „Urli, mein Gott, was ist denn nur los?"

Ulrike (mit tränenerstickter Stimme, während ihr ganzer Körper zittert): „Ach, Du bist es, Hansheinzhorst! Wie gut, daß Du es bist!"

Hansheinzhorst: „Komm', setz' Dich erst einmal. – Wo warst Du denn?"

Ulrike: „Wieder bei einem Tango-Schluß!"

Hansheinzhorst: „Erzähl' weiter!"

Ulrike: „Ich hatte in Lübeck Goldschmiedin gelernt, die Lehre war noch nicht zu Ende, da brach auch der Krieg in Mecklenburg ein. Ich wollte nach Hause. Wir wohnten in Gadebusch. Mein Lehrherr war einverstanden."

Hansheinzhorst: „Dort fiel doch Theodor Körner in den Freiheitskriegen, nicht wahr?"

Ulrike: „Das weißt Du?"

Hansheinzhorst: „Na, höre mal, Körner ist doch Dresdener wie ich! Erzähl' weiter!"

Ulrike: „Die Russen wurden unsere 'Befreier'. Ab und zu gab es im Ort ein Fest, um die Besatzer bei guter Laune zu halten."

Hansheinzhorst: „Und in fortgeschrittener Stunde kam dann bei einem solchen Fest ein Tango."

Ulrike: „Ein schlitzäugiger Nachkomme Dschingis-Khans forderte mich gegen Mitternacht auf. Ich wollte gerade gehen. Ich hatte gesehen, daß er fabelhaft tanzen konnte, hatte aber auch seine begehrlichen Blicke verfolgt, die er den Mädchen hinterherschickte. Er ließ mich nicht gehen: 'Nur diesen einen Tango noch'. Er tanzte immer mehr ins Dunkel hinein. Auf einmal ein Griff um die Hüfte, mit der anderen hielt er mir den Mund zu und verschwand mit mir, meine Überraschung und seine stählernen Muskeln ausnutzend, in die Nacht. Gegen diese asiatische Brutalität kam ich nicht an."

Hansheinzhorst: „Und dann?"

Ulrike: „Dann wurde ich schwanger. – Mutter schickte mich zum Arzt, um dessen Rat einzuholen. 'Wenn Sie das Kind behalten wollen', sagte er zu mir, 'dann kann das später eine sehr schwierige Erziehung werden. Erstens kein Vater da! Oder wollen Sie den Vorfall der Ortskommandantur melden?' – Ich schüttelte den Kopf. – 'Na, sehen Sie! Besatzer sind fies. Aber Besatzer, die sich als Befreier ausgeben, das sind die fiesesten, die es gibt.'"

Hansheinzhorst: „Und wie ging es nun weiter? Wie hast Du Dich verhalten?"

Ulrike: „Der Arzt fuhr fort, er meinte es gut mit mir: 'Zweitens sind die asiatisch-europäischen Mischungen genauso explosiv wie die afrikanisch-europäischen. Das sind meine Erfahrungen aus der Zeit nach dem ersten Weltkrieg, als ich in den zwanziger Jahren im französisch besetzten Saargebiet tätig war. Brechen Sie die Schwangerschaft ab, dann wird das zwar wahrscheinlich für Sie für längere Zeit zu seelisch-nervlichen Störungen führen, aber... Zur Zeit fragt der Körper nicht danach: Kind ist Kind unter dem Herzen', fuhr der Arzt fort, 'aber wenn es genommen worden ist... Wenn Sie bereit sind, dieses, Ihr Leid so zu sehen und auf sich zu nehmen, ehe Sie ein kleines Menschlein ohne Vater und Vaterland in die Welt setzen...'"

Hansheinzhorst: „Und?"

Ulrike: „Ich habe mir das Kind nehmen lassen. Ich wollte das Leid allein tragen, und es nicht noch an ein unschuldiges Kind weitergeben." (Nach einer Pause): „Verstehst Du mich? Trägst Du eine ähnliche Last mit Dir herum?"

Hansheinzhorst: „Du erinnerst mich an einen Befehl, den ich ausführen mußte. Ihm lag eine Lage zugrunde, die nur nach meinem Gefühl, – ich hatte keine Beweise für eine Änderung -, sich geändert hatte. Aber ich hätte den Befehl ja trotzdem durchführen müssen. Die Durchführung hat mir ein paar meiner besten Männer gekostet."

Ulrike: „Du, ich bin hundemüde geworden. Erst das Erlebnis im Führerhaus und dann dieser Erinnerungsschock. – Außerdem fährt mein Zug morgen früh schon um fünf Uhr."

Hansheinzhorst: „Dein Zug? Die Dame von Welt fährt morgen mit dem Orient-Expreß?"

Ulrike: „Ja, mein Zug, Monsieur! Morgen brauche ich einmal nicht per Anhalter fahren. Der Fahrdienstleiter war so nett, mich auf einen Sonderzug aufmerksam zu machen: Er bringt Vertriebene aus Oberschlesien nach Bayern – und da man mich bei weitestgehender Auslegung der Bahn – und anderen Vorschriften – als Vertriebene anschauen könnte, darf ich zusteigen! Es wird allerdings eng werden, sehr eng sogar..."

Hansheinzhorst: „Das ist doch andererseits auch ein Vorteil!?"

Ulrike: „Wie meinst Du das?"

Hansheinzhorst: „Da gibt es wenigstens keine Annäherungsversuche!"

Ulrike: „Und Du radelst morgen nach Köln? Unsere Wege trennen sich also..."

Hansheinzhorst: „Aber es war doch wichtig, daß sie sich hier kreuzten. Von jetzt ab bist Du ein junger kräftiger Bergahorn, ein Urli. Denk' daran, wenn es stürmt und hagelt. Kralle Dich fest in den Boden und laß' Dich nicht von einem Wirbelwind davontragen. – Denk' daran, ein Urli bist Du! Und ich? Habe ich mich auch verändert?"

Ulrike: „Nein, Du hast Dich überhaupt nicht verändert – wozu auch! Du bist und Du bleibst ein Herr von Welt, der von einem Hochrandteller ein Ein-Gang-Menü verspeist und Wäscheklammern an der Golfhose trägt – und..."

Hansheinzhorst: „Noch etwas?"

Ulrike: „...fabelhaft Tango tanzen kann!"

Hansheinzhorst: „Gute Nacht, Urli!" (Er gibt ihr einen Kuß auf die Stirn, sie dabei aufmunternd an den Schultern fassend.) „Schlaf' gut und fest in Deinem Niedrigwandbett!"

Ulrike: „Hab' Dank", (indem sie seine Wangen streichelt), „hab' Dank für Dein Anhören und Verstehen! Und zerdrück' Dir nicht Dein Golfbeinkleid im Schlaf!"

Hansheinzhorst: „Und wer weckt mich zu Deiner Abfahrt morgen früh? Winken will ich Dir schon – und Lebewohlsagen."

Ulrike: „Wenn der Fahrdienstleiter mich weckt, werde ich ihm sagen, daß er auch Dich wecken soll – zum Winken!"

10

Schritte zur Selbständigkeit

Soldatsein, das ist kein Beruf – Eine Frau muß her

Hansheinzhorst hatte sich entschlossen, selbständig zu werden. Er war es leid, ein Arbeitsloser ohne Unterstützung zu sein, nur eine Lehrzeit ohne anschließende Gelegenheit zu haben, als Aushilfe Päckchen zu packen oder Adressen zu schreiben – ohne jede Aussicht auf irgendeinen beruflichen Erfolg, und das alles für 90 Pfennig in der Stunde.

Beim Mittagessen in der „Wärmestube", die für diesen Zweck das ganze Jahr über offenstand, traf er einen älteren Herrn namens Grunert, keinen Flüchtling oder Vertriebenen, sondern einen Einheimischen, den der Krieg hier bis tief ins Mark getroffen hatte: Ein großes Geschäfts- und Wohnhaus war sein eigen gewesen, in dem sich eine Buchhandlung befand, die ihm und seiner Frau gehörte. Im ersten Stock darüber hatten sie gewohnt. In einer Bombennacht war die ganze gemeinsame Existenz vernichtet worden. Wohnung und Laden waren zusammengestürzt und ausgebrannt. Seine Frau hatte er vor einem Jahr verloren. Sie hatte sich in jener Bombennacht im eiskalt gewordenen Luftschutzkeller eine Lungenentzündung und Rheuma geholt. Als die Bomben gefallen waren, war auch der Strom ausgefallen und damit auch die Wärme des kleinen Heizöfchens im Kellerraum. Erst nach vielen Stunden, am anderen Morgen, war sie mit Hilfe ihres Mannes aus dem Kühlraum befreit und geborgen worden.

Er war in jener Nacht bei Verwandten auf dem Lande gewesen, um Lebensmittel zu organisieren: Seine Frau litt an Diabetes und mußte Diät leben.

Nach dem Kriege hatte Herr Grunert auf seinem Trümmergrundstück eine ausgediente Arbeitsdienstbaracke, ein wenig umgeändert, aufgestellt und darin einen Zeitschriften- und Buchkiosk eingerichtet. Diesen wollte er nun, er hatte den Zenit der siebziger Jahre überschritten, abgeben und zu seiner Tochter ziehen, deren Mann noch immer als vermißt galt. Die Tochter wollte wieder ihren Beruf als Lehrerin aufnehmen und brauchte einen „Betreuer" für ihre Kinder. Als ihr Vater schrieb, er wolle seinen Kiosk aufgeben, antwortete sie nur: „Komm' zu mir, sobald es geht, ich brauche Dich!" Hansheinzhorst hatte Herrn Grunert gespannt zugehört, während er seine tägliche Ration Dörrgemüsesuppe aus alten Wehrmachtsbeständen – den sogenannten „Stacheldrahtverhau" – in sich hineinlöffelte. „Auch wenn Du kein Geld hast", sagte er zu sich, „mußt Du versuchen, diese Sache anzupacken."

Der alte Herr hatte im Umgang mit Behörden – in Sachen Trümmergrundstück und Errichtung einer Baracke darauf – eine ganze Menge Erfahrung erworben, die er nun gern an Hansheinzhorst weitergab, als dieser sein Interesse bekundete.

Nach einigen Tagen der Überlegung machte sich Hansheinzhorst also auf, um dem Vertriebenenamt einen Besuch abzustatten. Er trug dort sein Anliegen vor: Er könne einen Kiosk übernehmen und möchte deshalb mangels eigener Masse ein Darlehen aus dem Lastenausgleichsfonds beantragen. Die Auskunft, die er erhielt, war niederschmetternd: Da er vor oder im Krieg keinen bürgerlichen Beruf ausgeübt habe, sondern sogleich nach dem Abitur Soldat geworden sei, habe er sinngemäß keinen Beruf verlieren können. Und deshalb habe er auch als Vertriebener und Heimkehrer, selbst aus dem Härtefonds, keinen Anspruch auf ein Darlehen: „Sie sind leider nicht antragsberechtigt. Nein, Soldatsein im Sinne dieses Gesetzes ist kein Beruf!" „Wie wird man eigentlich in seinem alten neuen Vaterland ein normaler Bürger? Millionen gibt man aus, um Zivilisten zu Soldaten zu machen, aber keine müde Mark, um Soldaten wieder zu Zivilisten zu machen!"

In seine Gedanken hinein hörte er den Beamten rufen:

Beamter: „Hören Sie mir überhaupt noch zu?"

Hansheinzhorst: „Falls es für mich noch etwas Erfreulicheres gibt, dann ja!"

Beamter: „Wenn Sie verheiratet sind...", Hansheinzhorst schüttelte mit dem Kopf, „oder vielleicht eine antragsberechtigte Frau heiraten könnten...?"

Hansheinzhorst schaute ihn etwas merkwürdig erstaunt an, und dann sagte er wie abschließend:

„Ja, ich werde mir die ganze Sache einschließlich Heirat durch den Kopf gehen lassen!" Er verbeugte sich, leicht dankend, und ging zur Tür. Da rief ihm der Beamte hinterher:

„Das kann manchmal ganz schnell gehen! Als mich Rommel in Afrika einmal in Urlaub schickte, dachte ich an nichts Schlimmes! Aber gegen Ende des Urlaubs, als es wieder an die Front ging, hatte ich einen Ehering am Finger! Das wäre die Lösung für Sie! Eine Frau muß her!"

Hansheinzhorst bekam ein flaues Gefühl in der Magengrube, so wie gestern und vorgestern auch schon einmal. Seine Hand zitterte ein wenig, als er die Türklinke niederdrückte. Und nachdem er die Tür wieder geschlossen hatte, mußte er sich schnell einen anderen Halt suchen, als er die Klinke losgelassen hatte.

Mit ein paar wackligen Schritten erreichte er das Geländer, das die Treppe nach unten begleitete. Tief Luft holend, hielt er sich daran fest, aber bald mußte er sich vor Schwäche auf die oberste Treppenstufe hinabrutschen lassen. Dabei schlossen sich seine Augen – oder gingen die beiden Augenlider wie von selbst nach unten?

Es wurde ihm ganz schummrig zumute; die Treppenstufen verschwammen förmlich vor seinen Augen. Als er die Augen wieder öffnete, wirkte die Treppe wie eine Rutschbahn auf ihn: „Nicht schon wieder bergab", murmelte er in sich hinein.

Er sah sich als kleinen Jungen obenauf an einer Wasserrutschbahn sitzen: ein weiteres Mal sollte er auf Geheiß des Vaters hinuntergleiten. Aber er wollte nicht noch einmal ins Wasser rutschen. Er hatte schon zuviel davon geschluckt. Er gab sich darum einen Ruck, stand auf, machte kehrt und stieg die Treppe wieder hinunter, wobei ihm ein Abzählvers durch den Kopf ging: „Eene, meene, muh – und 'raus bist Du"!

Bei „Du" stand er wieder auf der Erde, beziehungsweise im Sand und freute sich königlich drüber, daß Silben und Stufen übereinstimmten: Er hatte ein neues Spiel für sich erfunden.

Von nun an probierte er alle möglichen Treppen aus, kurze und lange, breite und schmale, und war immer wieder auf's Neue darüber fröhlich entzückt, wenn er Übereinstimmung erzielen konnte. Wenn ihm dies bei seinen Versen und Sätzen beim ersten Versuch nicht gelang, übte er durch Hinzufügen oder Weglassen von Silben so lange, bis er die Stufen silbenhaft bewältigen konnte. Erst dann war er mit sich selbst zufrieden und gab sich mit einer königlichen Geste einen Wunsch frei: „In der Rechenarbeit eine Zwei! Oder im nächsten Diktat eine Drei. Oder im Hochsprung einen Meter zehn!"

Aber die Wünsche gingen ihm zu wenig in Erfüllung. Statt einer Zwei gelang ihm nur eine Doppelzwei. Aber eine Vier paßte ihm gar nicht. Im Hochsprung blieb er unter einem Meter, und die Rechtschreibe-Arbeit verpatzte er ganz. Das war seiner Meinung nach nicht die richtige Befriedigung für seine Leistungen.

Da ihm die geistigen Wünsche nicht erfüllt wurden – schließlich hingen diese nicht von ihm allein ab – wandte er sich mehr den materiellen und süßen Wünschen zu, die er sich mit seinem knappen Taschengeld selbst erfüllen konnte:

„Wenn ich diesmal Übereinstimmung erziele, leiste ich mir ein Eis für fünf Pfennig oder Lakritzschnecken für zehn!“

Sich so zu belohnen, machte ihm sichtlich Spaß und ging vor allem so schnell, wie er es wollte – und, was besonders wichtig dabei war: Er war dabei nicht von anderen abhängig.

Er stand mühsam auf, indem er sich langsam am Geländer hochzog. Dabei erwischte er sich, daß er nach einem neuen Abzählvers suchte, der ihm in seiner jetzigen Situation angemessen schien. Langsam schritt er mit weichen Knien von Stufe zu Stufe die Treppe hinunter: „Sol – dat – sein – das – ist – kein – Be – ruf – Tür – zu!“

Eine Stufe blieb dabei übrig. Es mußte eine Silbe mehr sein! Ganz einfach die Lösung, dachte er. „Tü – re – zu, muß es heißen!“ Als kleiner Junge wäre er jetzt freudig noch einmal nach oben gegangen, um die schnelle Auflösung im Absteigen voll zu genießen. Aber jetzt ließ er sich auf der vorletzten Stufe erschöpft nieder und zog tiefatmend Luft in sich hinein. „Was ist das nur mit mir?“, überlegte er.

Schon schweiften seine Gedanken wieder ab, denn er hatte ja erst die Hälfte dieser bewundernswerten verwaltungstechnischen Treppenanlage hinter sich gebracht. Sollte der Baumeister des großartigen Amtsgebäudes ein Preuße gewesen sein, so philosophierte er, dann müßte die andere Halbtreppe die gleiche Anzahl Stufen haben. Na, er würde das sogleich feststellen können.

Wieder hangelte er sich mühsam am Geländer hoch, ging drei Schritte im Halbrund herum und fing an, abwärts steigend, zu zählen: „Sol – dat – sein – das – ist – kein – Be – ruf – Frau – muß – her!“ Er war tatsächlich ein Preuße, dieser hervorragende Architekt! Silben und Stufen standen genau miteinander im Einklang. Zufrieden mit sich selbst und mit dem Erbauer dieses großartigen Treppenhauses ruhte Hansheinzhorst sich auf der letzten Stufe noch ein wenig aus, ehe er diesen Dom des heiligen Bürokratius verließ, ganz andächtig, wie es sich gehörte – und wie er meinte.

Aber in Wirklichkeit war diese Andächtigkeit ein Nicht-mehr-schnell-gehen-können, eher ein mühsames Schleichen. Als er sich durch die Eingangstür zwängte, – die Kraft fehlte ihm, sie richtig zu öffnen -, rief er leise aus: „Schnell hinaus an die Luft: Sauerstoff fehlt Dir!“ Aber schon wieder mußte er nach einer Sitzgelegenheit Ausschau halten.

Das Öffnen der Tür hatte ihn angestrengt und schlapp gemacht, und die frische Luft machte ihn schwindlig statt munter. Er sah einen großen Steinhaufen, der aus aufgeschichteten Ziegeln bestand, und einen kleinen angefangenen, etwa sesselhohen, daneben.

„Auf die andere Straßenseite werde ich schon noch kommen“, ging es ihm durch den Kopf. Er steuerte schwankend die erspähte Sitzgelegenheit an und war froh, als er diese aufrecht erreicht hatte.

Dabei stand sein Ziegelsessel mitten auf der Straße, die, meist von Trümmern umsäumt, nur noch halb so breit war wie früher. Die eingestürzten Häuser waren zumeist auf die Straße gekippt und hatten ihr die Hälfte ihrer Breite genommen.

Nur das Verwaltungsgebäude hatte den Bomben getrotzt und stand, wenn auch vielfach verletzt, noch aufrecht da. „Ein preußisches Gebäude“, dachte er, „innen wie außen! Ein Sieg der Verwaltung über die Zerstörung!“

Als er die – so exakt wie möglich – übereinander gestapelten Ziegelsteine ganz in sein Bewußtsein aufgenommen hatte, murmelte er vor sich hin: „Ja, ja – auch Trümmer müssen verwaltet werden und ich Trümmer auch. Wie fing gleich mein bürgerliches Leben an?“ „Eine Zuzugsgenehmigung gibt es nur, wenn Sie hier früher polizeilich gemeldet waren! – Ordnung muß sein!“ Der alte Fritz hätte sicher seine helle Freude an einer solchen Haltung gehabt: Eine in allen Lebens- und Trümmerlagen funktionierende Verwaltung war doch eines seiner Ziele gewesen. Und irgendwie war er, Hansheinzhorst, von diesem Überlebenswunder, das letzten Endes auch das seine war, angetan, obwohl ihm sein Besuch hier, positiv gewertet, nur als die Neuinszenierung einer liebgewordenen Jugenderinnerung gelungen war. Und schließlich war er doch als ein westfälischer Preuße geboren! Was so ein Treppenhaus nicht alles für historische Reminiszenzen hervorrufen kann!

Er hatte sich inzwischen auf seinem ziegelsteinernen Thron niedergelassen und sagte zu sich: „Da sitzt nun der Herr von Welt in seinem Golfbeinkleid und seiner Schwäche und weiß nicht weiter. Urli! Dich müßte ich jetzt fragen können! Schade, daß sich unsere Wege nur kreuzten."

Vor Müdigkeit lehnte er seinen Kopf an den größeren Ziegelsteinstapel und murmelte noch: „Ein Bett bräuchte ich, und wenn es nur ein Niedrigwandbett wäre!" Dann schlief er ein.

Fröstelnd wachte er auf. Wie lange hatte er hier auf diesem unbequemen Sitzplatz geschlafen? Sein Kopf tat ihm weh, eine Ziegelsteinkante hatte ihm ein schmerzendes Mal in seine Stirn gedrückt.

Er sah an seinem Anzug hinunter und hinauf und wischte sich mit dem zerschlissenen Ärmel seines Uniformrockes den Schweiß von der Stirn: Unten herum war er ein Zivilist, ein Golfer, und von der Gürtellinie an nach oben war er noch immer Soldat – ein unglückseliger Zwitter!

„Jetzt aber ab in Deinen Taubenschlag! Das einzig Senkrechte in Deiner Lage ist die Waagerechte! Ein kleiner Marsch nach dem Ausruhen wird Dir gewiß gut tun!" Mit einem Schwung wollte er so wie früher aufstehen. Aber dieses Vorhaben gelang ihm auf Anhieb nicht. Dreimal mußte er ansetzen! Schließlich stand er auf den Beinen, die ihm anscheinend auch gehorchen wollten. Also los jetzt! Ein Marsch hilft in allen Lebenslagen: Sol – 2 – 3 – 4, -dat – 2 – 3 – 4, -sein – 2 -3 – 4, das, ist, kein —. Bei den letzten drei Worten stolperte er über einen einzelnen Ziegelstein, der auf der Straße lag. Er konnte sich nicht mehr aufrecht halten, taumelte und stürzte, sich gerade noch ein wenig mit den Händen abfedernd, auf den zerrissenen Asphalt. Er hatte einfach seine Kräfte überschätzt. Ein Schmerzensschrei entfuhr ihm.

Glücklicherweise lag dicht vor ihm eine hölzerne Strebe, die ihm so fest schien, daß sie ihm beim Aufstehen nutzen konnte. Er robbte sich zu ihr heran, ergriff sie schließlich und mühte sich redlich ab, mit ihrer Hilfe aufzustehen. Er richtete sich, zunächst mit Oberkörper und Unterschenkel, auf und wollte sich dann an der Stange nach oben drücken, um die Knie vom Asphalt lösen zu können. Beim zweiten Versuch gelang es ihm auch. Aber dabei verlor er unverhofft sein Gleichgewicht, riß die Stange wie ein Balanciergerät nach oben, wobei ein Fuß sich vom Boden abhob, und brachte dann doch noch Fuß und Stange auf den Asphalt zurück. Endlich hatte er seinen einigermaßen sicheren Stand wieder gefunden – und er hatte dabei eine Stütze, einen Gehstock für sich gewonnen. Zitternd und zerfahren fuhr er sich mit seiner Hand über die erneut schweißig gewordene Stirn.

Eine Frau in mittleren Jahren, die mit zwei Kindern auf der anderen Straßenseite daherkam, hatte alles mit angehört und angesehen. So etwas hatte sie noch nie erlebt in dieser so verrückten Zeit, in der letzten Endes alles Absurde möglich erschien: Da marschierte ein Zivilist, – nein, ein Soldat, ein Heimkehrer? – über die Straße. Aber was war er eigentlich? Entweder war er weder noch oder alles beides! Und dann dieser Sturz, dieses Aufrichten. Wie ein rächender Prophet erschien er ihr auf einmal, als er den Stock über sein Haupt schwang. Hatte er ihn verloren bei seinem Sturz, oder hatte er ihn danach erst gefunden? Eine seltsame Begebenheit auf alle Fälle, ganz gleich, ob es sich um einen streunenden oder einen hilfsbedürftigen Menschen handelte.

Sie ging also auf ihn zu, während sie die beiden Kinder, – eines an der linken, eines an der rechten Hand – mit sich zog. Als sie näher an ihn herankam, bemerkte sie nichts Prophetisches an ihm. Jetzt sah er ihr mehr einer Vogelscheuche gleich. Er hatte jetzt auch den Stock so gestellt, wie man die

Vogelscheuchen in den Obstgärten ringsum zur Sommerzeit sehen konnte. Und dieses aschfahle Gesicht! Es erschreckte sie. So sah ein schwerkranker Mann aus, aber nicht eine biblische Gestalt!

„Wo kommen Sie denn her?", rief Frau Kukowa ihm zu.

Hansheinzhorst: „Wie Sie leicht an meiner Hose feststellen können; vom Golfplatz."

Frau Kukowa (auf Hansheinzhorsts Worte eingehend): „Liegt der Platz hinter dem großen Gebäude?"

Hansheinzhorst: „Gestatten: Hansheinzhorst. Nein! Dieser Behördenpalast – das ist mein großartiger Golfplatz!"

Frau Kukowa: „Wie bitte?"

Hansheinzhorst: „Ich habe dort wieder einmal keinen Ball ins Loch gebracht!"

Frau Kukowa: „Sind Sie im Kriege verschüttet gewesen?"

Hansheinzhorst: „Ich weniger – aber meine Zukunft! Und jetzt haben sie mir dort drüben wieder meinen ausgedachten Weg zugeschüttet!" (Hansheinzhorst holte tief Luft.) „Ich möchte mich dort an den Baum lehnen, mir ist noch immer etwas schummrig zumute."

Frau Kukowa: „Ihr bleiches Gesicht zeigt mir aber mehr als nur einen Schock über Ihren Sturz."

Hansheinzhorst drehte sich zur Seite und wankte auf einen Baumstumpf zu, der vor seiner „Verwundung" eine stattliche Krone getragen haben mußte. Hansheinzhorst spreizte seine Arme ein wenig zur Seite, und seine Finger suchten einen zusätzlichen Halt in der rissigen Rinde. „Old Shatterhand am Marterpfahl", schoß es ihm durch den Sinn.

„Und wo wollen Sie mit den Kindern hin?", rief er Frau Kukowa zu.

Frau Kukowa: „Zu Ihrem Golfplatz!"

Hansheinzhorst: „Da müssen Sie aber gut aufpassen, daß Sie Ihren Ball ins Loch bekommen! Scheint Ihre Angelegenheit vor allem lösbar zu sein?"

Frau Kukowa: „Ich weiß es nicht. Ich hoffe es auf Ihrem Golfplatz zu erfahren."

Hansheinzhorst: „Ich weiß einen guten Abzählvers, der sagt uns ganz genau, ob Sie Erfolg haben werden oder nicht."

Er fängt bei sich selbst an zu zählen und endet bei Frau Kukowa, die zwischen ihren beiden Kindern steht: „Sol – dat – sein – das – ist – kein – Be – ruf – Frau – muß – her! Sie werden Erfolg haben, gerade weil ich keinen hatte. Frau muß her, dann habe ich auch Erfolg!"

Während Frau Kukowa mit dem Kopf schüttelte, schwankte Hansheinzhorst, konnte sich aber, auf seinen Stock gestützt, abfangen und einen erneuten Sturz verhindern.

Frau Kukowa: „Ich sollte Sie doch besser nach Hause bringen. Wo wohnen Sie denn?"

Hansheinzhorst: „Krumme Straße 3, unterm Dach. – Gehen Sie nur golfen. Ich bringe mich schon noch alleine in meinen Taubenschlag. Es ist nicht mehr weit!"

Frau Kukowa: „Gott mit Dir, mein Junge. Ich schaue bald einmal nach Dir."

Sie ging die drei Schritte, die zwischen ihr und Hansheinzhorst lagen, auf ihn zu, streichelte mit ihren rauhen, abgearbeiteten und leicht zitternden Händen sein Gesicht, ging die Schritte wieder zurück, nahm ihre zwei Kinder an die Hand, drehte sich stracks um und ging eilenden Schrittes davon.

Hansheinzhorst rang nach Luft. Nach einer Weile gelang es ihm, wieder ruhiger durchzuatmen. Er versuchte, sich mit den Händen an dem schief stehenden Baum abzustützen. Aber seine Kraft reichte dazu nicht aus. Mit dem Oberkörper etwas wippend, gelang es ihm mit viel Mühe, einigermaßen gerade auf den Beinen zu stehen und sich mit seiner Neuerwerbung, seinem Stock, dabei zu unterstützen. Wieder wollte er sich im Marschtakt einüben, aber seine Beine gehorchten ihm nicht mehr im Viervierteltakt.

„Wenn Dir ein Marschtritt nicht mehr gelingt“, ging es ihm geradewegs durch den Kopf, sich an seinen Großvater erinnernd, „dann probiere, im Walzertakt voranzukommen!“ Großvater hatte im ersten Weltkrieg ein Bein verloren. Aber das merkte man kaum, wenn er einen Walzer auf's Parkett legte. Dieser Self-made-Philosoph hätte vielleicht sogar für ihn und Frau Kukowa einen Ausweg gewußt. – „Also auf geht's im Walzertakt! Welche Melodie nehmen wir? Ach ja, die eine, die die Lara Zander dem großen Feldherrn abends in den letzten Monaten des Krieges immer vorsingen mußte:“ (singt zittrig, im Zarah-Leander-Ton): „Ich weiß, es wird einmal ein Wunder gescheh'n, und es werden alle Märchen wahr“ – (Vom Singen erschöpft, summte er zunächst tonlos weiter, um dann wieder mit eigenem Text fortzufahren:) „Wir sind uns beide noch unbekannt und unser Schicksal dunkel ist, ach, wär' es hell – die Frau muß her, aber antragsberechtigt muß sie sein...!“ Als er die Schlußverse wieder summen wollte, gelang ihm auch das nicht mehr. Keuchend, mit geschlossenen Augen hielt er sich an einem Straßenbaum fest. Wieder stieg dieses flaue, ekelhafte Gefühl von seinem Magen aus in ihm hoch, hinauf in die Speiseröhre, in den Kopf und raubte ihm Sinne und Verstand: „Kleine Bank, komm' doch näher – komm doch näher, kleine Bank!“

Als er die Augen wieder öffnete, sah er, an den herbst-kahlen Ästen vorbei, die kleine Bank, die er kannte: Es war eine der Sitzgelegenheiten, die in der kleinen Anlage vor dem Krankenhaus standen.

Hansheinzhorst wußte später nicht mehr, wie er dorthin gelangt war. Hatte er die Bank im Dreiviertel- oder nur noch im schleppenden Zweiviertel-Takt erreicht? Er ahnte von ungefähr, daß es wohl seine letzten Kräfte gewesen sein mußten, mit denen er sich gerade noch in eine Ecke der Bank drücken konnte.

Wie lange er gesessen hatte, wußte er nicht. Plötzlich spürte er an seinem rechten Unterarm etwas Weiches, Warmes.

Erst wollte er seinen Arm zurückziehen, aber dann genoß er die unverhoffte Zärtlichkeit. Schließlich zog er die Augenlider ein ganz klein wenig hoch und blinzelte schräg nach unten durch die Wimpern, um festzustellen, wer oder was ihn da berührte. Erstaunt riß er die Augen auf, die eine wunderschöne, zarte Frauenhand erblickten. Er schaute nach rechts und gewahrt ein junges Mädchen, das das Häubchen einer Krankenschwester trug. Sie hatte ihm ihre Hand auf seinen Unterarm gelegt! Die Schwester war gerade aus dem Krankenhaus gekommen, um nach Hause zu gehen, als sie den fast besinnungslosen jungen Mann auf der Bank sitzen sah. Ihm den Puls zu fühlen, war ihr erster Gedanke. Hansheinzhorst hingegen hatte eher mit einem Kätzchen gerechnet und nur noch auf das Schnurren gewartet.

Hansheinzhorst: „Ein Wunder ist geschehen! Die Zarah hat recht!“

Xantri: „Was faseln Sie da?“

Hansheinzhorst: „Wenn der Beamte vom Ausgleichsamt wüßte, wie rasch seine Empfehlung in Erfüllung gegangen ist: ‘Eine Frau muß her’!“

Xantri: „Jetzt spinnen Sie aber ganz schön mächtig!“

Hansheinzhorst: „Und wenn Sie nun noch antragsberechtigt sind, kann es mit uns beiden losgehen!“

Xantri: „Losgehen? Ja! Aber ab ins Krankenhaus – und das schleunigst!“

Hansheinzhorst: „Wie Sie sehen, sitze ich ja schon in Bereitstellung!“

Xantri zieht ihre pulsfühlende Hand von seinem Unterarm ab und führt diese an sein rechtes Auge heran, um mit ihren Fingern ganz zart das Lid nach unten zu ziehen.

Xantri: „Einen so niedrigen Puls habe ich in meinem Leben noch nicht gefühlt. Lassen Sie sich einmal in die Augen sehen!“

Hansheinzhorst: „Oh, Sie gehen aber ‘ran!“

Xantri: „Natürlich, dachte ich es mir doch gleich: Ihr Gehirn wird schon nicht mehr richtig durchblutet!"

Hansheinzhorst: „Das ist doch normal, wenn man sich so tief in die Augen sieht, dann fließt doch das Blut von selbst ganz woanders hin!"

Xantri: „Bei Ihnen aber ganz bestimmt nicht dorthin, wo Sie meinen! Ihr Blutverlust ist viel zu groß, da kann das Gehirn gar nicht mehr exakt arbeiten!"

Hansheinzhorst: „Das finde ich bei zwei Menschen verschiedenen Geschlechtes doch nicht außergewöhnlich, so wie wir uns jetzt nahe gekommen sind, daß da oben etwas aushakt und sich der Blutdruck verändert. Übrigens bin ich auch bei niedrigem Druck noch ein feuriger Liebhaber, falls das mit dem Antragsberechtigtsein in Ordnung gehen sollte."

Xantri: „Hören Sie jetzt endlich auf mit dem dämlichen Geschwätz vom Antragsberechtigtsein. Sie verlieren von Minute zu Minute Blut. Ihre Gehirnfunktionen sind schon teilweise außer Kraft!" (Sie ruft zum Krankenhaus hin): „Pförtner! – Alfred!"

Hansheinzhorst: „Das ist doch gängig und verständlich, wenn zwei Menschen schon Hautkontakt miteinander hatten! Denken Sie doch einmal an Zarah und Leander! Schwimmt der Kerl Nacht für Nacht durch den Bosporus, – und das nicht nur hin, sondern auch zurück!"

Xantri: „Sie meinen Hero und Leander!"

Hansheinzhorst: „Von mir aus auch Othello und Kunigunde. So genau kommt das mir zur Zeit nicht darauf an. Außerdem liegt mein Abitur schon sehr lange zurück. Wissen Sie, da liegt soviel dazwischen, das verdunkelt einem manchmal die Sinne." (schließt wieder die Augen)

Xantri: „Pförtner! – Alfred! – Wo bleibst Du denn?"

Hansheinzhorst: „Schließlich ersäuft der Zander auch noch, und die Larah singt nicht mehr."

Xantri: „Los, Alfred, keine Müdigkeit vorschützen!"

(Als Alfred endlich mit der Bahre an der Bank angekommen ist, schlägt Hansheinzhorst gerade wieder die Augen auf): „Sie wollen mich hier wirklich aufnehmen?“

Xantri: „Schließlich kann ich Sie doch wohl nicht in einem solchen Zustand hier draußen sitzen und versauern lassen!“

Hansheinzhorst: „Sie nehmen mich tatsächlich mit auf Ihr Zimmer?“

Xantri: „In ein Krankenzimmer kommen Sie, verstanden?“

Hansheinzhorst: „Jawohl, Frau Oberin! – Da steht ein Bett für mich?“

Xantri: „Ja.“

Hansheinzhorst: „In einem warmen Raum?“

Xantri: „Ja.“

Hansheinzhorst: „Und ich bekomme genug zu essen?“

Xantri: „Auch das!“

Hansheinzhorst: „Ein Paradies!“

Xantri und Alfred tragen Hansheinzhorst ins Haus.

Teil II:

Hansheinzhorst und Xantri

Auch in der Finsternis kann man Blumen pflücken. Man muß nur wissen, wo sie stehen.

11

Ratschläge für die Nachkriegszeit:

Eine Frau muß her – ein Mann muß her

Hansheinzhorst erwacht nach drei Tagen Dauerschlaf in einem 18-Betten-Raum des Krankenhauses. Xantri (so nennt er später die Schwester) sitzt an seinem Bett und fühlt ihm den Puls, als er aufwacht.

Hansheinzhorst: „Sie sitzen ja noch immer bei mir!"

Xantri: „Sie irren, ich sitze schon wieder bei Ihnen!"

Hansheinzhorst (sieht sich im Zimmer um): „Wo befinde ich mich hier eigentlich?"

Xantri: „In meinem Zimmer! Sie fragten mich doch, ob ich Sie mit auf mein Zimmer nehme. Und nun liegen Sie in meinem Zimmer!"

Hansheinzhorst: „Ach, das hätte ich nicht gedacht, daß Sie das für mich tun würden."

Xantri: „Mein Zimmer ist nur etwas groß: Neun weibliche Patienten auf der einen Seite und acht auf der anderen, zuzüglich einem männlichen Patienten. Womit Sie gemeint sind. Da die Männerstation total überbelegt ist, gab es keine andere Lösung. Dafür liegen Sie aber separat hinter einer spanischen Wand, damit Sie von den 17 Damen nicht gestört werden."

Hansheinzhorst: „Ich bin und bleibe ein schwieriger Fall."

Xantri: „Leider kann ich Ihnen das nur bestätigen. Sie haben sehr viel Blut verloren. Ich frage mich, wie Sie sich überhaupt noch bis zum Krankenhaus schleppen konnten."

Hansheinzhorst: „Erst bin ich im Gleichschritt marschiert, das bin ich schließlich meiner Uniformjacke noch schuldig. Und dann habe ich mich im Walzertakt gedreht. Das bin ich meiner Golfhose schuldig."

Xantri: „Ich erinnere mich, der Zarah-Walzer: 'Ich weiß, es wird einmal ein Wunder geschehen.'"

Hansheinzhorst: „Genau – 'Und es werden alle Märchen wahr!' Oder stimmt das etwa nicht?"

Xantri: „Ein Märchen hat sich schon erfüllt, daß Sie nämlich wieder aus Ihrem Koma erwacht sind. Drei Tage ließen Sie die Ärzte und mich im Unklaren, ob Sie überleben würden oder nicht!"

Hansheinzhorst: „Wollen Sie damit sagen, daß ich gerade aus einem dreitägigen Dauerschlaf aufgewacht bin?"

Xantri: „Allerdings. Blutkonserven machen es heute möglich, und künstliche Ernährung tut dann das übrige dazu. Schauen Sie einmal an die Zimmerdecke!"

Hansheinzhorst: „Ich verstehe! Alles Gute kommt von oben oder von Ihnen. Und angebunden haben Sie mich auch noch! Aber das wäre wirklich nicht notwendig gewesen. Erstens könnte ich Ihnen nicht ausreißen, und zweitens möchte ich das gar nicht: Ein Bett, ein warmer Raum, sicher demnächst wieder normale Verpflegung – und – last not least – Ihre Betreuung. Ich möchte deshalb nur langsam, ganz langsam, sehr langsam gesund werden, um das alles hier in vollen Zügen genießen zu können."

Xantri: „Hach! Können Sie denn nicht endlich einmal normal sprechen?"

Hansheinzhorst (kopfschüttelnd): „Nein, das kann ich leider nicht, noch nicht. Vielleicht lerne ich das in Ihrer Gegenwart wieder. In der Schule habe ich die deutsche Umgangssprache gut beherrscht. Das geht aus meinem Zeugnis hervor! Aber später habe ich sie verlernt: im Krieg, in der Gefangenschaft, ständig unter Soldaten. Und in der Nachkriegszeit hatte ich noch keine Gelegenheit, sie wieder zu erlernen. Es geht bei mir noch immer ums Überleben. Sonst wäre ich wohl nicht hier. – Das Frotzeln war und ist einfach notwendig und unumgänglich. Es ist meine Überlebenssprache – und sicher für viele andere ebenso. Verstehen Sie das bitte...“

Erschöpft verliert sich Hansheinzhorsts Satz, verwehen seine Worte in ein kleines unverständliches Gemurmel – Und er schläft wieder ein.

–

Bevor Xantri das Krankenhaus gegen Abend verläßt, schaut sie noch einmal nach Hansheinzhorst. Er ist munter und spricht sie an: „Ich bin ja noch immer angebunden!“

Xantri: „Sicher ist sicher. Denn bei Ihnen weiß man nie, was Sie hier noch alles anzustellen imstande sind.“

Hansheinzhorst: „Ich habe heute die Zeit benutzt, um ein paar alte Vokabeln aus meiner Schul- und Tanzstundenzeit auszugraben. Ich hoffe sie kommen der von Ihnen gewünschten Normalsprache nahe: Ich danke Ihnen sehr herzlich für Ihre bisherige Fürsorge.“

Xantri: „Oh, das klingt allerdings lieblich in meinen Ohren: Dankeschön!“

Hansheinzhorst: „Ich sagte Ihnen ja, in Ihrer Nähe werde ich wieder normal sprechen lernen. Wir müssen nur noch die verflixte Sache mit dem Antragsberechtigtsein hinbekommen. Dazu benötige ich eben eine antragsberechtigte Frau, weil ich selbst diese Bedingung nicht erfülle!“

Xantri: „Deshalb haben Sie im Schlaf gemurmelt: ‘Eine Frau muß her’!“

Hansheinzhorst: „Ja – wissen Sie, das war nämlich so: Ich wollte einen Kredit aus dem Härtefonds des Lastenausgleichtopfes beim Landratsamt beantragen. Die Auskunft, die ich erhielt, war niederschmetternd, ich sei überhaupt nicht antragsberechtigt. Von dieser Auskunft noch leicht benommen, bin ich dann auf dem Nachhauseweg über einen

Ziegelstein gestolpert, was mich wiederum in die Knie gehen ließ. Und dieses zweifache, geistig wie körperliche Niedergeschmettertsein hat dann wahrscheinlich meinen üblen Zustand herbeigeführt."

Xantri: „Und was hat das alles nun mit 'Eine Frau muß her' zu tun?"

Hansheinzhorst: „Mein beamteter Gesprächspartner war über soviel Negativität, die er mir mitteilen mußte, entsetzt – die Gesetzeslage sei so -, daß er wohl meinte, er müsse mir noch etwas Tröstliches sagen: Wenn die Ehefrau, – falls es eine gäbe -, antragsberechtigt sein könnte, wäre der Kredit auf diese abzustellen möglich. Amtlich spricht man da auch keine Normalsprache, obwohl es dort nicht ums Überleben geht."

Xantri: „Was ist heute schon noch normal?! Ihr Bett steht in einem Frauensaal hinter einer spanischen Wand, und gestern starb meine Mutter darin. Macht Ihnen das 'was aus, in diesem Bett zu liegen?"

Hansheinzhorst: „Oh nein! Im Gegenteil. An der Front in eisenhaltiger Luft verhielten wir uns, wenn es sich machen ließ, auch so: Man nahm gerne den Platz eines verwundeten oder getöteten Kameraden ein, weil eine alte Landserweisheit sich fast stets erneuerte: Granateinschläge in Folge gehen so gut wie nie auf dieselbe Stelle nieder, auf der vorher ein Geschoß detonierte."

Xantri: „Sie wollen sich also nicht verlegen lassen, wenn sich das bei uns ermöglichen ließe?"

Hansheinzhorst: „Nein, auf keinen Fall! Es gäbe nur eine Ausnahme: Sie würden mich in einem anderen Bett, in einem anderen Zimmer ebenfalls betreuen."

Xantri: „Das geht leider nicht – Ordnung muß schließlich sein!"

Hansheinzhorst: „Das meine ich auch – und deshalb bleibe ich hier."

Xantri: „Es wird wohl sowieso keine andere Lösung geben. Außerdem brauche ich Sie, entschuldigen Sie bitte, brauche ich Ihren Rat in einer ähnlichen Situation, in der ich mich befinde!"

Hansheinzhorst: „Und das Problem heißt?"

Xantri: „Ein Mann muß her!"

Hansheinzhorst: „Du kriegst die Tür nicht zu!"

Xantri: „Ja, so ist die verzwickte Situation: Zum nächsten Ersten werde ich die Tür weder zu- noch aufbekommen. Ich darf dann nicht mehr die Behausung, die meiner Mutter und mir gehört, weiter bewohnen. Ich habe mich schon danach erkundigt, als Mutter hier im Sterben lag. Ich ahnte, daß ich dann allein die Wohnung (für mindestens zwei Personen bestimmt) nicht behalten dürfte."

Hansheinzhorst: „Womit wir wieder fast am Anfang wären!"

Xantri: „Wie meinen Sie das?"

Hansheinzhorst: „Sie nehmen mich tatsächlich auf Ihr Zimmer? Und Sie beantworteten meine Frage: Schließlich kann ich Sie doch nicht in einem solchen Zustand sitzen und versauern lassen. Aus Dankbarkeit biete ich Ihnen nun die gleiche Hilfe an – als Ihr Untermieter vielleicht?"

Xantri: „Untervermieten ist nicht erlaubt. 'Diese Wohnung ist in erster Linie für Ehepaare bestimmt, eventuell mit ein bis zwei Kindern zu belegen', sagte mir der Beamte auf dem Wohnungsamt. Als ich ihn achselzuckend fragend ansah, antwortete er mir milde lächelnd: 'Ein Mann muß her! Eventuell tut es ein Verlobter. Aber Untermieter sind keine Verlobte!'"

Hansheinzhorst: „Also diese Ämter, diese Behörden, diese Vorschriften! Die wagen es, bisher unbescholtene und freie Bürger unter Druck zu setzen. Sie lassen ihnen nicht einmal Zeit, sich etwas näher kennenlernen zu können. Man kann doch nicht einfach so von heute auf morgen einen tief ins Leben eingreifenden Entschluß fassen. Das meinen Sie doch auch?"

Xantri: „In diesem Punkte stimme ich mit Ihnen ausnahmsweise einmal völlig überein. Nicht genug, daß einem die Behörden bei solchen Vorgaben nicht nur diese, sondern auch noch eine zu Friedenszeiten völlig unübliche Geschwindigkeit vorschreiben."

Hansheinzhorst: „Ich habe noch nie ein Zusammenleben – gleich welcher Art – übers Knie gebrochen – und eine Ehe schon gar nicht. Da kann man sich ja beide Beine brechen – und noch mehr! So, jetzt habe ich mich erleichtert, nun können wir in aller Ruhe, Schritt für Schritt, ganz nüchtern an unsere Probleme herangehen. Erster Schritt: Wie steht es mit Ihrem Antragsberechtigtsein?"

Xantri: „Da bin ich restlos überfragt. Ich kenne den Begriff überhaupt nicht!"

Hansheinzhorst: „Ich versuche, Ihnen diesen erst einmal zu erläutern und gehe dabei von Ihrem Problem aus: Für eine Zwei-Personen-Wohnung Ihrer Art müssen sie bei einem Antrag eine Berechtigung geltend machen. Als Nachweis dienen in solchen Fällen die Personalausweise. Ihre Vorlage genügt."

Xantri: „Das habe ich kapiert – und die Zukunft heißt: 'Ein Mann muß her!' Aber Ihr Problem mit dem Antragsberechtigtsein, das müssen Sie mir noch näher erläutern."

Hansheinzhorst: „In meiner Eigenschaft als Vertriebener mußte ich meine Kreditwürdigkeit nachweisen, zum Beispiel einen Vermögensverlust. Man verlangte von mir einen Nachweis, ob ich vor dem Krieg – gegebenenfalls im Krieg -, einen bürgerlichen Beruf ausgeübt habe. Diesen damit verbundenen Arbeitsplatz muß ich dann durch Krieg und Gefangenschaft eingebüßt haben. Und ich darf zur Zeit keinen anderen Beruf regelmäßig ausüben. Sie stammen doch aus Ostdeutschland, wie ich Ihren Worten, Ihrer Sprache, Ihrem Tonfall, entnehmen kann, und sind daher im Besitze eines Vertriebenenausweises."

Xantri: „Den hat man mir und meiner Mutter seinerzeit ausgehändigt."

Hansheinzhorst: „Als Nicht-wieder-nach-Hause-Geher besitze ich seit einiger Zeit den Ausweis C. Aber da ich von der Schulbank weg in die Uniform gestiegen bin, habe ich keinen Beruf verloren, keinen Vermögensverlust erlitten..."

Xantri: „Aber Sie waren doch die ganze Zeit Soldat?"

Hansheinzhorst: „Hier ist der Gesetzgeber der Meinung, – hören Sie jetzt ganz genau zu -: Soldatsein im Sinne dieses Gesetzes ist kein Beruf! Und deshalb muß ich eine heiratswillige, aber auch antragsberechtigte Frau suchen."

Xantri: „Jetzt wird mir alles klar: 'Eine Frau muß her'!"

Hansheinzhorst: „Bei mir fiel damals bei soviel überraschender Güte des Gesetzgebers auch nicht gleich der Groschen. Schließlich ging ich davon aus, daß der Paragraphendrechsler wohl Pazifist gewesen sein muß. Für einen solchen ist natürlich der Soldatenberuf kein Beruf. Aber nun zu Ihnen. Sind Sie antragsberechtigt?"

Xantri: „Vor und im Krieg war ich auf der Schule. Nach dem Abi wollte ich Medizin studieren. Kinderärztin war und ist mein Berufsziel. In den Schulferien habe ich ab dem 16. Lebensjahr auf Anraten meines Onkels, eines erfahrenen Landarztes, in einige Krankenhäuser hineingeschaut. Für diese Tätigkeit habe ich ein Taschengeld bekommen. Ich habe mir diese Beschäftigungszeiten sogar attestieren lassen – im Blick auf mein Studium."

Hansheinzhorst: „Da haben Sie ja schon einen Beruf ausgeübt, genauer gesagt, einen Nebenberuf, noch genauer beschrieben, ein Volontariat im Abonnement. Und das hätten Sie weiter ausüben können, wenn Sie nicht vertrieben worden wären. Und was Sie hier zur Zeit tun, das ist doch nur eine kleine stundenweise Aushilfstätigkeit, auf alle Fälle keine Fortsetzung eines Volontariats im Abo – und hat mit einem festen neuen Arbeitsplatz nicht das geringste zu tun."

Xantri: „Ja, so könnte man das mit gutem Gewissen formulieren. Mein Hauptberuf ist, zur Schule zu gehen, und nebenbei muß ich mir ein Taschengeld verdienen, damit es zum Lebensunterhalt langt."

Hansheinzhorst: „Ergo, wenn ich das jetzt alles zusammenfasse, müßte das eigentlich für's Antragsberechtigtsein langen. Hoffen wir, daß unsere Überlegungen, wenn auch nicht für die Legislative, so doch für die Exekutive ausreichen werden. Man muß oft im Umgang mit der Bürokratie das Kind nur beim richtigen Namen nennen. Kleider machen Leute; treffende Formulierungen lösen Probleme. Und diese zu finden, kann manchmal einerseits ein hübsches Puzzlespiel und andererseits außerordentlich anstrengend sein."

Hansheinzhorst gähnt ausgiebig und flüstert kaum noch hörbar: „Ich muß erst einmal schlafen und träumend darüber nachdenken!"

–

Hansheinzhorst wacht am Tag darauf spät nachmittags auf und bemerkt Xantri, an seinem Bett sitzend:

„Sitzen Sie noch immer oder schon wieder an meinem Bett?"

Xantri: „Ich habe mir erlaubt, dasselbe zu tun wie Sie: Ich habe geschlafen – gut geschlafen – und wissen Sie, wo?"

Hansheinzhorst: „Ich hoffe richtig antworten zu können: in Ihrer Wohnung – solange sie Ihnen noch gehört!"

Xantri: „Wie Sie wissen, ließe sich dies doch nur mit Ihrer Hilfe ändern! Wissen Sie, was Sie diesmal im Schlafe wieder gemurmelt haben? 'Du hast keine Frau, und sie hat keinen Mann!' Was soll das nun schon wieder heißen?"

Hansheinzhorst: „Das ist schnell erklärt. Kennen Sie nicht aus Ihrer Jugendzeit das schöne Pfänderspiel? Zum Schluß werden die Pfänder verlost: 'Was soll das Pfand in meiner Hand, was soll derjenige tun, dem dieses Pfand gehört?' – Wenn ich an der Reihe war, das Pfand eines Mädchens auszulosen, dann kam immer der 'Ofen' dran."

Xantri: „Jetzt weiß ich es wieder: 'Lieber Ofen, ich bete dich an, du hast keine Frau und ich keinen Mann!'"

Hansheinzhorst: „Und dann rief ich immer sehr bestimmend: 'Aber mich, Mann, kannst Du haben.' Alles lachte, und das Spiel ging weiter."

Xantri: „Womit wir endgültig beim Thema von gestern angekommen wären: Sie benötigen eine antragsberechtigte Frau, und ich benötige einen Mann in den besten Jahren mit guten Manieren und einwandfreien Absichten, meine Räumlichkeiten mit mir – zunächst auf dem Papier – zu teilen!"

Hansheinzhorst: „Und über die Finanzen reden wir später?"

Xantri: „Wo nichts ist, braucht man auch nicht darüber zu sprechen."

Hansheinzhorst: „Ja aber – würde ich sagen. Denn die meisten Scheidungen erfolgen wegen ungeordneter Finanzen!"

Xantri: „Wir sprechen über Möglichkeiten des Zusammenlebens, und Sie sind schon bei einer Scheidung! Wieviel Moneten haben Sie denn überhaupt durch die Währungsreform retten können?"

Hansheinzhorst: „66 Pfennig!"

Xantri: „Wie bitte? Ein Supervermögen! – Gut angelegt?"

Hansheinzhorst: „Das ist die Gutschrift auf meinem neuen Postsparbuch. Das alte wurde durch Feindeinwirkung im Ruhrkessel vernichtet. Die Ausweiskarte konnte ich durch sämtliche amerikanischen Filzungen hindurchretten, um diese dann nach der Entlassung aus der Kriegsgefangenschaft an die Postsparbehörde zu schicken. Ich hoffte auf baldige Erledigung, da ich von fünfzig Mark Lehrlingsgeld nicht existieren konnte. Aber daraus wurde nichts, da die Behörde inzwischen ins Ausland zu liegen kam."

Xantri: „Ins Ausland? – Wie soll ich das verstehen?"

Hansheinzhorst (singt aus voller Brust): 'Wien, Wien, nur Du allein, sollst das Postsparamt der Deutschen sein!' Dort war es während des tausendjährigen Reiches installiert worden – in der Hauptstadt der Ostmark, wie man damals sagte. Da nun nach dem Kriege die Ostmark des Deutschen Reiches wieder zu einem selbständigen Staat, genannt Österreich, wurde, sah ich mein (neues) Sparbuch, entsprechend abgewertet, erst nach der Währungsreform wieder. Wieviel ich auf das alte eingezahlt hatte, habe ich nie erfahren. Mein ganzes Vermögen ist für das Umtauschgeld abkassiert worden. Die 66 Pfennig sind vielleicht die Zinsen gewesen. Jedenfalls kann ich über diesen Betrag in voller Höhe frei verfügen!"

Xantri: „Diese Hinterlassenschaften des Dritten Reiches sind einfach phantastisch, bizarr – oder wie soll man sie sonst noch irgendwie bezeichnen?"

Hansheinzhorst: „Wahrscheinlich gibt es immer bizarre Ergebnisse, wenn sich die Verantwortlichen um 988 Jahre verrechnen. Übrigens, da war, beziehungsweise da ist noch ein Sparbuch, eines von der Dresdener Sparkasse, das ich sicherheitshalber bei meinem Onkel in Meißen deponiert hatte. Darauf wurden alle meine ganzen Gehälter verbucht, die ich in eisenhaltiger Luft in verschiedenen europäischen Landschaften verdient habe, in den Jahren 1939 bis '45. In diesen sechs Jahren, oft mit Frontzuschlag, war ein ganz schönes Sümmchen zusammengekommen. Aber in der SBZ hat der Russe bei allen Bankinstituten die Rolläden heruntergelassen. Da ist nichts mehr zu holen, was auf Altkonten eingezahlt worden ist. Ich habe mich bei einem Besuch in Dresden selbst davon überzeugt."

Xantri: „Dieses war der zweite Streich – und der dritte – folgt sogleich?"

Hansheinzhorst: „Sie haben, wie schon so manches Mal in unseren Gesprächen, recht. Ich besaß eine Art drittes Sparbuch: Als PW war ich als Shopleader eingesetzt und verdiente in kleinen Brötchen Dollars für meine Tätigkeit. Diese sollten wir dann in der Heimat ausgezahlt bekommen. Aber nur wertlose Reichsmark erhielten wir von der ehemaligen Reichsbank in die Hand gedrückt, ohne daß der auszahlende Beamte dabei schamrot geworden wäre. Nun ja, er konnte nichts dafür. Er handelte auf Anweisung. Aber es beschäftigt mich immer noch die Frage: Wo saßen die üblen Hintermänner dieses Betruges, westlich oder östlich des Atlantiks? Sicher wird man Genaues nie erfahren. Zur Zeit munkelt man, daß die neuen deutschen Geldscheine, die in Amerika gedruckt worden sind, mit diesen PW-Dollars bezahlt worden seien. Diese neuen, in den USA gedruckten Scheine waren sicher nicht gegen lumpige Reichsmark zu haben."

Xantri: „Ich sehe, es bewahrheitet sich wieder einmal: Aller guten Dinge sind drei – und aller schlechten Dinge auch!"

Hansheinzhorst: „Das stimmt nicht ganz – oder Sie nehmen die nächste Geschichte als Zugabe: Diese Dollar-Reichsmark-Umtausch-Geschichte hat noch eine Variante. Ich erhielt nicht nur amerikanische Währung, sondern auch amerikanischen Tabak in Reichsmark umgetauscht. Es war mir nämlich möglich, bei der Abschiedsfilzung aus der Kriegsgefangenschaft nicht nur meine Ausweiskarte vom Postsparbuch, sondern auch ein Päckchen besten Tabaks durchzubringen. Auf dem Schwarzmarkt brachte mir das DM 400,- ein, womit ich dann für etliche Monate mein Lehrlingsgehalt aufbessern konnte!"

Hansheinzhorst fielen die Augen zu. Vorher runzelte er noch einmal die Stirn und schob die Lider hinterher, so daß sich seine Augen noch einmal öffneten:

„Morgen möchte ich Sie aber endlich mit Ihrem Namen anreden können, Schwester..."

Xantri: „Alexandra. Und wenn Sie möchten, dürfen Sie noch hinzufügen: Beatrice!"

Hansheinzhorst: „Oh, Alexandra Beatrice! So könnte eine weibliche Gestalt aus einer Verdi-Oper heißen – oder die weibliche Hälfte eines klassischen Liebespaares: Alexandra

Beatrice; wer A sagt, muß auch B sagen. Ich bin bereit, dieses zu tun!"

Xantri: „Übrigens: Die Ursache für diese Namensgebung liegt weder im Musikalischen noch im Literarischen..."

Hansheinzhorst: „Wie instinktlos!"

Xantri: „Meine Vornamen sind der Kompromiß eines Familienstreites."

Hansheinzhorst: „Aber ich würde sie trotzdem als ein herrliches Meisterstück überschneidender Meinungen bezeichnen, das sicher wertvolle Zugeständnisse nach allen Seiten zur Voraussetzung hatte."

Xantri: „Also jedenfalls sind meine Eltern, zusammen mit meiner Tante, für dieses herrliche Meisterstück, wie Sie beliebten, meine beiden Vornamen zu bezeichnen, verantwortlich zu machen."

Hansheinzhorst: „Diese, sicher köstliche Geschichte müssen Sie mir später unbedingt einmal erzählen. Das gehört zwar nicht unbedingt und unmittelbar zur Antragstellung, aber mittelbar schon... – Überhaupt weiß ich noch so gut wie nichts von Ihrem Leben. 'Eine Frau muß her, ein Mann muß her!' Da müssen auch die Lebensläufe her! Also das mit dem Antragsberechtigtsein, Sie als Kreditnehmerin plus Ehe auf dem Papier, das ließe sich ziemlich theoretisch behandeln."

Xantri: „Na, hören Sie mal, wie soll ich denn eine solche Theorie verstehen?"

Hansheinzhorst. „Moment mal, lassen Sie mich erst einmal fertig überlegen. – Aber das Zusammenleben in einer Wohnung! – Also ich weiß nicht, das ginge doch wohl nur in einer praktischen Form, in der Form des Miteinander-Lebens und das in allen Räumen. Wieviel sind es eigentlich?"

Xantri: „Wohnküche und Kammer mit schrägen Wänden, die den Vorteil haben, die zu beheizende Luftmenge zu vermindern, so daß die Briketts länger langen als bei geraden Wänden."

Hansheinzhorst: „Und um die Luftmenge beim Aussprechen Ihres achtsilbigen Vornamens zu vermindern, werde ich ihn auf einen zweisilbigen Rufnamen reduzieren. Hoffentlich fällt mir eine gute Form ein – im Schlaf. – Gute Nacht!"

Xantri: „Halt, halt, halt! Ich wollte Sie doch noch rasieren!"

Hansheinzhorst: „Das können Sie auch tun, wenn ich schlafe!"

Xantri: „Und nach Vorstellung und Betonung meiner Tante sind meine Vornamen sogar neunsilbig."

Aber diesen Satz hörte Hansheinzhorst schon nicht mehr, er war eingeschlafen!

12

Erinnerungen auf Ostpreußisch:

Wie Alexandra Beatrice ihren Namen und die Kegel dazu erhielt

Hansheinzhorst: „Wie gut und schön, daß Sie wieder an meinem Bett sitzen können, Schwester ..... Jetzt habe ich doch Ihren Vornamen vergessen!"

Xantri: „Alexandra! Guten Tag, Sie Langschläfer! Wer so ausgiebig seinen Mittagsschlaf halten kann, befindet sich bestimmt auf dem Wege der Besserung."

Hansheinzhorst: „Habe ich wieder im Schlaf gesprochen?"

Xantri: „Allerdings. Vier Worte waren es diesmal: Eines davon habe ich noch nie in meinem Leben gehört. Worte, die eines Kommentars bedürfen."

Hansheinzhorst: „Das klingt ja sehr geheimnisvoll. Was habe ich denn gesagt?"

Xantri: „Xantri soll sie heißen!"

Hansheinzhorst: „Haha! Wie gut, daß Sie mitgehört haben. Meine neue Wortschöpfung war mir schon entfallen. Das ist nämlich mein Lösungswort, mein Losungswort, meine Kurzform für Ihre beiden Vornamen. Das ist sie: Xantri!"

Xantri: „Das klingt zwar ganz hübsch, aber was hat dieses Silbenpaar mit mir, mit meiner Wohnung und dem Antragsberechtigtsein zu tun?"

Hansheinzhorst: „Wie Sie wissen, hat es der Hansheinzhorst mit der Dreizahl zu tun. Und Xantri ist die jeweils dritte Silbe Ihrer beiden Vornamen: Alexandra, Beatrice – ergibt Xantri!“

Xantri: „Also, was Sie alles so im Bett anstellen! Man kann Sie nicht einmal allein schlafen lassen. Wenn Sie nicht frotzeln können, müssen Sie wenigstens linguistische Kunststückchen vollführen.“

Hansheinzhorst: „Vielleicht ist es in Wirklichkeit gar keines. Vielleicht läßt es sich auch noch anders interpretieren. Und das könnte durchaus der Fall sein, wenn Sie mir heute ein Stück von Ihrem Zuhause, von Ihrer Familie und von der kompromißträchtigen Geschichte Ihrer Vornamen erzählen.“

Xantri: „Mein Vater war ein waschechter, aufrechter und frommer Ostpreuße. Wir besaßen ein Gut, ziemlich einsam an einem Waldrand gelegen, zwischen zwei Dörfern in der Elchniederung. Er regierte, wenn es nur irgendwie anging, mit viel Güte. Aber wenn diese nicht fruchtete, konnte er auch fuchsteufelswild werden. Das begründete er dann meistens, indem er Bismarck zitierte: ‘Man kann eben nicht immer nur mit der Bergpredigt regieren.’

Mit seiner älteren Schwester, meiner Tante Maria, die er aus brüderlicher Verantwortung und Liebe zu sich genommen hatte, lebte er zeitweilig auf Kriegsfuß. Sie hatte ihren Mann gleich am Anfang des ersten Weltkrieges verloren, als die Kosaken in Ostpreußen einfielen. Das Kind, das sie unter dem Herzen trug, ein Mädchen, wie es sich dann bei der Fehlgeburt herausstellte, mußte sie hergeben, ohne Mutter gewesen zu sein. Sie vereinsamte, wurde ein wenig seltsam, führte aber trotzdem mit sicherer Hand ihren Hof durch den Krieg hindurch. Ihr blieb ja nichts anderes übrig. Als schließlich das Gesinde, hauptsächlich die aus dem Kriege heimkehrenden Männer, wieder und lieber von einem Mann regiert werden wollte, verkaufte sie ihren Besitz, legte ihn in Aktien an und zog zu ihrem Bruder, meinem Vater.

Jahrelang hatte sie ohne Familie gelebt und allein einen Hof verwaltet. Das hatte sich in ihr Leben eingekerbt, und sie brachte infolgedessen ab und zu Unruhe in Haus und Hof, obwohl sie ein kleines Häuschen für sich allein bewohnte. Mein Vater war sieben Jahre jünger, und sie war daher die ältere. Ihren geflügelten Satz höre ich heute noch wie einst in meinem Ohr: 'Jungche, dat mozt'e so

moake, hör' op Diene ält're Schwester!' Diesen Satz sich immer wieder sagen lassen zu müssen, war natürlich schwer für meinen Vater zu ertragen, zumal er unseren Hof vorzüglich in Schuß hielt.

So muß es wohl auch bei meiner Namensgebung Knies gegeben haben. Meine Mutter erzählte mir erst hier in Studienburg davon. Deshalb habe ich es in guter Erinnerung behalten.

Tante Marias Tochter sollte Andrea heißen. Aber es kam ja nicht zur Namensgebung. Mutter wollte für mich Beatrice, Vater Alexandra als Name (wenn er schon auf einen Alexander verzichten mußte). Und Tante Maria pochte auf ihr 'Sie-sei-die-Älteste-auf-dem-Hof' – und habe daher zumindest ein Mitspracherecht, worauf mein Vater sagte, er sei das Familienoberhaupt und habe daher zu bestimmen. Mutter beschloß schließlich die Diskussion mit der Feststellung, sie habe bei der Namensgebung des ersten Kindes, meines Bruders Friedrich, nachgegeben und werde nun hier, bei mir, das Vorschlagsrecht in Anspruch nehmen. Schließlich, und damit spielte sie einen ihrer beliebten Trümpfe aus, hätte sie einen Mann zum Ehegatten genommen, der immer wieder nachgebende Menschen nicht ausstehen könne. Eine gute Lösung erschien unmöglich. Letzten Endes gab aber jeder dann doch ein kleines Stückchen nach. Und das sah dann so aus: Vater und Tante Maria einigten sich zu guter Letzt auf die Schreibweise 'Alexandr e a'. Womit sie eine neue Wortschöpfung aus der Taufe hoben. Mutter blieb nichts anderes übrig, als auf Beatrice als zweiten Taufnamen zu bestehen, den sie aber dann für ihren 'Privatgebrauch' als Rufnamen verwendete.

Dieser Kompromiß hatte nun aber – zwar nicht in der Schreibweise, aber eben in der Aussprache – seine Tücken. Vater bestand natürlich auf einer Betonung der dritten Silbe: Alexandrea, wobei er zusätzlich das 'e' verschluckte. Tante Maria wollte begreiflicherweise die Silben 'andrea' mit der Betonung auf 'dre' einbringen. Und so blieben dann alle drei Versionen im täglichen Gebrauch.

Diese Dreiteilung meiner Rufnamen hatte natürlich ihre Vorteile für mich. Hörte ich 'Beatri...ce', mit der getrillerten Betonung auf 'tri', so konnte dieser Ruf nur von meiner Mutter kommen. Vernahm ich 'Alexaaa—ndra', dann rief mich Vater herbei. – Und hörte ich das gleiche Wort, nur mit der Betonung auf 'dre', so konnte das nur aus dem Munde von Tante Maria stammen.

Und um die Versionen meiner Rufnamen zu vervollständigen – Brüder haben ja immer ganz besondere Vorstellungen von Kosenamen – so rief mich Friedrich, weil ich doch ein Junge werden sollte, 'Alex' – und wenn er schlecht auf mich zu sprechen war, 'Ale'. Vater geriet eines Tages ziemlich hart mit meiner Mutter zusammen. Sie hatte einen ihrer berühmten und beliebten Trümpfe ausgespielt und kurz danach mich gerufen, daß das 'i' in Beatrice nur so tirilierte. Vater war so richtig in Rage gekommen, sie untergrabe seine Autorität als Familienoberhaupt, wenn sie seine Tochter mit dem zweiten Vornamen – und nicht mit dem Taufnamen – rufe: Erst einmal sei sie unsere Tochter, und zum zweiten rufe das Familienoberhaupt sie, die Ehefrau, ja auch 'Luise' und nicht 'Walpurga', wie ihr Taufname laute.

Vater wurde auf seine köstliche Art wütend. Er fing an, die Hände auf dem Rücken gefaltet, seine Kreise zu ziehen, die er – wie immer – kleiner werden ließ, so daß eine Spirale entstand. Sobald er den Mittelpunkt erreicht hatte, stand er still, knallte die Hacken zusammen und ging schnurstracks auf die

Tür zu, die auf den Flur hinaus führte. Er riß diese laut auf, schloß sie aber dann von der Flurseite her ganz leise.

Diesmal begleitete er seine Kreise mit folgenden Wortkaskaden: 'Walpurga, Walpurga! Wie kann man als Mutter', – womit er seine Schwiegermutter meinte -, 'nur seine Tochter Walpurga nennen!' Mutter stand ihm nunmehr in seiner Hochstimmung nicht nach, indem sie ihm entgegenschleuderte: 'Aber mein Vater, Dein Schwiegervater, bestand doch auf 'Walpurga', so wie Deine Schwester, meine Schwägerin, auf 'Alexandrea' bestand. Letzten Endes wollte meine Mutter, Deine Schwiegermutter, für mich, die ich Deine Frau bin, den Taufnamen 'Luise', den Du für mich als Deine noch Dich liebende Ehefrau, als Rufnamen verwendest, weil Du für mich, die ich damals noch Deine Verlobte war, den Namen 'Walpurga' für mich, als Deine zukünftige Ehefrau, völlig unpassend fandest.'

'Außerdem bestehe ich in Zukunft darauf, daß die einzig richtige Sprechweise von Alexandra mit Betonung auf 'xan' zu lauten hat. Die unmögliche Sprechweise meiner Schwester lehne ich hiermit ab!' So die väterliche Antwort. 'Denn sonst kommen wir überhaupt nicht mehr zu einem klaren, zu einem klaren ...' Er verlor den Faden, und Mutter nutzte geschickt die kleine Pause, um einzuschieben: 'Möchtest Du einen Klaren?'

'Ich bin für einen Klaren in der Erziehung, zum Donnerwetter-noch-einmal, ich bin für Klarheit in der Erziehung: Ein Vorname, ein Charakter, eine Liebe!'

Er hatte den innersten Kreis, den Schlußpunkt erreicht, schlug die Hacken zusammen, steuerte die Flurtür an, wobei er noch dreimal den Namen 'Walpurga, Walpurga, Walpurga!' in die Luft stieß, öffnete geräuschvoll die Tür und schloß diese wieder, wie immer, ganz leise. Bei dem Wort Liebe schien er sich auf irgend etwas zu besinnen, das mit der Klarheit eines Klaren nicht ganz auf einen Nenner zu bringen war.

Einige Tage später saß er auf seiner Lieblingsbank unter dem Nußbaum. Oft saß er dort, wenn er überlegte oder etwas ausknobelte. Vater ritt zwei Steckenpferde: Er liebte die Pferdezucht und seine Kegelbahn, die so manches Mal gesellschaftlicher Treffpunkt war – und die ihm letzten Endes über alle anderen sportlichen und musischen Tätigkeiten ging.

An jenem Tage hielt er plötzlich inne, streckte die linke Hand mit allen fünf gespreizten Fingern vor seine Augen und gleichzeitig die rechte mit eingeklapptem Daumen, also nur mit vier Fingern. Dann tippte er mit seiner Nase der Reihe nach 'alle Neune' ab und sprach dabei die neun Silben meines Vornamens. So dürften vielleicht unsere pruzzischen Vorfahren, völlig in sich gekehrt, mythisch-mystische Rituale verrichtet haben.

Kurze Zeit später prangten die neun Silben meiner beiden Vornamen auf den Kegeln, und jetzt wurde nicht mehr 'Alle Neune!' gerufen, wenn alle Kegel fielen, sondern 'Hurra Alexandra!' Das große A war doppelt unterstrichen und die Silbe 'xan' einmal. Vater hatte sich damit auf seine unnachahmliche Art und Weise durchgesetzt, ohne das Thema nochmals zu erörtern und ohne Mutter – und auch Schwester – dabei zu verletzen. Die Silben waren alle ordnungsgemäß eingeritzt, so daß gegen die vereinbarte Schreibweise nichts einzuwenden war. Die Abstufungen und die Wünsche der häuslichen Hierarchie waren wieder in eine gute Ordnung eingereiht."

Hansheinzhorst: „Ganz großartig! Da kommt also die feine, die andere, sich mit meiner Silbenauswahl deckende Lösung durch die Familientüre herein. Ich nehme die beiden Kegel mit den Silben 'xan' und 'tri' und stelle sie vor die Front der sieben anderen. Und was lese ich da ab? 'Xantri'! Ein wunderschönes, herrliches Beispiel für eine köstliche Silbenfrotzelei!"

Xantri: „Hach, Sie schrecklicher linguistischer Silben-Ingenieur!"

Hansheinzhorst: „Womit wir ein fabelhaftes, einzigartiges Gesamtergebnis vorlegen können. Eine wirklich exzellente Erzählung."

Xantri: „Mutter konnte herrlich erzählen, und diese Geschichte war die letzte, die sie mir noch mit viel Mühe erzählt hat. Oft mußte sie zwischendurch pausieren und Luft holen. Tage später brachte ich sie ins Krankenhaus, und ihr lieber Mund verstummte für immer. Wenn ich abends im Bett liege, dann sehe ich oft die liebevoll gezeichneten Gestalten noch vor meinen Augen, ehe ich einschlafe: Meinen Onkel, den Landarzt, den Bruder meiner Mutter; Tante Emmi, die aus Liebeskummer allein geblieben war; und dann hatten wir in der entfernteren Verwandtschaft sogar einen Oberst im Generalstab. Von der ganzen Großfamilie blieb nur eine übrig: ich!"

Sie erhob sich und fügte ihren Worten ganz schnell hinzu: „Heute muß ich schon jetzt aufbrechen. Ich will noch bei Tageslicht auf dem Friedhof sein, um dort nach Mutters Grab zu sehen. Also, bis morgen dann."

13

Unternehmen Barbarossa beginnt:

Zweimal „Grand mit Dreien"

Xantri: „Es freut mich, Sie heute so munter zu sehen. Ich werte das als ein weiteres erfreuliches Zeichen. Heute sind Sie an der Reihe zu erzählen. So hatten wir es ausgemacht. Und da Sie sich in einem verhältnismäßig guten, fortschrittlichen Genesungszustand befinden, kann ich Ihnen ein längeres Erzählen wohl zumuten."

Hansheinzhorst: „Damals, zu Beginn des Rußlandfeldzuges, ich war einige Monate vorher gerade mit 21 Jahren volljährig geworden, hatte ich ein grauenhaftes Erlebnis, das ich lange nicht verdauen konnte. Es blieb mir im Halse stecken, und als ich es endlich 'runterwürgen konnte, blieb es wochenlang im Magen liegen. Ich hoffe dieses Geschehen setzt Ihnen nicht zu sehr zu, auch wenn Ihnen die Gänsehaut herauf- und herunterlaufen sollte. Aber wer aus Ostpreußen stammt und im Winter '44/45 fliehen mußte, der hat Ähnliches erlebt und kennt das Grauen dieser Welt:

Wir hatten die Stalinlinie durchbrochen und lagen vor Korosten in einem Dorf. Wir genossen die Ruhe nach dem Sturm, lagen mit unserer Batterie in einer Häusergruppe und streckten nach strammen Tagen des Vormarsches glücklich alle Viere von uns. Die Sonne meinte es gut, und wir hatten die schweißdurchtränkten Hemden ausgezogen und ließen uns bräunen. Ich lag in einer kleinen Mulde, einige Meter von einer russischen Kate entfernt, in der unser Batterieoffizier mit seinen beiden Zugführern einen Skat klopfte. Mit allen Leibes- und Stimmeskräften waren sie dabei.

Ich hätte nichts dagegen gehabt, wenn ich ein wenig eingeschlummert wäre, aber es gelang mir nicht. Der leise Wind trug mir die Melodie vom Sanitätsgefreiten Neumann herüber, gekonnt auf einer Gitarre gespielt. Auf einmal fiel mir ein: Richtig, der Sanitätsunteroffizier hatte ja heute Geburtstag! Die Melodie wurde lauter, die Geburtstagsrunde fiel ein: 'Ein Dreimal-Hoch, ein Dreimal-Hoch, ein Dreimal-Hoch dem Sanitätsgefreiten Neumann,

Früher war das Leben schwer,
ach, wie quälte man sich sehr!
Heute wendet jedermann
Neumanns Lebensspritze an.'

Ich sah die Kumpels der Geburtstagsrunde vor mir, wie sie bei gröhlendem Gesang ihre Wodkagläser auf dem Tische rieben und wie auf das Kommando 'Spritze an!' die Gläser an den Mund gesetzt wurden. Der Wodka zischte durch die Kehlen, während zugleich mit den Füßen auf dem Boden getrampelt wurde. Der erste Teil dieser Trinkliturgie wurde erst beendet, als die Gläser leer und die Mägen voll Wodka waren.

Bei den Worten 'Neumanns Lebensspritze' zischte und rumpelte es über mich hinweg: Die Detonation eines Geschosses erfolgte unmittelbar in meiner Nähe. Ich hörte zusätzlich Glas splittern und danach Totenstille, riß mich von der Rücken- in die Bauchlage und robbte ans Haus heran.

Ich sah durch das zerstörte Fenster hinein, und mich packte das helle Entsetzen: Da saß er, unser Batterieoffizier, ohne Kopf, die Karten blutbespritzt noch in der linken Hand. Sein Blatt zeigte, noch erkennbar, einen Grand mit Dreien – ein todsicheres Spiel also.

Das Herz des Offiziers schlug noch kurze Zeit weiter, denn aus der Halsschlagader stieg noch zwei- oder dreimal ein kleines rotes Brünnlein hervor, das immer kleiner wurde und schließlich in sich versank, während das Blut über die Uniform nach unten floß und Gehirn und Blut von der Stubendecke auf Bänke und Tisch tropfte. Ein großer Granatsplitter mußte ihm den Hals und den Kopf zerrissen haben.

Die Köpfe seiner Mitspieler aber waren, wie magnetisch angezogen, auf dieses grauenhafte Schauspiel gerichtet: Die Augen starrten und bewegten sich auf und ab, bis das rote Brünnlein erlosch. Dann ging eine tiefe Erschütterung durch die Leiber, die Augen traten förmlich aus dem Kopf heraus, die Oberkörper wurden wie von unsichtbaren Händen geschüttelt, Schreie entrangen sich dem Innern der Männer, einer gräßlicher als der andere – und danach folgten die Inhalte von zwei Mägen, die gerade einmal wieder so richtig vollgeschlagen worden waren.

Und schließlich fielen die Körper hinterher, zwei mit Köpfen, einer ohne Kopf. Die Uniformen begannen sich vollzusaugen mit Erbsensuppe, Magensäure, Blut und Korn. Und noch immer tropfte Gehirn und Blut von der Stubendecke herab. Auch mein Oberkörper bäumte sich auf. Mein Mund öffnete sich zu einem Schrei, aber es kam keiner. Mein Gehirn schaltete anders. Ich hatte am Tag vorher mit zwei Kanonieren meines Geschützes einen Skat geklopft. Der eine hatte einen etwas gewagten 'Grand mit Dreien' gespielt – aber leichtsinnig. Er hätte ihn eigentlich, klug gespielt, gewinnen müssen. So verlor er ihn. Da sagte mein Ladekanonier in seinem herrlichen breiten Sächsisch, mit dem er immer blitzschnell eine Situation in die passenden Worte fassen konnte: 'Ooch'n Grand mit Dreien muß 'mer mit Göbbchen spielen; ohne Göbbchen is nischt!'

Die Silben dieses Satzes tropften jetzt unaufhörlich in meinen Kopf, gleichsam von oben herab, schlugen die Stimmbänder an, gelangten in die Mundhöhle und traten in Worten aus ihr heraus: 'Ohne Göbbchen is nischt! Ohne Göbbchen is nischt!' Erst erklangen sie leise, wie nicht von mir geflüstert, dann hatte ich das Gefühl, daß ich die Worte selber vor mir hersagte, dann stießen sie sich schneller und lauter hinaus; zuletzt hämmerte ich sie schreiend in die Luft, während ich mit Füßen und Fäusten den Boden betrommelte.

Als die drei Leiber auf den Boden gekippt waren, versagten mir die Worte wieder, und sie endeten schließlich in einem Stammeln. Dann schrie ich, so gut ich in meiner Erschütterung schreien konnte: 'Sani!' Ich schalt mich selbst, weil der Ruf mir nicht besser gelang! 'So ruft doch eine Mutter ihren Jungen zum Essen herauf', sagte ich mir. Ein zweites Mal rief ich, verbessert, mit der Betonung auf 'i'. Aber noch rief ich zu leise. Ich setzte zum dritten Male an, und es gelang mir endlich ein Schrei aus Leibeskräften. Das 'i' hatte ich so angespitzt, daß es an der Glasscheibe nur so tremolieren mußte!

Ja! Jetzt hatte ich Erfolg. Der Gesang, der gerade wieder zu einer neuen Strophe ansetzen wollte, ebbte ab. Der Sani kam taumelnd aus seiner Kate gestürzt. Als er mich sah, den erhobenen rechten Arm mit geballter Faust auf- und niederfahrend, setzte er sich schnell in Bewegung, wobei es ihn, aus dem Gleichgewicht geratend, beinahe zu Boden gerissen hätte.

Nun stand er neben mir, duftend nach Wodka und schwitzend von den Geburtstagsriten. Ich brachte es nur fertig, mit der linken Hand auf das zerschlagene Fenster zu zeigen. Während er hindurchblickte, wurde er kreidebleich. Kopfschüttelnd und schwankend ging er dann mit mir um die Kate herum. Ich öffnete die Tür, und während wir hineingehen wollten, schlug uns eine beißende, stinkende Wolke entgegen, die uns die Augen zudrückte. Wie von selbst setzten wir drei Schritte zurück und atmeten frische Luft. Der Sani neben mir schüttelte sich wie ein Hund, den man aus dem Wasser gezogen hatte. Danach sagte er zu mir: 'Hat hier auch ein Saufgelage stattgefunden – oder ist das die Fratze des Todes? Ich bin ja noch nicht ganz nüchtern! Komm, halt 'mal meinen Kopf unter die Wasserpumpe hier. Jetzt brauche ich eine Neumann'sche Lebensspritze, aber eine richtige.' Das kalte, weiche Wasser gab ihm die Besinnung zurück und brachte ihn langsam in die Lage, wieder vernünftig als Sanitäter handeln zu können.

Die zwei Skatspieler, die überlebt hatten, blieben verstört und waren nicht mehr an der Front zu gebrauchen. Auf Fragen konnten sie nur noch lallende Antworten geben. Der Arzt vom Frontlazarett schickte sie mit dem nächsten Verwundetentransport heim.

Unseren Batterieoffizier begruben wir in der Dämmerung am Dorfrand, während der Abendwind vom Funkgerät einer nahegelegenen Nachrichteneinheit leise das Lied 'Lilli Marlen' herüberwehte: 'Wenn sich die späten Nebel dreh'n, werd' ich an der Laterne steh'n, wie einst Lilli Marlen'.

Einige Zeit später fiel mein alter Ladekanonier aus Sachsen. Seither habe ich nie wieder Skat gespielt: 'Ohne Göbbchen is nischt'.

Nach diesem entsetzlichen Geschehen begann mit mir eine merkwürdige militärische Karriere. Und was das Schönste dabei war: Ich war zwar dauernd in Rußland eingesetzt, aber alle drei russischen Winter habe ich nicht an der Front erlebt. Den ersten verbrachte ich auf Frontstudienurlaub, den zweiten auf der Waffenschule, während meine Division in Stalingrad ausgelöscht wurde – und den dritten im Lazarett."

Xantri: „Du bist Offizier gewesen?"

Hansheinzhorst: „Na, hör' mal. Sehe ich so doof aus, einer geworden zu sein?"

Xantri: „Nein, das meine ich doch gar nicht. Du gehörtest doch zu den Ungebräunten. Nicht-HJler konnten doch so gut wie nie Offiziere werden. Bei meinem gefallenen Bruder machten sie große Schwierigkeiten. Ein entfernt mit uns verwandter Generalstabsoffizier gab schließlich den Ausschlag."

Hansheinzhorst: „Deshalb gehöre ich auch zu einem ganz erlauchten und sehr beschränkten Kreis von Offizierssoldaten, die erst auf dem Abstellgleis 'Obergefreiter mit Abitur' standen und später, als immer weniger HJ-Offiziere übrigblieben, zu den höheren Weihen kamen."

Xantri: „Und Du hast von der Front weg im Winter studieren können? Davon habe ich noch nie etwas gehört!"

Hansheinzhorst: „Nun, ich glaube, das kam so: Meine zwei Jahre Wehrdienst lagen ordnungsgemäß hinter mir, in denen ich zwar ausreichend Gelegenheit gehabt hatte, wehrwissenschaftliche Studien zu betreiben; aber das war ja schließlich nicht das angestrebte Studium. Und da ich nie gefehlt hatte, immer brav vorne dabei war, bekam ich – sozusagen als Anerkennung für strammen Dienst an allen bisherigen Fronten und weil der Krieg nicht aufhören wollte -, einen Frontstudienurlaub: ein Kriegstrimester Germanistik!"

Xantri: „Einfach toll!"

Hansheinzhorst: „So lernte ich auf diese Weise mitten im Krieg Leipzig kennen. Ich habe mich zwar weniger als Student, eher als Goebbel'sche Werbefigur gesehen: Das Großdeutsche Reich kann es sich sehr wohl mitten im Krieg erlauben, im Winter Soldaten von der Front abzuziehen und sie studieren zu lassen und dabei den Rückzug von Moskau ein wenig vergessen zu lassen! Ist mein Tip richtig?"

Xantri: „Zumindest dürfte er nicht falsch sein. Und im dritten Winter warst Du im Lazarett?"

Hansheinzhorst: „Nun ja, ausruhen mußte man sich bei so langer Dienstzeit doch auch einmal!"

Xantri: „Ausruhen nennst Du das?"

Hansheinzhorst: „Oh ja doch! Eimal so ohne Läuse, Flöhe und Krätze in einem sauberen, weiß überzogenen Bett liegen zu dürfen, das Schlafbedürfnis nach Eigenbedarf zu regeln, täglich gewaschen zu werden und das Essen am Bett serviert zu bekommen, und so weiter, und so weiter, und so weiter..."

Xantri: „Und wie kam es zu Deiner Verwundung?"

Hansheinzhorst: „Ich habe sie mir gewünscht!"

Xantri: „Du hast sie Dir gewünscht? Wünscht man sich denn so etwas?"

Hansheinzhorst: „Solche Wünsche konnte es schon ab und zu an der Front geben. Heimatschüsse können manchmal sehr begehrte Artikel sein."

Xantri: „Erzähle!"

Hansheinzhorst: „Wir bekamen als Ersatz für unseren Batteriechef, der eine Abteilung übernahm, einen von der vordersten Linie noch völlig unbeleckten Hauptmann von der Heimatfront. Das Verdienstkreuz hatte er schon; ob er sich das Eiserne dazu verdienen wollte, das weiß ich nicht; aber zur Verwirklichung eines solchen Wunsches bleibt natürlich, Fronterfahrungen zu sammeln, nicht aus. Und dazu hatte er sich ausgerechnet unseren Haufen ausgesucht. Ich schätze, er hatte einen guten Bräunungslehrgang hinter sich gebracht."

Xantri: „Dieser Theoretiker wurde Euch alten Hasen vor die Nase gesetzt?"

Hansheinzhorst: „Ein heiteres Trauerspiel, das ich leider nicht zum ersten Male erfahren sollte: Ideologie geht vor Fachwissen und Erfahrung!"

Xantri: „Wie sah denn das bühnenreife Stück in der Praxis aus?"

Hansheinzhorst: „Natürlich hatte er keine Ahnung, wie man mit alten Frontschweinen umzugehen hat. Immer wieder sprach er auf's Neue Verdächtigungen aus, daß seine Befehle nicht richtig ausgeführt würden. Ich sollte zum Beispiel als VB, als Vorgeschobener Beobachter, auf eine Höhe gehen, die schon seit zwei Tagen dem Russen gehörte. Als ich ihm das durchfunken ließ, hieß es nach meiner Rückkehr: Befehlsverweigerung! Darauf steht unter Umständen die Todesstrafe. Da wünscht man sich, weil Du solche Anschuldigungen von so einem Drückeberger a.D. auf die Dauer nicht ertragen kannst, einen Heimatschuß. Und eines Tages hast Du dann die Schnauze so restlos voll, auf diese Art und Weise eventuell ins Gras beißen zu müssen..."

Xantri: „Ja, jetzt kann ich einen solchen Wunsch besser verstehen!“

Hansheinzhorst: „Ohne meinen Heimatschuß hätte ich wahrscheinlich die Heimat nicht wiedergesehen. Ich hatte mit meiner Vewundung ein außerordentliches Glück. Nach meinem Lazarettaufenthalt traf ich einen alten Streitgenossen aus meiner alten Einheit. Er erzählte mir, daß unsere Batterie in der Silvesternacht völlig überraschend von den Russen angegriffen worden sei. Mit Schneehemden getarnt, auf Skiern daherjagend und mit ihren Kalaschnikows wild um sich feuernd, vernichteten sie fast sämtliche Leute meiner Einheit. Nur drei oder vier sind übriggeblieben. Unser feiner Batteriechef hatte vergessen, Posten aufstellen zu lassen, um in Ruhe das Neue Jahr zu erwarten, mit allen zu saufen und sich lieb' Kind zu machen. Als die Russen kamen, waren alle praktisch kampfunfähig. Er wurde genauso mit dem Tode bestraft wie die meisten.“

Xantri: „Was für Zusammenhänge!“

Hansheinzhorst: „Diesen Winter '43, der den Zusammenbruch weiter Teile der Ostfrontmitte brachte, und den ich also verpaßt habe, durfte ich dann im Sommer '44 nachholen: diesmal nicht im Osten, sondern im Westen. Ich bekam eine ganz besondere Delikatesse serviert: Lukull lebte damals in der Normandie! –

So, das reicht erst einmal für heute! Morgen bist Du wieder an der Reihe. Morgen möchte ich von Dir erfahren, wie Ihr beiden, Du und Deine Mutter, aus Ostpreußen herausgekommen seid...“

14

Gegenwart und Vergangenheit:

Kiosk auf Darlehen
Alle Neune auf Russisch

Xantri: „Ich hoffe Sie hatten nicht nur eine gute Nacht, sondern auch einen guten Mittagsschlaf?“

Hansheinzhorst: „Ich kann nicht klagen. Ihre Rundum-Betreuung bekommt mir ganz hervorragend. Ich bin sehr zufrieden mit Ihnen, Schwester Xantri.“

Xantri: „Und wie waren Sie mit Ihrem Traum in der vergangenen Nacht zufrieden?“

Hansheinzhorst: „Sehr! Heute weiß ich sogar, was ich im Traum gesprochen habe: ‘Xantri muß her’!“

Xantri: „Dann wollen wir gleich einmal die Wirklichkeit dazu kommen lassen! Also, ich habe mir unser gemeinsames Problem überlegt – und damit dieses auch gleich den notwendigen Schwung bekommt: Wir werden uns morgen verloben!“

Hansheinzhorst: „Wie bitte? Was werden wir morgen?“

Xantri: „Wir werden uns verloben – und dann werde ich das Vertriebenenamt testen!“

Hansheinzhorst: „Hier so, Sie – am Bett, ich – im Bett!?“

Xantri: „Eine Verlobung ist ja kein standesamtlicher Akt! Schließlich können wir uns doch auch wieder entloben, wenn es nicht klappen sollte!“

Hansheinzhorst: „Was soll denn eigentlich klappen?“

Xantri: „Na, hören Sie ‘mal! Ich denke, Sie wollen den Kiosk erwerben?“

Hansheinzhorst: „Ja, das will ich schon, aber ...“

Xantri: „Aber, oder! Wie wollen Sie denn nun allein vorgehen, hier im Bett? Und außerdem: Ohne mich geht doch gar nichts mehr! Nicht Sie sind, sondern ich bin doch antragsberechtigt!“

Hansheinzhorst: „Aber deswegen brauchen wir uns doch nicht gleich verloben!“

Xantri: „Also, ich bin gewohnt, Nägel mit Köpfen zu machen. Ich gehe doch nicht auf’s Vertriebenenamt und sage: Ich bin die Alexandra aus Ostpreußen, und ich will einen Antrag stellen und so... Das kommt nicht in die Tüte. Wenn ich aber sage, ich bin die Verlobte vom Hansheinzhorst, Sie wissen schon, wen ich meine, Sie kennen sich schon. Weil er nicht antragsberechtigt ist, haben Sie ihm empfohlen: ‘Eine Frau muß her.’ -! Und nun ist sie da! Ihr Vorschlag! Wir werden außerdem in Kürze heiraten. Mein Verlobter ist der Fachmann, und ich kriege das Geld – und dann ist die Sache geritzt und alles in bester Ordnung.“

Hansheinzhorst: „Xantri, Du bist ein unmögliches Biest, ein unverwüstliches Stück Ostpreußen – meine Hochachtung!“

Xantri: „Mein lieber Hansheinzhorst! Wie lieb von Dir, daß Du so platt warst, mich heute mit Du anzureden. Ich war schon immer der Meinung, man sollte spätestens einen Tag vor der Verlobung mit dem Du beginnen, damit man sich am Verlobungstage nicht verspricht. Und wenn Du schon träumst: ‘Xantri muß her’ – hast Du nicht gesagt, daß Du geträumt hast, dann dürfte es doch auch nicht schwer sein, meine Gedankengänge von der Verwirklichung Deiner Pläne, – nach der Verlobung -, unserer Pläne zu akzeptieren.“

Hansheinzhorst: „Da habe ich mich ja auf etwas Schönes eingelassen. Also jetzt erzähl’ mir erst einmal weiter von Deiner Familie, von Ostpreußen, damit ich Dich dann besser verstehen kann. Hoffentlich!“

Xantri: „Wir erhielten seinerzeit im Januar '45 rechtzeitig das verabredete Telegramm von einem Verwandten meiner Mutter, einem Oberst im Generalstab: Er war noch im Herbst 1944 bei uns zu Besuch gewesen. 'Tante Gertrud in Stettin liegt im Sterben. Fahrt möglichst über Stolp und schaut nach Onkel Gustav.' Der erste Satz war uns bekannt. Dieser hieß entschlüsselt: Ostpreußen wird verlorengehen, setzt Euch nach Westen ab. Aber der zweite Satz, was bedeutete der? Mutter holte den Atlas herbei: 'Das kann nur bedeuten, die Russen umfassen Ostpreußen auch von Süden her und kesseln es ein.'

Wir müssen unsere Flucht vorbereiten. Am nächsten Tag sprach Mutter mit dem Verwalter, um einen Treck zusammenzustellen, die Wagenfolge einzuüben und sich mit den beiden benachbarten Bürgermeistern zu besprechen und zu beraten. Aber – wo war Vater? Wir wußten nur, daß er irgendwo an der ostpreußischen Front stand. Einige Tage später fuhren wir mit unserem Schlitten voraus. Wir hatten nur aufgeladen, was wir zu einem längeren Besuch benötigten. Das Telegramm nahmen wir mit. Das war dringend geboten, damit uns Goldfasane und Kettenhunde unterwegs nicht feige Flucht vorwerfen konnten.

Vater muß etwa zwei bis drei Tage nach unserer Abfahrt auf unserem Hof angekommen sein. Er dürfte wohl unsere Gegend als Niemandsland betrachtet haben. Das verlassene Herrenhaus hat er dabei gemieden und sich sicherheitshalber in seiner geliebten Kegelbahn einquartiert."

Hansheinzhorst: „Woher weißt Du denn das alles?"

Xantri: „Von Philipp!"

Hansheinzhorst: „Wer ist Philipp?"

Xantri: „Ein französischer Kriegsgefangener, der eine Zeitlang auf unserem Hof gearbeitet hat. Er war meine erste große Liebe. Ich war ein Backfisch und regelrecht in ihn verknallt. Vater und Mutter merkten das natürlich und waren tief besorgt. Auf 'Fraternisation' dieser Art konnte die Todesstrafe verhängt werden. Vater hatte mich gern. Er hatte aber auch Philipp auf seine Weise gern. Philipp hatte Jura studiert, und seine Ansichten gefielen Vater, ohne daß er dies Philipp gegenüber zeigen konnte. Und dann tat er etwas, was damals für mich unbegreiflich war: Eines Tages kam Philipp nicht mehr zur Arbeit. Ich ahnte, was geschehen war, und stellte Vater zur Rede: 'Wo ist Philipp?' – 'Ich habe ihn vor dem Tode bewahrt und Dich auch. Er arbeitet jetzt auf einem anderen Gut, weit weg von hier. Du wirst nie erfahren, wo.' Ich begann, auf seine Brust zu trommeln und rief verzweifelnd aus: 'Warum hast Du das getan? Ich könnte Dich umbringen!' Seine Stimme blieb überraschenderweise lieb und gütig: 'Später, mein Kind, später wirst Du alles verstehen.'

Auch Philipp hatte sich aufgemacht, etwa zur gleichen Zeit wie mein Vater, um nach uns, nach mir zu sehen und uns zu retten. Und so erzählte uns Philipp das Geschehen: 'Als ich mich, vom Walde herkommend, von hinten an den Hof heranschlich, hörte ich in der Kegelbahn ein Rumoren. Ich hörte die Kugel rollen, die Kegel fallen und dazwischen menschliche Laute. Russische? Verlief hier etwa bereits die Front? Hatte sich da ein Vorkommando einquartiert? Ich blieb vorsichtig und verbarg mich in einer kuscheligen Tannengruppe, die ich von früher her als Versteck kannte.

Mit einem Male wurde es auf der Kegelbahn lauter. Da wurde nicht mehr gekegelt, da wurde geschlagen! Ein wenig später fingen die Stimmen an zu lallen und zu gröhlen. Eine gequälte Menschenstimme schrie stöhnend auf. Hier wurde ein Mensch von einer besoffenen Meute gejagt, gequält – und zur Strecke gebracht. Wie sollte ich eingreifen? Das furchtbare Spiel, diese entsetzliche Jagd ging noch eine Weile weiter. Schließlich erscholl ein letzter entsetzlicher Schrei, danach das dumpfe Aufschlagen eines Körpers – und dann Totenstille.

Kurze Zeit später kamen die stockbesoffenen Kerle mit aufgeknöpften russischen Soldatenröcken laut johlend nacheinander aus der Kegelbahn herausgetorkelt. Im Schnee schlugen sie ihr Wasser ab, pinkelten sich vor großer Freude über den Sieg selbst an und wankten wieder zurück in die Kegelbahn. Sie ließen dort eine Kerze brennen, und dann wurde es nach einer kleinen Weile ganz still. Als es weiterhin so ruhig blieb, huschte ich aus meinem Versteck hervor und schob mich an der Wand der Kegelbahn entlang bis zum Eingang. Durch die geschlossene Tür drang ein so lautes Schnarchen und Grunzen an mein Ohr, als ob die ganze Kegelbahn zu Brennholz gesägt werden sollte. Ich fand Deinen armen Vater leblos auf den Brettern liegen, zu Tode gehetzt und mit Kegeln erschlagen. Er war nicht leicht zu erkennen. Er war fast nackt, und der ganze Körper war mit blutunterlaufenen Stellen übersät.'

Es war mein Vater, mein gütiger Vater", sagte Xantri, als hätte sie ihn gefunden, und dann fuhr sie mit tränenerstickter Stimme fort: „Ich habe ihn erschlagen, ich tat es."

Hansheinzhorst: „Wieso klagst Du Dich an?"

Xantri: „Die Kegel trugen doch meine Vornamen – und Vater hatte ich seinerzeit angeschrien: 'Ich könnte Dich umbringen!'

Philipp fuhr dann fort: 'Wohin mit Deinem Vater', war mein nächster Gedanke. Ein Grab schaufeln, das war unmöglich. Ihn so nackt mit zerborstener Hirnschale auf seiner Kegelbahn einfach liegen lassen, das war genauso unmöglich. Da fiel mir die Bank unter dem Nußbaum ein, seine Lieblingsbank: Ein weißer Sarg auf seiner geliebten Erde. Ich schleppte ihn bis zur Bank, zog ihn unter die Sitzfläche und schloß die Seiten mit Schnee wieder ab.

Langsam fing es wieder an zu schneien. Dann stach es wie ein Messer in mich hinein: Hier ist ein Mord an einem wehrlosen Menschen verübt worden! Wie eine Ratte hatte man ihn erschlagen. Mich fröstelte in dieser grenzenlosen Einsamkeit vor dem Eingeständnis, nun Ankläger, Richter und Vollstrecker in einer Person sein zu müssen.

Ich zog zunächst einen Russen aus der Kegelbahn in den Schnee hinaus. Er merkte nichts davon, denn er war noch immer stockbesoffen. Ich tat es nicht als Franzose, der eigentlich mit den Russen verbündet war, sondern hier ging es darum, ein Verbrechen zu sühnen. Das Freund-Feind-Denken hatte keine Gültigkeit mehr. Ich allein hatte alles mitangehört, den Todesschrei wahrgenommen; kein Richter war in der Nähe; also mußte ich auch die Strafe, die Todesstrafe selbst verhängen und durchführen. Einen nach dem anderen zog ich, über den Boden schleifend, hinaus in eine Kuhle unter den Tannen und legte sie keuchend in den Schnee: Acht Soldaten waren es und ihr Truppführer: 'Alle Neune!'

Ich ging noch einmal in die blutbefleckte Kegelbahn zurück, um irgendeinen Gegenstand mitzunehmen. Aber nach welchem sollte ich greifen? Kurz entschlossen suchte ich bei den Kegeln nach dem einen mit dem großen, unterstrichenen 'A'. Ich kannte sie ja alle, denn ich hatte sie oft in der Hand gehabt und wieder aufgestellt, wenn Dein Vater mit seinen Gästen beim Kegeln war.

Ich verbarg den Kegel in der großen Innentasche meines Wintermantels. Alles, was ich damals getan habe, hatte ich mehr oder weniger unbewußt getan, so als ob ich Dir ein Beweisstück mitbringen sollte, daß ich noch einmal auf der Suche nach Dir in Deinem Zuhause war.'

Philipp brachte mir und meiner Mutter vor einigen Wochen seinen, meinen Kegel -; ein Unterpfand der Liebe, – noch -, zwischen zwei Menschen? Lange Zeit hatte er im Suchdienst nach mir forschen lassen. Bei seinem Besuch erzählte er uns das Schicksal meines Vaters. Von unserer Liebe sprachen wir nicht mehr. Meine Liebe war auf der Flucht erfroren... Was an Zuwendung übriggeblieben war, gehörte nun allein meiner Mutter. Philipp kehrte wieder heim nach Frankreich zu seiner Arbeit für Europa. Seine ganze Zuwendung gehörte fortan einzig dieser Aufgabe.

Sein Bericht bedeutete wohl den Todesstoß für meine Mutter. Erst das Schicksal ihres Sohnes, meines Bruders, und jetzt das gräßliche Ende ihres Mannes, meines Vaters! Alles Zureden half nichts mehr: 'Ich brauche Dich doch noch, Mutter!' Eines Tages stand sie nicht mehr auf. Ich brachte sie ins Krankenhaus. Dort lebte sie noch zehn Tage, dann löschte ihr Leben aus. Sie wollte nicht mehr leben, sie hatte sich einfach aufgegeben. – Und dann kamst Du!"

Hansheinzhorst: „Ich kann das verstehen, solches Nichtmehr-wollen gibt es! Ich war auch schon einmal fast so weit: Verlorenes, das nicht wiederkommt, geliebtes Land, das sich nicht mehr zeigen wird, Heimat, die untergegangen ist, neue Wege, die noch nicht zu sehen sind..."

Xantri: „Aber unsere neuen Wege sind bereits ein wenig sichtbar, wenn sie auch noch verhangen und von uns zu bewältigen sind. Vergiß das nicht, mein lieber Hansheinzhorst! Mein Ausweg bist Du: 'Ein Mann muß her'!"

Hansheinzhorst: „Und mein Ausweg bis Du: 'Eine Frau muß her!' Dein Ausweg und mein Ausweg sind unser neuer gemeinsamer Weg. Unsere Wohnung, unser Kiosk sind die Verwirklichung unserer Träume ..."

Xantri: „Ich sehe, Du bist müde. Morgen will ich auf unserem gemeinsamen Weg weiter fortschreiten. Das wird wahrscheinlich ohne eine neue Überraschung nicht gehen. Aber diese ist dann ein guter Muntermacher für Dich."

Hansheinzhorst: „Ich hoffe er wird mich nicht aus dem Bett reißen, oder doch?"

Xantri: „Das werde ich zu verhindern wissen! Schließlich hast Du noch einige Tage strenge Bettruhe einzuhalten."

Hansheinzhorst: „Ich werde mich, wenn es nur irgendwie geht, fügen. Es bleibt mir wohl auch kaum etwas anderes übrig. Gute Nacht!"

15

Die Schlacht in der Normandie:

Dem längsten Tag folgt die kürzeste Nacht – Das Unternehmen Cobra und die Arche Noah

Xantri (dem erwachenden Hansheinzhorst zurufend): „Gestern war der erste Streich, und der zweite folgt sogleich! Bist Du dafür oder dagegen?“

Xantri: „Ich muß ja schließlich erst wissen, worum es geht!“

Xantri: „Aber erst will ich einmal den ersten Schritt vor dem zweiten tun.“ (Sie holt eine rote Rose hinter ihrem Rücken hervor und überreicht sie Hansheinzhorst.) „Lieber Hansheinzhorst, Ringe, richtige, goldene Verlobungsringe, konnte ich leider nicht besorgen. Du weißt ja, warum. Du hast keine Moneten – und ich auch nicht. Aber eine Rose allein ist auch ein geeignetes Verlobungsgeschenk für zwei so finanzstarke Leute, wie wir es sind. Das meinst Du doch auch, nicht wahr?“

Hansheinzhorst: „Was soll ich dazu sagen? Was bleibt mir überhaupt übrig, da noch etwas zu sagen. Soll ich Dich mit der Rose wieder wegschicken, weil mir Dein atemberaubendes Tempo fast die Sinne raubt? Das ist also die Überraschung, die Du mir gestern angekündigt hast. Soll ich noch sagen, es sei normalerweise Aufgabe des Mannes, die Verlobung zu arrangieren? Wem von uns beiden würde das jetzt noch nützen!“

Xantri: „Natürlich niemand. Aber selbstverständlich hätte ich Dir die Vorbereitungen überlassen! Aber wenn der Mann im Bett liegt...!"

Hansheinzhorst: „Hättest schließlich doch noch ein wenig warten können. Jetzt haben wir Verlobung im und am Bett."

Xantri: „Genau das Passende für ein so seltsames Liebespaar wie wir zwei. Ich mußte handeln. Zu warten wäre gefährlich gewesen. Nach der Schule war ich gestern bei Herrn Grunert. Schließlich sind da noch andere Kioskbewerber. Und Ende des Monats muß ich meine Wohnung räumen, wenn der 'Mann-muß-her' bis dahin nicht gekommen ist. Es eilt also beides; und Zeit, daß wir uns noch näher kennenlernen können, gibt es nicht. Es brennt also sowohl als auch. Und deshalb habe ich dem Beamten auf dem Vertriebenenamt gesagt, daß wir uns morgen verloben wollen; und ob ich nicht schon den Antrag auf ein Darlehen aus dem Härtefonds einreichen könnte. Die Unterlage für das Aufgebot bringe ich ihm dann noch hinterher."

Hansheinzhorst: „Aufgebot? Das ist doch schon der nächste Schritt in Richtung Hochzeit!"

Xantri: „Möchtest Du in meine Wohnung einziehen oder nicht? Hier ist das Formular! Nur Deine Unterschrift fehlt noch."

Hansheinzhorst: „Du kriegst die Tür nicht zu!"

Xantri: „Das ist nicht ganz richtig formuliert. Du kriegst sonst die Tür nicht auf – die Tür zu meiner Wohnung."

Hansheinzhorst: „Und das alles muß ich erbarmungslos mit mir geschehen lassen, ohne daß ich dafür oder dagegen etwas tun kann?"

Xantri: „Das ist schon wieder falsch formuliert. Du kannst schon etwas tun – für Dich und für mich: Unterschreibe 'mal!"

Hansheinzhorst: „Das ist ja Erpressung!"

Xantri: „Zu normalen Zeiten würde ich das nicht nur genau so empfinden, sondern auch offen zugeben. Aber, lieber Hansheinzhorst, wir haben leider keine normalen Zeiten, sondern Nachkriegsjahre im 'Wilden Westen'. Und da geht es ja bekanntlich immer schon hoch her. Und wenn nicht hoch, dann zumindest doch verrückt."

Hansheinzhorst: „Verrückt – das ist der richtige Ausdruck: Aufgebot im Bett!" (Er unterschreibt das Formular.)

Xantri: „So geht's nun weiter: Eine Mitteilung bringe ich aufs Vertriebenenamt: 'Wir haben uns heute verlobt', und eine Abschrift vom Aufgebot füge ich bei. Herrn Grunert bringe ich vom Antrag für das Darlehen eine Abschrift, und dann hoffe ich, daß der Silberstreifen am Horizont greifbar näher gerückt ist."

Hansheinzhorst: „Du hast ein sagenhaftes Tempo drauf. Aber ich sehe ein, es ist unumgänglich."

Xantri: „Ich bin überzeugt, daß das Tempo und Deine Einsicht, daß es nicht langsamer gehen kann, letztendlich Deiner Gesundheit förderlich sein wird. Silberstreifen am Horizont waren schon immer eine gute Medizin! Das wußte schon mein Landarzt-Onkel. Endziel: Kiosk ist unser, Wohnung ist unser! Was wollen wir mehr? Oder – willst Du das etwa nicht?"

Hansheinzhorst: „Natürlich will ich das! Und wenn Tempo notwendig ist, das Ziel zu erreichen, dann eben Tempo! Meinst Du, ich schaffe das?"

Xantri: „Ich sehe keine dunkle Wolke, die unseren Silberstreifen verdunkeln könnte. Es liegt doch an uns, ob wir das Ziel erreichen und ob wir siegen wollen über Unbill, Leid, Bürokratie und unsere Zeit."

Hansheinzhorst: „Aber es gibt auch Situationen, da nützt Dein bestes Wollen nichts. Ich wollte Dir doch heute von der Schlacht in der Normandie erzählen. Da kroch dieses 'Nichts' Tag für Tag um uns herum: Dein ganzes Wollen, Dein ganzer Einsatz nutzte nichts! Du standest einer Materialüberlegenheit, einer völligen Lufthoheit und dazu der neuen Spezies einer raffinierten Radaraufklärung gegenüber. Und wenn du nicht wollen kannst, dann bist du ein armes Würstchen, das von Baum zu Baum hüpft, um nicht abgeschossen zu werden."

Xantri: „Wir haben zwar auch noch einiges an Material zu überwinden, aber gemeinsam werden wir das Kind schon schaukeln, auch wenn Du noch das Bett hüten mußt. Bei Mutter mußte ich ja auch immer Kräfte für Zwei haben und hatte nicht die Aussicht, mit ihr einmal das weitere Leben gestalten zu können, wie mit meinem Verlobten! Unsere Heirat ist die unumgängliche Voraussetzung für die Lösung all unserer Probleme. Also steuern wir darauf zu! Das Wollen hierzu gibt uns Rückenwind: Meine Wohnung, Deine Wohnung, unsere Wohnung!"

Hansheinzhorst: „Übrigens, meine 'Wohnung' war an den entscheidenden Tagen in der Normandie ein Schlafzimmer – und das war der einzige Raum vom ganzen Haus, der stehenblieb, als pausenlos die Bomben fielen. Auch in dem Schlafzimmer eines Bauernhauses kann man bewahrt werden, wenn ringsherum alles in Trümmern zerfällt. Es ist wie eine Arche...

Cobra, Unternehmen Cobra, hatten die Anglo-Amerikaner ihr Durchbruchunternehmen genannt! Und das war auch danach: eine giftige Nattern-Angelegenheit!

Sieben Wochen hatten wir den Amis getrotzt! Dann kamen die drei mir unvergeßlichen Tage: Der erste Tag, der 25. Juli, ein Dienstag, war seltsam verlaufen: Am Abend wußte man nicht, ob man sich über diesen verhältnismäßig ruhigen Tag freuen oder ihn als Auftakt für ein unheimliches Ereignis werten sollte.

Dies war vorausgegangen: Ein Teil der amerikanischen Bomberflotte hatte unter anderem das Hauptkampffeld der Division angegriffen. Das konnten sie spielend tun, ohne Verluste zu befürchten, denn eine deutsche Luftwaffe gab es nicht mehr. Noch bevor die Amis ihren Angriff flogen, hatten ihre Infanteristen die vorderste Linie verlassen und waren nach hinten gegangen im Bewußtsein und in der Sicherheit, daß wir ihnen nicht folgen konnten. Denn um erfolgreiche Angriffe zu führen, waren wir schon zu schwach geworden: Verluste, Verluste, Verluste ... Nach dem Luftangriff besetzten die Amis wieder ihre Linien. War das Ganze nur eine Generalprobe gewesen, ein Test, ob wir ihnen folgen würden, ein Ausprobieren, ob sich deutsche Flugzeuge zeigen würden? Wollte man uns verunsichern? Fragen über Fragen...

Man nannte uns, die VB-Besatzung, die drei F: Führer, Funker, Fahrer. Wir saßen seit drei Tage in einem Bauernhaus, hatten unterm Dach unsere Beobachtungsstelle und hielten uns im Schlafzimmer auf. Nebenan im Wohnzimmer und in der Küche der Kate hauste eine Infanterie-Einheit.

Am nächsten Tag, frühmorgens, rief plötzlich der wachhabende Funker nach unten: 'Die Amis verlassen wieder ihre Löcher und hauen ab!' Ich spritzte nach oben und sah mir dieses Schauspiel zum zweiten Mal an: Doch diesmal setzten sie auch noch anschließend Christbäume. Das hatte ich an der Front noch nie erlebt. Denn das war das übliche Anfangszeichen für die Großangriffe auf unsere deutschen Städte! Ich sah auf die Uhr, es war 9 Uhr 30. Als ich vom Zifferblatt aufblickte, hörte ich lautes Motorengeräusch und dann das bekannte Pfeifen fallender Bomben, das dann in einem Gebrüll und in einem tosenden Lärm aufschlagender und explodierender Splitter und Teile endete. Das Haus fing an zu schwanken, aber unsere Arche hielt dem Sturm stand.

Als der Angriff vorüber war, stieg ich, wieder beobachtend, ins Dachgeschoß hinauf. Ich blieb eine Weile oben, bis ich am Horizont die nächste Welle der Bomber auf mich, auf unser Hauptkampffeld, zukommen sah.

Ich stieg schnell hinab und befahl: 'Sofort alle Läden im Haus zu und an die Wände mit erhobenen Armen gestellt! Die nächste Welle kommt!' Und da fielen auch schon wieder die Bomben rings um uns herum; der Lautstärke und dem Schwanken nach zu urteilen, mußten die Einschläge nicht allzuweit weg vom Haus gewesen sein. 'So ungefähr', dachte ich, 'muß es auf hoher See bei Windstärke zwölf sein!' Splitter krachten an die Fensterläden. Aber sie schlugen glücklicherweise nicht durch, und die Läden wurden auch nicht vom Luftdruck aufgedrückt. 'Pierunje, das kann ja heiter werden', sagte mein Fahrer, ein Oberschlesier.

Schon näherte sich das Motorengeräusch zum dritten Male! Und dasselbe Spiel setzte sich fort und wiederholte sich alle halbe Stunde. Inzwischen war es früher Nachmittag geworden. Unsere Arche stand zerzaust zwar, aber sie stand noch immer. Wir hatten in dem kleinen Flachkeller unter der Küche noch Eingemachtes entdeckt und taten uns an der Erfrischung gütlich. Für eine Weile hatten wir das Zählen der Angriffswellen aufgegeben – und das An-der-Wand-stehen auch. Mein Funker gab gerade einen seiner berühmten Lageberichte zum besten: 'Ich bin der Meinung, unser schönes Hauptkampffeld haben sie bald so zertöppert, daß wir es als Mondlandschaft zum Verkauf anbieten können', als es eine ungeheure Detonation gab, so als wäre eine Bombe im Wohnzimmer krepiert. Wir flogen ein Stück in die Luft, das Eingemachte flog uns aus den Händen, die Fensterläden wurden aufgestoßen, aber es wurde dadurch kaum heller, weil eine ungeheure Dunstwolke unser ganzes Schlafzimmer ausfüllte. Als wir die Augen wieder öffnen konnten, sahen wir ins Freie.

Eine Wohnküchenwand lag als Trümmerhaufen bis in die Stubenmitte gekippt. Einen darunterliegenden Landser erkannten wir nur noch an einem Bein. Wir zogen ihn, so schnell wir nur konnten, unter den Ziegelsteintrümmern hervor. Er war noch so benommen, daß er nicht sprechen konnte, zeigte aber mit drei Fingern auf den Trümmerhaufen, damit andeutend, daß noch drei seiner Kameraden unter den Ziegeln liegen müßten. Wir machten uns also an die Arbeit und buddelten mit den Händen wie die Wahnsinnigen, um möglichst bald ein Stückchen Stoff zwischen den Fingern spüren zu können. – Wir buddelten aber auch wie die Erlösten. Sechs Stunden irrsinniger Anspannung hatten wir hinter uns: Treffen sie oder werden wir verschont? Und nun löste sie sich in eine Entspannung der Tat. Und obwohl bald darauf noch einmal eine Bombe unsere ganze bisherige Arbeit ziemlich zunichte machte, blieben wir vor Ort und ließen uns von unserem Werk nicht abbringen. Endlich hatten wir die drei Landser von der Infanterie der Reihe nach herausgezogen. Sie lebten noch. Wir suchten nach etwas Alkoholischem, und als wir aus dem Keller zurückkamen, wurden wir mit entgeisterten Augen angesehen.

Mein Funker hatte wieder einmal die Situation schnell erfaßt, sprang die drei Stufen ins Schlafzimmer hinauf und schaute in eine Spiegelscherbe, die dort noch an der Wand hing. Auf einmal ertönte sein 'Wumba-wumba-rassa', so als ob er auf einem Kameradschaftsabend wäre. Er fing an zu tänzeln, drehte sich und konnte sich vor Lachen kaum noch halten, wobei er mit seinem rechten Zeigefinger auf uns zeigte und herausprustete: 'Schaut Euch 'mal im Spiegel an!' Dann kam er mit der Spiegelscherbe zu uns herunter und hielt sie uns vor Augen. Das sollten wir sein? Was war nur mit uns geschehen? So mußte es uns wohl passiert sein: Als die Druckwelle aus Staub und Dreck und feinen Ziegelteilchen uns erreichte, hatten wir ganz kurz vorher das Eingemachte ins Gesicht geschleudert bekommen, ohne daß wir das noch bemerkt hätten. Und nun hatte sich an dieser klebrigen Schicht die Staubwolke – wie eine Maske – darauf festgesogen! Wir sahen aus wie ein paar Geisterbeschwörer aus einem afrikanischen Kral. Wir dachten nicht mehr an die Bomben und ihre Explosionen. Überhaupt war es plötzlich ganz still geworden. Sollten die Amerikaner schon Feierabend gemacht haben?

Während wir noch versuchten, deutschen Landsern wieder ähnlich zu werden, erholten sich unsere geretteten Infanteristen langsam. Es herrschte eine allgemeine Aufbruchstimmung. Was sollte hier noch verteidigt werden und von wem? Wir hatten in einer Wüste überlebt: Bombentrichter an Bombentrichter; zusammengestürzte Häuser neben ausgebrannten; umgekippte Fahrzeuge, die nicht mehr zu gebrauchen waren – und 'umgekippte' Soldaten, die auch nicht mehr zu gebrauchen waren. Eine Totenstille legte sich über diese geschundene Erde und vollendete das Grauen. Es fiel keine Bombe mehr. Bei unserem kleinen Häuflein, das wie ein Wunder überlebt hatte, brach ein neues Lebensgefühl aus: Wir hatten das stundenlange Bombardement überstanden. Wir bekamen sogar Verbindung mit unserer Funkzwischenstelle und gaben durch, daß wir nun wohl am nächsten Tag mit dem Infanterie-Angriff der Amerikaner rechnen müßten, dem wir aber nichts mehr entgegenzusetzen hätten. Die Frontlinie des Hauptkampffeldes bestehe nicht mehr! Wir setzten uns in Richtung Süden ab, nahmen die Verschüttetgewesenen in unsere Mitte und zogen los.

Es war ein eigenartiger, fast unwirklicher, schemenhafter Rückzug. Daß die Schwerverwundeten zurückgelassen werden mußten, war nichts Außergewöhnliches mehr. Die leichter Verwundeten wurden mitgeschleppt, so gut es eben ging. Fahrbare Untersätze gab es nicht mehr. Und hätte es sie noch gegeben, wären sie durch die Bombentrichter nicht nach hinten durchgekommen. Alles bewegte sich müde und schleppend, elend und niedergeschlagen zu Fuß – und als die Sonne langsam blutrot unterging, strichen die Schatten unserer Körper wie dunkle Schemen entlang der Hecken.

Dieses Absetzen der Übriggebliebenen und Dahinstolpernden wurde zusätzlich gestört durch die seelisch Verwundeten, die das Bombardement nervlich nicht verkraftet hatten: Meist gingen diese Armen zwischen zwei Kumpels untergehakt einher. Aber es kam auch vor, daß sich der eine oder andere plötzlich mit ungeahnten Kräften losriß und laut schreiend und taumelnd im Zickzack über die Wiesen lief. Es mußte allerhand Geschick aufgeboten werden, um diese

Unglücklichen wieder einzufangen. Manchmal gelang es nicht – und wir mußten sie laufen lassen.

So krochen wir alle im lockeren Gänsemarsch oder in kleinen Grüppchen einher, alle Waffengattungen durcheinander gemischt, Infanteristen, Panzergrenadiere, Artilleristen, Pioniere, Fallschirmjäger, die hier zu Fuß, Lücken füllend, lückenbüßend, eingesetzt worden waren; die kümmerlichen Reste einer einst stolzen Division und zerfledderte, schnell in die Löcher der Front gestopfte, zusammen-gestoppelte Alarm-Verbände und letzte Rest-Einheiten.

Ich triftete eine ganze Weile allein an einer Hecke entlang, in Gedanken verloren, bis ich ganz leise eine kesse Melodie hörte, die langsam näher kam, so daß ich ihren Text etwas deutlicher verstehen konnte: '... und dann schleich ick still und leise immer an der Wand lang, immer an der Wand lang, heimwärts von der Bombenreise, immer an der Wand lang...'

Als ich mich umdrehte, sah ich einen kleinen, älteren Soldaten, der den Tarnanzug eines Fallschirmjägers trug. In der linken Hand schwenkte er einen mannshohen Stock und strich mit ihm in einem rhythmischen Zyklus an der Hecke entlang. Mit der rechten führte er einen Eselskarren.

Ich dachte zunächst einen Augenblick lang an den schlimmen Fall eines seelisch Verstörten, an einen, in dem sich der Wahnsinn schon eingenistet hatte; aber der ganze Auftritt war so gekonnt gespielt, der Text klar gesungen und ein Wort darin ganz bewußt verändert: 'Bombenreise' – so hatte er gesungen!

Fallschirmjäger: „Hallo, Leutnantchen, gehörst, wie ich sehe, auch zu den Übriggebliebenen! Man sollte es nicht für möglich halten, was so alles übriggeblieben ist!"

Hansheinzhorst: „Wie ich sehe, hast Du ja sogar Dein Fahrzeug behalten! Wer bist Du denn eigentlich?"

Fallschirmjäger (machte eine tiefe Verbeugung, so wie die Clowns sich im Zirkus vorstellen): „Ich bin ein Narr unter Narren mit einem Eselskarren, wie Du siehst!"

Danach gingen wir beide ein Stück schweigend nebeneinander her.

Hansheinzhorst: „Du scheinst erst frisch zu unserer Elitetruppe gestoßen zu sein?"

Fallschirmjäger: „Erst wollte ich mich in meinem Deckungsversteck vom Ami überrollen lassen, aber da hörte ich Geräusche, wie sie halt beim Marschieren entstehen. Ich dachte schon, 'Jetzt kommen meine Befreier!' – da sehe ich, daß die geballte Kraft der deutschen Wehrmacht immer noch munter unterwegs ist."

Hansheinzhorst: „Und was bewegte sich da in Deinem Herzen, Du Narr und Faschi?"

Fallschirmjäger: „Sehr gut ausgesprochen. Bitte immer so, ohne 'st' am Ende. Ich gehöre nämlich nicht zu den Gebräunten! Wie soll ich das beschreiben, was mich bewegte? Kannst Du mit dem fast verklungenen Wort 'Erbarmen' etwas anfangen?"

Hansheinzhorst: „Ungebräunt, wie auch ich zu sein pflege, halte ich es für sehr altmodisch, in einer modernen Hölle von Erbarmen zu reden."

Fallschirmjäger: „Wenn es nur ums Reden geht, hast Du recht! Ausüben muß man es!"

Hansheinzhorst: „Wie bist Du denn in Deinen Jahren zu den Fallschirmjägern gekommen?"

Fallschirmjäger: „Heldenklau macht's möglich! Die ersten Kriegsjahre war ich als Zivilist und beratender Psychotherapeut in Hermanns Reilumi (Reichsluftfahrtministerium): Hirngeschädigte Piloten und so! Heldenklau meinte, ich würde mich für eine Sanitätseinheit entscheiden. Er war ganz verdattert, als ich ihm sagte – wir hatten gerade einen üblen Nachtangriff hinter uns -, wenn ich jetzt und hier hochgehen soll, dann wolle ich lieber an der Front hochgehen! Er sah mich fragend an: 'Also Fallschirmjäger!' Zum Glück hatte er den Sinn meiner Worte nicht verstanden. Wortlos verabschiedete er sich von mir."

Hansheinzhorst: „Kesse Berliner Schlager singen – und Erbarmen üben, paßt denn das zusammen?"

Fallschirmjäger: „Oh ja, glänzend! Du bist für mich eine ausgezeichnete, noch lebende Bestätigung! Ein Narr, der unter beschwingter Musik mit einem Eselskarren das Zirkusrund betritt, hat doch fast immer sofort die Zuschauer auf seiner Seite!"

Hansheinzhorst: „Sie drehen sich gegebenenfalls zu ihm hin, um festzustellen, wer oder was denn da komme! Faschi! Einsatz Nummer Zwei!" (Erst drehte sich Hansheinzhorst um, danach der Fallschirmjäger.)

Fallschirmjäger: „Erst wollen wir einmal sehen, ob ich da überhaupt helfen kann!" (Zwei Soldaten stützen einen dritten und versuchen, ihn vorwärts zu schleppen.)

Fallschirmjäger (den Verwundeten ansprechend): „Mein Herr, hier ist das nicht bestellte Taxi! Zugegeben, es ist etwas klein ausgefallen, aber es hat den großen Vorteil, auch jetzt noch überall durchzukommen. Und es braucht und verbraucht vor allem keinen Sprit!" (Der Verwundete faßt sich vor Schmerzen an den abgebundenen Oberarm.) „Wo fehlt es denn?"

Soldat: „Ich kann vor Schmerzen den Arm nicht mehr bewegen! Überm Ellbogen ist die Stelle!"

Fallschirmjäger: „Jacke runter, Hemd runter! Das muß ich mir anschauen! – Ja, sind Sie denn noch bei Verstand? Springt der Kerl mit einem abgebundenen Oberarm durch die Gegend! Wo ist denn der Arm abgebunden worden – und vor allen Dingen: wann?"

Soldat: „Auf dem Hauptverbandsplatz nördlich von hier. Es muß einige Stunden her sein."

Fallschirmjäger: „Sie alter Selbstmordkandidat! Ach was! Sie sind doch noch ein ganz grüner, dummer Junge! Wie alt sind Sie denn überhaupt?"

Soldat: „Ich bin 18 – und daher nicht mehr grün und dumm! Schließlich bin ich HJ-Führer gewesen und habe mich freiwillig gemeldet!"

Fallschirmjäger: „Jetzt wird mir allerdings so manches klar!"

Soldat: „Ein Gefolgschaftsführer fällt dem Feind nicht freiwillig in die Arme. Er kämpft bis zum letzten Blutstropfen!"

Fallschirmjäger: „Auch das noch: Goebbels in der Normandie! Der fehlt uns gerade noch! Das heißt also, Du willst gar nicht in mein Taxi steigen, sondern hier an Ort und Stelle weiterkämpfen – oder? Also hör' mal zu, mein Kleiner ..."

Soldat: „Ich bin nicht Ihr Kleiner!" (Vor Schmerzen kommen ihm die Tränen.)

Fallschirmjäger (wechselt inzwischen die Abbindung, läßt durchbluten und verbindet neu): „Erstens quatschste nicht mehr so dußlich, zweitens biste hier Schütze Arsch und weiter gar nichts und drittens, bis Du wieder in die Reihe kommst, ist der Krieg lange aus. Zusatzfrage: Willst Du hier verrecken oder ...?" (Der Soldat schüttelt den Kopf.) „Na also! Jetzt setzt Du Dich ganz brav in mein Taxi, und dann fahren wir ab in Richtung Heimat. Ob oder wann wir dort eintreffen werden, das kann ich dir allerdings nicht im voraus sagen. – Leutnantchen, so ist das: Ein Esel vorne, ein Esel hinten und der dritte geht nebenher, hü! Leutnantchen, ich hab' jetzt, wie Du siehst, neue Pflichten. Das verstehst Du doch hoffentlich. Du gehst in Richtung Zwischenfunkstelle, und ich versuche, weiter hinten ein Frontlazarett ausfindig zu machen."

Hansheinzhorst: „Keine versteckten Entschuldigungen!"

Fallschirmjäger: „Das tat mir gut, das Gespräch mit Dir. Das hab' ich einfach einmal gebraucht!"

Hansheinzhorst: „Ganz meinerseits. Mach's gut und dann schleiche still und weiter so, ohne eins abzukriegen."

Fallschirmjäger: „Scheiße, daß das Attentat mißlang! Tschüß, Leutnantchen! Nein, weil Du es bist, sag' ich nach alter Weise: A dieu!"

Die Hecke, die uns bisher gut gedeckt hatte, verlief ostwärts von uns. Plötzlich gab sie den Blick nach links bis zur nächsten Hecke frei: Wie wir zurück, so gingen dort drüben die Amis, parallel zu uns, vor. Ihre Spitze hielt an, – Ausgangsstellung für morgen? – Zwischen den Hecken weiter vorzugehen, verbot ihnen die Dämmerung. Wir robbten das kleine Stück bis zur nächsten Hecke vor und kamen schließlich nach einer weiteren halben Stunde an unser Ziel.

200 Meter davor etwa mußte der Bombenteppich aufgehört haben. Es war kaum zu glauben, daß es noch zusammenhängende Wiesenflächen gab und Wege, die nicht von Bombentrichtern aufgerissen waren. Ich genoß dieses Wunder wie ein Himmelsgeschenk: Das Haus war noch unbeschädigt, der Duft bratender Hähnchen drang durch die Ritzen nach außen. – Aber das friedliche Bild trog natürlich. Über uns und über diese anscheinend so heile Welt flogen die Wellen der Funkgeräte durch den Äther, die neue Kommandos zum Angriff und zum Töten übermittelten und brutale Befehle durch die Luft jagten.

Funker: „Es tut mir leid, Herr Leutnant, Sie können leider nicht lange ausruhen. Es liegt ein Divisionsbefehl vor."

Hansheinzhorst: „Und was besagt der?"

Funker: „Das Hauptkampffeld ist durch alle einsatzfähigen Männer zu verteidigen und bis zum letzten Mann zu halten!"

Hansheinzhorst: „Kommt mir irgendwie bereits bekannt vor. Sie sehen: Nichts Neues unter der Sonne! Was noch?"

Funker: „Es sind kleine Kampfgruppen zu bilden, die strategisch wichtige Punkte so lange halten sollen, bis sie vom Gegner überrollt worden sind. Noch vorhandene Beobachter der Artillerie sollen von diesen Punkten aus feindliche Ziele bekämpfen. Sie, Herr Leutnant, sollen sich zur Unterstützung einer solchen Igelstellung auf der Höhe 105 einfinden. Ein Leutnant der Infanterie, Meincke, wird Sie hier mit seinen Leuten abholen."

Hansheinzhorst: „Und wann soll das nette Manöver beginnen?"

Funker: „Ich denke, nach dem Hähnchenschmaus. Auch ein kurzes Schläfchen kann noch angefügt werden. Gegen vier Uhr früh in der Morgendämmerung!"

Hansheinzhorst: „So ist das also: Am Anfang der Schlacht um die Normandie hatten wir den längsten Tag und heute zum Ausgleich die kürzeste Nacht."

–

Hansheinzhorst: „Gegen fünf Uhr waren wir oben auf dem kleinen Hügel, der von einem Gut gekrönt wurde: Leutnant Meincke mit fünf Mann und wir drei F. 'Alle Neune', dachte ich. Das kann ja gut werden! Nach Norden wurde das Gut von einer halbverfallenen Mauer geschützt, die auch uns hervorragenden Schutz dem Feinde gegenüber bot. Hier trafen wir einen Major, der seine Panzergrenadiere hinter der Mauer in Stellung gebracht hatte. Acht waren es – also nochmals: 'Alle Neune!' Wenn das kein gutes Omen war!"

Major: „Jetzt haben wir sogar noch Artillerie zur Verstärkung. – Können Sie schießen?"

Hansheinzhorst: „Ich lasse gerade Verbindung herstellen. Hoffentlich klappt sie. Ich habe in unserer Zwischenstelle übernachtet. Aber von hier oben bekommen wir vielleicht direkt Verbindung zur Feuerstellung. Das wäre natürlich 'ne Wucht!"

Funker: „Ich habe Verbindung zur Batterie!"

Hansheinzhorst: „Die Batterie soll in Feuerbereitschaft gehen. Feuerbereitschaft melden!"

Major: „Großartig! Da können wir ja etwas unternehmen, ohne daß der Feind uns bemerken kann. Also – in dem Wald hier vor uns habe ich vor einigen Minuten, – kurz bevor Sie kamen -, Geräusche von Kettenfahrzeugen gehört. Es ist möglich, daß der Amerikaner im Wald Bereitstellung zu einem neuen Angriff bezieht. Diese sollten wir ihm ein wenig vermiesen. Ich schlage vor: Gemischtes Störungsfeuer, – Feuerüberfälle im Wechsel mit Einzelfeuer."

Hansheinzhorst: „Ich hoffe wir haben genug Munition!" (Zum Funker:) „Munitionsbestand?" (Ich fing an zu sinnieren.) „Ein Major, ein Leutnant und 13 Mann – war das der Rest eines Bataillons? Nach dem gestrigen Tag durchaus möglich! Und was sollten und wollten sie hier oben, wenn ich nicht greifbar gewesen wäre?"

Funker: „Herr Leutnant können schießen, soviel Sie wollen. Es ist jede Menge Munition da. Die Feuerstellung bekommt ständig neue vom nahegelegenen Munitionslager, das geräumt werden muß!"

Am späten Vormittag erhielt der Major mit seinen Männern dann den Befehl zum Absetzen. Die Amerikaner waren westlich Saint Lò durchgebrochen, und den noch, mit Front gen' Norden kämpfenden deutschen Resten drohte so der Rückzug abgeschnitten zu werden. Ich befahl, weiterhin Störungsfeuer zu schießen und setzte mich ebenfalls, zusammen mit den Panzergrenadieren, ab. In einer Häusergruppe am Fuße des Hügels trennten wir uns. Der Major ging in Richtung seines Regimentsgefechtsstandes, und ich mit den beiden F in Richtung Feuerstellung. Es wurde für uns ein langer Weg zu Fuß. Das Dorf, in dem die Zwischenstelle untergebracht war, umgingen wir. Es mußte wohl inzwischen von den Amerikanern eingenommen worden sein, denn es hatte keinerlei Verbindung mehr zur Zwischenstelle gegeben. So hieß es also, mehr oder weniger, über den Daumen ins Blaue, oder, genauer gesagt, ins Grüne hineinzulaufen.

Es war ein glücklicher Umstand, daß hier in der Normandie nach allen Himmelsrichtungen Hecken liefen, die besten Sichtschutz gaben. Unser Marsch verlief stundenlang unangefochten an Wiesen und Feldern entlang. Es ging anscheinend durch Niemandsland. Selbst das Überqueren von Wegen und Straßen gelang unbemerkt. Wir trafen weder auf französische Zivilisten noch auf amerikanische oder deutsche Soldaten. Am Nachmittag gelangten wir in einen lichten Wald, der langsam anstieg und später dichter wurde. Das einzige, was uns quälte, war ein Bärenhunger und die Last des Tournisterfunkgerätes, das wir abwechselnd trugen.

Plötzlich hörten wir Geräusche wie von einem anfahrenden Fahrzeug, dessen Räder sich schwer von der Erde lösten. Von Gestrüpp und Büschen gedeckt, pirschten wir uns weiter nach vorn. 'Wo Fahrzeuggeräusche sind, müssen auch Menschen sein', dachten wir. Aber was für welche? Amerikaner, Franzosen, Deutsche? Plötzlich ertönte eine grantige Stimme in voller Lautstärke. Aber sie war noch zu weit weg, um sie richtig einordnen zu können. Erst als wir noch ein Stück näher gekommen waren, konnten wir den Besitzer dieser unnachahmlichen Dialektstimme ausmachen. Es war Oberfeldwebel Kraftmaier von der Stabsbatterie, der damit seine Männer zu schnellerer Gangart antrieb.

Kraftmaier: „Himmikruzitürkenviecher seid's! Dawei, dawei! Wollt's Ihr Euch wohl beeilen! Wartet's nur ab, gleich werden die Amis aus dem Wald kommen, und dann werdet's schauen wie ein paar Ganter, wenn's blitzen tut!"

3°)F: „Und nun tönten wir vom Waldrand her: Dawei, dawei, Germanski, rucki werch!"

Kraftmaier (Er und seine Leute fuhren zusammen, hoben die Arme hoch und drehten sich dem Waldrand zu: Aus deutschen Uniformen sprach es russisch, und man rechnete doch mit Amerikanern! Nun winkten wir schwingend mit den Armen und riefen: '3 F, 3 F, 3 F.') „Jo, mai! Drei Dutzend Klöß' eß ich auf einmal! Ja, was is' denn dös? Drei Totgeglaubte sind auferstanden!"

Hansheinzhorst: „Schimpfen können Sie immer noch unübertroffen, Kraftmaier! – Aber Sicherungen aufzustellen, auf diese Idee sind Sie nicht gekommen!"

Kraftmaier: „Na, sowas, die 3 F vollständig, zu dritt, mit Funkgerät, leibhaftig und unverwundet. Selbst der Kommandeur hatte Euch schon abgeschrieben! Und da tretet Ihr wie eine Gespensterdrei aus dem Wald heraus!"

Hansheinzhorst: „Ich möchte mit Ihnen ein Geschäft machen, Kraftmaier: Wir tun Euch nichts, dafür tut Ihr etwas für uns!"

Kraftmaier: „Ich hoffe wir können Ihnen Ihren Wunsch erfüllen!"

Hansheinzhorst: „Mampfen wollen wir, denn wir haben einen Bärenhunger! Und darüberhinaus möchten wir, daß Sie uns auf Ihren Fahrzeugen zum neuen Abteilungsgefechtsstand mitnehmen. Schließlich sind wir kein Infanterieverband, und gelaufen sind wir heute wahrlich genug. Hoffentlich gibt es dann von dort aus eine Fahrgelegenheit zu unserer neuen Feuerstellung."

Kraftmaier: „Übrigens, sind Sie vorsichtig, Herr Leutnant, wenn Sie Ihrem Alten begegnen. Er hat eine Stinkwut auf Sie, natürlich völlig unberechtigt. Er konnte von seiner B-Stelle kein Ziel anpeilen und deshalb auch nicht schießen. Sie wissen es selbst: alles topfeben!"

Hansheinzhorst: „Dann hätte er rechtzeitig ein paar Maulwürfe einsetzen müssen, die ihm ein kleines Hügelchen hätten aufwerfen können."

Kraftmaier: „Er mußte Ihnen die ganze Schießerei überlassen."

Hansheinzhorst: „Immer gab es nur ein paar Schuß, wenn ich bisher auf VB war. Endlich hat es sich einmal gelohnt, in doppelter und dreifacher Hinsicht, vorne gewesen zu sein. -"

Kraftmaier: „Wir sind abfahrbereit, Herr Leutnant! Und hier haben Sie Marschverpflegung für drei Mann als Dank, daß Sie uns nicht umgelegt haben!"

16

„Hans im Glück"?:

Kino ohne Briketts – Flucht ohne Rückkehr

Xantri betritt das Krankenzimmer und nähert sich Hansheinzhorsts Bett.

Xantri: „Du siehst heute so munter, so zufrieden, fast glücklich aus!"

Hansheinzhorst: „Ich bin mit Gedanken aufgewacht, die ich hier noch nie gedacht habe. Ich sah mich auf einmal nicht nur als Hansheinzhorst, sondern als 'Hans im Glück'!"

Xantri: „Das sind allerdings erfreuliche, fast toll zu nennende Gedanken."

Hansheinzhorst: „Ja! Mein Goldklumpen, mein Abitur, mit dem ich etwas ganz anderes vorhatte, hat sich mehrmals in andere Berufe verwandelt; Berufe, an die ich niemals gedacht hatte: Arbeitsdienstmann, Soldat, junger Krieger, Frontstudienurlauber, alter Krieger, Offizierssoldat und Batterieführer, Kriegsgefangener, Heimkehrer, Buchhändlerlehrling, Päckchenpacker, Adressenschreiber, Gesundheitsgeschädigter – bis schließlich der Schleifstein in den Brunnen fiel: Arbeitslos! Und warum diese Berufe-Orgie? Nur, um Dich zu finden!"

Xantri: „Das hast Du wunderschön gesagt. Aber ähnliche Gedanken sind mir nicht neu. Ich freue mich darüber, daß Du nun auch so positiv denken kannst, wie ich schon vor ein paar Tagen gedacht habe. Weißt Du, als ich an Mutters Grab stand, mutterseelenallein, da überfiel es mich: 'Soll das der Sinn Deines bisherigen Lebens gewesen sein, die Flucht aus Ostpreußen in Eis und Schnee, Endstation Studienburg, um Mutter hier zu begraben?' Da regte sich in mir ein positiver Gedanke: 'Jetzt hast Du die Vergangenheit beerdigt, jetzt gibt es nur noch Zukunft für Dich!' – Zukunft mit wem? Mit ihm? Mit Dir?"

Hansheinzhorst: „Da waren wir uns in Gedanken – wenn auch getrennt – sehr nahe!"

Xantri: „Als ich an einem der nächsten Tage einen gründlichen Hausputz unternahm, wurde mir langsam wieder besser. Die bessere Stimmung hielt auch an, als ich die alte, gewendete Treppe zum zweiten Stock herunter putzen mußte: Flur- und Treppendienst. 'Wir werden wohl sehr bald Wege gehen müssen, die uns nicht gefallen werden. Aber auch solche Wege sind Gottes Wege. Wenn uns die Stunde schlägt, sollten wir sie getrost gehen – 'und auch wischen', fügte ich den beiden Sätzen hinzu, die aus der Abschiedspredigt unseres Dorfpfarrers waren, bevor die Flucht begann. Wieder bei uns im dritten Stockwerk angekommen, erinnerte ich mich an die Geschehnisse auf der Flucht: Getrost gehen. – Und die, die am Wege liegenblieben, den Weg nicht zu Ende gehen konnten? Ich bin eine, die den Weg zu Ende gehen durfte. Wieso, warum? Wo blieb Gottes Gerechtigkeit? Bei diesen Worten hatte ich den Scheuerlappen ganz ausgewrungen, kein Tropfen fiel mehr in den Eimer. Aber feucht blieb er, so wie Gottes Gerechtigkeit unergründlich – und wenn man sie noch so auswrang. Da war es doch mit Gottes Schöpfung einfacher, handgreiflicher: Er schuf den Menschen sich zum Bilde, einen Mann und eine Frau.

Da klingelte es, und herein trat ein Mann: Aber es war leider nur der Beamte vom Wohnungsamt, der sich noch einmal meine Gemächer ansehen wollte. Er machte sich eine Notiz und sagte: 'Für eine Person allein zu groß geraten, leider.' Lächelnd fügte er hinzu: 'Ein Mann muß her.' Das sagte er so, als ob man nur in den nächsten Park gehen bräuchte, um sich eine Bank zu suchen, worauf schon einer sitzt."

Hansheinzhorst: „Aber so war es doch dann auch!"

Xantri: „Ja, meinst Du denn, in diesem Augenblick hätte ich an die Worte meines Wohnungsbeamten gedacht? Du warst doch nur noch ein kleines Stück Mann, ein Häufchen Elend, das mit einer Ironie sondergleichen, fast schamhaft, seinen Zustand verdecken wollte: Zarah und Leander und so! Weißt Du das noch?"

Hansheinzhorst: „Und was ist aus dem Häufchen Elend geworden, – dank Deiner Pflege?"

Xantri: „Ein Mann, den man wieder lieben könnte, es sei denn, er ist rasiert, und für den ich noch eine Überraschung habe!"

Hansheinzhorst: „Hilfe! – Schon wieder eine Überraschung! Es kann doch gar keine mehr geben: Eine Frau muß her, ein Mann muß her; verlobt sind wir: das Aufgebot ist bestellt; nächste Woche wird standesamtlich geheiratet und anschließend kirchlich! Ja, was denn noch für eine Überraschung?"

Xantri: „Es brechen bessere Zeiten an!"

Hansheinzhorst: „Ach! Und woran hast Du das erkannt? Und wo?"

Xantri: „Gestern im Kino! Ich hatte Dir doch gesagt, daß ich endlich einmal etwas anderes sehen muß als Krankenhaus, Schule und Haushalt. Diese Mühle mußte ich wenigstens einmal durchbrechen. Und es lockte mich, den Film: 'Ferien vom Ich' noch einmal anzusehen, den ich im Herbst '44 – noch daheim – zum ersten Mal gesehen habe."

Hansheinzhorst: „Du, den kenne ich auch. Den kann man gut als 'Durchbrecher' gebrauchen!"

Xantri: „Ich war ganz überrascht von einer verkürzten Eingangsliturgie. Die Eintrittskarte mußte man zwar wie bisher kaufen, aber die Brikettabgabe entfiel! Trotzdem war das Filmtheater verhältnismäßig gut warm. Wenn das kein Fortschritt ist!"

Hansheinzhorst: „Da kann ich Dir nur beipflichten. Tolle Aufstiegsjahre, Wirtschaftswunderzeiten sehe ich herbeikommen!"

Xantri: „Und mein Privatbestand an Briketts hat sich wieder um drei vermehrt!"

Hansheinzhorst: „Du wolltest mir doch heute von der Flucht mit Deiner Mutter erzählen!"

Xantri: „Diese Wochen werden mir wohl ein Leben lang in Erinnerung bleiben, obwohl ich jetzt der Meinung bin, dieses Stück Vergangenheit mit Mutters Tod überwunden zu haben. Ich denke zumindest genauso oft an eine Zukunft mit Dir!"

Hansheinzhorst: „Seit Du mich rasiert hast, denke ich ebenso!"

Xantri: „Mutter sprach mit dem Verwalter, um einen Treck zusammenzustellen. Ich stand daneben und hörte zu. Mutter wollte unbedingt am Ende des Trecks fahren, der Verwalter sollte ihn führen. Der aber meinte, es sei besser, wenn Mutter vorausfahre und Quartier mache. Ich war mir nicht darüber im klaren, welche Gründe er dafür hatte. Mutter gab schließlich nach und fuhr mit mir voraus. Nach etwa 15 Kilometern kamen wir an einen Ort, in dem meine Eltern Bekannte hatten – und wirklich traf nach längerer Zeit dort auch unser Treck ein. Alles war gut vorbereitet, aber auch die Bekannten waren bereits am Packen. Am nächsten Morgen gab es wieder eine planmäßige Abfahrt, aber eine Weile hinter dem Ort mündete eine Straße, die von Norden her in unsere einbog. Und auf dieser bewegte sich ein Treck hinter und neben dem anderen. Wie sollte sich hier unser eigener Treck einfädeln? Wir fuhren einen Doppelsitzerschlitten, und Mutter scherte bei Gelegenheit aus der Kolonne aus, und wir sausten über Wiesen und Felder neben der Straße her, bis wir an einen Ort kamen, in dem Mutters Cousine wohnte. Auch hier war alles im Aufbruch – und diesmal warteten wir vergebens auf unseren Treck. Zurückfahren am nächsten Tag und den Treck suchen? Mutters Leiden, eine Bronchitis, die nicht nur bei Kälte, sondern auch bei Aufregungen ausbrach, riet zur Weiterfahrt. Am nächsten Tag schafften wir bei größter Anstrengung noch einmal zehn Kilometer. Aber dann verließen Mutter die Kräfte. Wir fanden schließlich Unterschlupf in einem Bauernhaus. Mutter hatte wohl über 40 Grad Fieber. Wir konnten also nicht mehr weiter. Es vergingen Tage um Tage. Das Fieber sank nicht; die Bronchitis war wohl zu einer Lungenentzündung geworden. Es gab keinen Arzt in der Nähe. Auch unser Treck kam nicht vorbei. Er war wohl eine andere Route gefahren oder war von dieser Straße abgedrängt worden. In einer Nacht waren dann Schlitten und Pferde vom Hof verschwunden. Die Russen hatten inzwischen Ostpreußen eingekesselt. Es gab nur noch eine Flucht übers Meer.

Als es Mutter endlich etwas besser ging, schlugen wir uns nach Pillau durch. Mit einem Schiff gelangten wir schließlich bis Stettin. Mutter hatte auf dem Schiff einen Rückfall bekommen, der Schiffsarzt behandelte sie, so gut er es behelfsmäßig konnte. Zum Glück bekamen wir nach der Landung ein Notbett in einem Krankenhaus, freilich nur mit einer Gegenleistung – und die war ich. Viele Schwestern waren nach Westen geflohen, und ich mußte eben aushelfen, so gut ich es mit meinen bisherigen Kenntnissen konnte. So aber blieb ich in Mutters Nähe und konnte ihr helfen.

So erlebten wir die Einnahme Stettins durch die Russen, die Kapitulation im Mai '45 und später die Bildung der sowjetisch besetzten Zone. Als es Mutter besser ging, half sie in der Küche des Krankenhauses, weil man mich als Pflegekraft wohl nicht hergeben wollte. So blieben wir wenigstens bei Kräften.

Mutter setzte nun alles in Bewegung, damit wir in eine der Westzonen übersiedeln konnten. Wie sie dabei gerade auf Studienburg kam, das weiß ich nicht. Jedenfalls, nach langem

Warten, gelangten wir mit einem Umsiedlertransport hierher. Jetzt weiß ich auch, warum Mutter Studienburg wählte."

Hansheinzhorst: „Aha, Du spielst auf mich an?"

Xantri: „Natürlich! Schließlich hast Du vorhin gesagt: 'Und warum das alles? Nur um Dich zu finden?'"

Hansheinzhorst: „Und wie fand Euch Philipp?"

Xantri: „Hier ist sein Bericht:

'Mein Pferd hatte ich bei der nahen Wildraufe zurückgelassen und fand es dort auch in einigermaßen guter Verfassung vor. Ich ließ es sich erst ein wenig warm tänzeln und hin- und herspringen, dann schwang ich mich auf seinen Rücken – und wir ritten durch die schneehelle Nacht nach Westen, immer nach Westen. Bald überließ ich meinem Pferd die Führung, denn ich hatte weder Karte noch Kompaß. Glücklicherweise hörte es wieder auf zu schneien. Wie lange wir geritten sind, weiß ich nicht...

Plötzlich wurden wir auf Deutsch angerufen: Eingeschneite Häuser und eine kleine Gruppe Soldaten, die hier anscheinend sicherten, nahm ich wie gespenstisch wahr. Etwas später erkannte ich auch einige Panzer. Ich antwortete auf Deutsch, daß ich aus dem Niemandsland käme und froh sei, deutsche Linien erreicht zu haben.

Zwei Soldaten führten mich in den Gefechtsstand. Eine wohltuende Wärme schlug mir entgegen. Der Kommandant, wie ich tagelang nicht rasiert, fragte mich barsch, woher ich käme und wie ich heiße. Ich nannte den ostpreußischen Ort und meinen französischen Namen: Philipp Marchand; ich sei Kriegsgefangener und auf der Flucht vor den russischen Truppen. 'Philipp Marchand' ertönte es aus dem einen Stoppelbart. 'Ich habe mit einem Studenten gleichen Namens Anfang der dreißiger Jahre in Paris studiert.'

'Ulrich – Ulrich Riemann?' – 'Ja, der bin ich!'

Hier im untergehenden Ostpreußen sahen wir uns wieder, und wir wollten einst doch ein friedvolles, besseres Europa schaffen... Wir blieben beieinander, Tage um Tage. Ich kämpfte mit Ulrich zusammen. Wo sollte ich auch hin?

Bald bekamen wir keinen Sprit mehr. Erst wurden die Panzer, später die anderen Fahrzeuge gesprengt. Mein Pferd wurde für uns alle unentbehrlich. Ich holte mit ihm Nachschub heran, machte Botengänge, brachte Verwundete nach hinten und wurde – im Untergang – fast ein deutscher Landser. Ich trug wie sie winterliche Tarnkleidung, teilte mit ihnen die kümmerliche Verpflegung und das Leid eines trostlosen Rückzuges. Wohin?

Wir wurden immer mehr nach Norden abgedrängt und wußten schon seit längerem: 'Der Kessel ist zu, niemand kann mehr nach Westen durchkommen!' Schließlich wurden wir zum Schutz der Halbinsel Hela befohlen. Und dann kam für mich das Aus. Bei einem Tieffliegerangriff erwischte es mich. Ulrich wollte mich unbedingt auf ein Lazarettschiff bringen. Aber das gelang ihm nicht, weil ich wahrheitsgemäß angab, ich sei ein französischer Kriegsgefangener. 'Hier auf dieses Schiff kommen nur Deutsche hinauf, keine Franzosen, keine Polen, keine anderen, nur Deutsche, verstanden?' Und daran kam auch Ulrich nicht vorbei.

Er machte mit mir kehrt, verschaffte mir von einem Gefallenen ein Soldbuch, vergewisserte sich, daß dieser auch eine Erkennungsmarke bei sich trug, massierte das Foto mit Schnee und gab mir beides mit den Worten: 'Hier hast Du Deine Eintrittskarten für eine Schiffsreise nach dem Westen.' Sie verfehlten ihre Wirkung nicht. Bei nächster Gelegenheit kam ich ohne Schwierigkeiten als Unteroffizier Braun auf ein weiteres Lazarettschiff. Mein rechter Oberarm war bei der Verwundung arg mitgenommen worden, Fleisch war weggefetzt worden und der Knochen stark ramponiert. Ich bekam einen Stukaverband mit einem vom Oberkörper abgespreizten Arm, der mit einer Stütze vom seitlichen Oberkörper aus gehalten wurde, so wie bei Sturzkampfflugzeugen die Flügel vom Rumpf aus zusätzlich abgestützt werden.

Meinen Kegel hatte ich noch immer bei mir. Erst hatte ich ihn in die Satteltaschen meines Pferdes gesteckt, dann in die Innentasche meines Tarnanzuges – und nun sollte ich ihn hergeben. 'Was schleppen Sie denn da für einen Kegel mit sich herum? Wollen Sie den etwa mit in die Heimat nehmen?' Und als ich nicht antwortete, fügte er hinzu! 'Soll ich ihn etwa mit einbinden?' – 'Ja, ich bitte darum.'

Er sah mich an, als ob nicht nur mein Arm, sondern auch mein Kopf verwundet worden wäre. 'Ich brauche ihn noch! Hier!' – und ich hielt dem Sani meine letzten Zigaretten hin, während seine Augen nach links und rechts wanderten. Sie sahen keinen Arzt in der Nähe. Blitzschnell steckte er die Zigaretten ein und wickelte den Kegel in die Verbandsstütze, schüttelte dabei den Kopf und murmelte: 'So etwas Groteskes habe ich auch noch nie getan! Nun ja, ein bißchen verrückt ist wohl jeder in diesen Tagen. Ein bißchen bis ganz schön. Die Hauptsache, Sie kommen durch, Herr Unteroffizier!'

Je mehr ich Unteroffizier Braun wurde, desto mehr rücktest Du von mir fort, obwohl ich Dich, den Kegel meine ich, durch den Verband auf meinem Körper spürte. Manchmal drücktest Du mich ganz schön in meine Rippen. Dann dachte ich, wo Du jetzt wohl sein würdest? Dann dachte ich wieder: 'War die Liebe zwischen uns nicht nur ein Abenteuer, ein Strohfeuer, ein Traum?' Würden wir uns überhaupt jemals wiedersehen? Und wo? Würde meine Irrfahrt in Frankreich enden können? Und wo die Deine? In Deutschland? Würde es dann noch ein Deutschland geben?

Aber suchen würde ich Dich und Deine Mutter. Denn der Kegel war ja nicht nur eine Botschaft für Dich, sondern auch für Deine Mutter. Ich allein und der Kegel würden eines Tages Dir und Deiner Mutter die Botschaft von einem Toten überbringen, einem Toten, der sonst vermißt geblieben wäre.'

Mutter hatte die Umstände vom Tode meines Vaters nicht mitbekommen. Philipp und ich hatten gewartet, bis sie ein wenig eingenickt war. Als sie wieder aufwachte, sprach Philipp von Erschöpfung und Herzstillstand, und daß er den Toten, weil die Erde gefroren war, in Schnee eingepackt und unter seiner Lieblingsbank begraben habe.

Mir war die Obhut und Pflege meiner Mutter aufgegeben, Philipp ging seinen ihm vorgeschriebenen Weg: Er hatte inzwischen sein Studium abgeschlossen und arbeitete für ein befriedetes Europa.

Ulrich blieb verschollen wie Tausende von deutschen Soldaten, die bis zum Umfallen gekämpft hatten, um möglichst vielen Frauen, Kindern und Alten die Flucht zu ermöglichen."

Hansheinzhorst: „Und Du, Du hattest keine Gefühle mehr für Philipp?"

Xantri: „Du mußt bedenken: Ich, – wir waren drei Jahre älter geworden – und in was für Jahren! Ich war kein Teenager mehr und Philipp kein heißbegehrender Twen. Zwar hatte er mich lange, lange Zeit durch das Schweizer Rote Kreuz suchen lassen; aber Gefühle und Zuneigung füreinander stellten sich bei uns nicht wieder ein. Den Kegel mit dem A aber ließ er bei mir für mich zurück."

Hansheinzhorst: „Werde ich den Kegel sehen dürfen?"

Xantri: „Nein! Ich habe ihn eingepackt und in den hintersten Winkel des Kleiderschrankes getan. Der Kegel trägt noch immer dunkle Flecken. Vergeblich habe ich mich bemüht, sie zu entfernen. Der Kegel ist ein Stück Vergangenheit und soll unsere Zukunft, unsere gemeinsame Zukunft, nicht stören. Jetzt bin ich nicht mehr Alexandra. Jetzt bin ich eine Xantri, Deine Xantri! Wir brauchen einen Kegel mit X! Ach, was sage ich da? Wozu benötigen wir einen Kegel, wenn die Bahn dazu fehlt! Das Wichtigste ist doch, daß das X der dritte Buchstabe des Alphabetes ist, – von rückwärts gelesen. Da muß ich Dir doch einfach Glück bringen, Hansheinzhorst! Ich bin doch keine normale Frau, sondern Deine dreifache Wunschfrau: Ich bin antragsberechtigt, bin Deine Darlehenserhalterin und -verwalterin und – last not least – Deine Kioskbesitzerin!"

Hansheinzhorst: „Und wo bleibe ich? Ich komme in Deiner Aufstellung überhaupt nicht vor!"

Xantri: „Sage das nicht so leicht und unüberlegt daher, dahin, davon! Laß mich erst einmal ausreden. Du bist dann mit Fürsorge und Liebe – beides natürlich in erster Linie geschäftlich – mein mich umärmelnder erster und einziger Gehilfe, natürlich kranken- und rentenversichert —- und letztendlich bist Du auch noch meine Wohnung rettender und erhaltender Ehemann!"

Hansheinzhorst: „Sage einmal, bist Du am Überschnappen?"

Xantri: „Und wenn ich es wäre? – Dann nur vor Freude – in drei Tagen in Deinen Armen liegen zu können." (Als Hansheinzhorst sie umärmeln will, aus ebensolcher Vorfreude): „Halt, hier ist das Wartezimmer! In drei Tagen habe ich gesagt – vergiß das nicht! Auch wenn die Sprechstunde vorbei ist, sonst könnten wir ja gar nicht hier sitzen – die Putzfrau wird bestimmt gleich kommen. Sie ist pünktlich, wie ich sie kenne!

Übrigens, die Behandlungszimmer sind drei Türen weiter. Aber der beste, der schönste Behandlungsraum ist natürlich bei mir, in meiner Wohnung."

Hansheinzhorst: „In Deiner Wohnung?"

Xantri: „Ich meine natürlich – in drei Tagen ist sie es ja – in unserer Wohnung."

Hansheinzhorst: „Also Zukunftsperspektiven sind das! Da bemühe ich mich nun schon, solange ich hier eingeliefert worden bin, Dich zu verstehen. Aber ein Mann wird wohl nie aus einer Frau richtig schlau, richtig klug werden!"

Xantri: „Sagtest Du nicht: Aus dem Geschehen in der Normandie bist Du ebenfalls nicht klug geworden? Und das haben schließlich die Männer angerichtet!"

Hansheinzhorst: „Die Normandie, die Schlacht in der Normandie, war weder weiblich noch männlich, sie war unmenschlich. Sie war eine entsetzliche Metzelei.

Ende Juli '44 dachte ich damals, eine Steigerung von Untergang wäre doch wohl nicht mehr möglich. Aber dann gab es sie doch, zumindest für mich: im Kessel von Falaise!"

17

Der Kessel von Falaise:

Kesseltreiber – Kesselfleisch, eingekesselt – ausgekesselt

Hansheinzhorst: „Die geschlossene Normandiefront war durchbrochen und bestand nur noch bruchstückhaft, Xantri. Mein linkes Bein schmerzte ununterbrochen. Der Oberschenkel schwoll immer mehr an und faßte sich heiß und prall an. Ich konnte kaum noch stehen, gehen oder sitzen. Ich mußte mich als VB ablösen lassen.

Ich ließ meine Bitte zur Feuerstellung funken und hinzufügen, daß ich nicht mehr einsatzfähig sei. Die Genehmigung kam, und ich fuhr nach hinten.

Im Haus hinter der Feuerstellung traf ich den Batteriechef an, der mich ins Nebenzimmer zum Sanitäter schickte, während mich der Batterieoffizier vorn ablöste.

Die Lage war verwirrend geworden: Die Division, beziehungsweise ihr Rest, wußte wohl anscheinend selbst nicht mehr, in welche Richtung geschossen werden sollte; oder waren wir gar schon von drei Seiten herum eingeschlossen worden; und wir schossen abwechselnd nach Westen, Süden und Norden? Der Chef hatte keine B-Stelle mehr bezogen. Nach welcher Seite sollte er auch beobachten? Er grübelte darüber nach, wohin er beim nächsten Stellungswechsel seine Batterie verlegen sollte. Oder – gab es vielleicht gar keinen mehr?

'Wissen Sie, daß Sie ein Selbstmordkandidat sind, Herr Leutnant, wenn Sie noch länger so herumlaufen? Ihr Oberschenkel muß heute noch aufgeschnitten werden, sonst gibt es Blutvergiftung. Wobei ich mir anzumerken erlaube: Mit einem amputierten Bein sind Sie bestimmt nicht mehr kv!'

Der Chef hatte eine Lagemeldung erarbeitet, die er aber wegen einer zerstörten Fernsprechleitung und einem ständig gestörten Funkverkehr nicht an die Abteilung absetzen konnte. 'Lassen Sie sich in meinem Kübelwagen zunächst zum Hauptverbandsplatz bringen. Mein Fahrer soll dann allein zur Abteilung weiterfahren, kurz die Lage schildern, Sie weisen ihn während der Fahrt ein, und er soll dann neue Befehle mitbringen. Und weisen Sie vorher auch noch den ersten Zugführer als Batterieoffizier ein!'

Vor dem Hause rief und winkte ich den Zugführer herbei und wollte ihn einweisen. In dem Augenblick krachte ein Feuerüberfall in unsere Stellung, daß die Fetzen nur so flogen, denn einige Granaten krepierten auch in den Bäumen. Ich wollte mich hinwerfen, schrie aber vor Schmerzen auf, weil mein linkes Bein die Bewegung nicht mitvollziehen konnte. Ich wippte irgendwie zurück in meine Ausgangslage, während die Splitter um mich herumzischten. Der Zugführer hingegen hatte sich 'ordnungsgemäß' hingeworfen, stand aber nicht wieder auf. Ich rief ihm zu: 'Der Feuerüberfall ist vorbei!' Aber er rührte sich nicht. Der Sani war aus dem Haus gekommen und drehte ihn auf den Rücken. Da sahen wir die ganze Tragik. Er, der sich 'ordnungsgemäß' hingeworfen hatte, hatte einen Splitter in den Kopf erhalten, und ich, der ich mich nicht hinlegen konnte, war unverwundet geblieben. Der Zugführer lebte noch. Nun wurden wir beide in den Kübel eingeladen, während sich der Sani um weitere Verwundete und Tote bemühte.

Ich biß nicht nur vor Schmerzen auf die Lippen. Mir ging immer nur die eine Zeile des Liedes vom guten Kameraden durch den Sinn, das ich schon so manches Mal in den zurückliegenden Kriegsjahren mitgesungen hatte: 'Er lag an meiner Seite, als wär's ein Stück von mir!'

Da der Cheffahrer schon in den letzten zwei Tagen Verwundete zum Hauptverbandsplatz gebracht hatte, wußte er in etwa Bescheid, wo er seine Fracht abzuladen hatte. Ein schrecklicher Anblick erwartete uns dort: Rings um eine Schule, – danach jedenfalls sah das Gebäude aus -, lagen, teils auf Stroh, teils auf der blanken Erde, die Verwundeten. Es stöhnte und jammerte, wimmerte und schrie. Drinnen wurde anscheinend operiert und behandelt. Ein Sani kam heraus: 'Was wollt Ihr denn hier, wo wir doch schon beim Verlegen sind? Der Chef hat seit heute früh pausenlos operiert. Er wird wohl vor seiner nächsten Operation erst einmal Luft schöpfen müssen. Fragen Sie ihn, wenn er herauskommt!' Mein Fahrer hatte alles mit angehört, stellte den Motor ab und wartete. Die Antwort erhielten wir dann sehr schnell. Der Zugführer war auf der Fahrt nach hier gestorben, und zu mir sagte der Arzt: 'So laufen Sie noch an der Front herum? Aber schneiden kann ich Sie trotzdem nicht, obwohl dieser Oberschenkel heute noch geschnitten werden muß! Lassen Sie sich von Ihrem Abteilungs- oder Regimentsarzt schneiden, wir sind hier am Packen!' – 'Und was mache ich mit meinem toten Zugführer?' – 'Den lassen Sie hier, meine Männer sind gerade dabei, Gräber auszuheben.' – 'Gestern wurden zwei Männer von uns hierher gebracht. Einem mußte wohl das Bein amputiert werden.' – 'Gehen Sie da drüben in den Cidre-Keller.' – 'Im Cidre-Keller?' – 'Ja, in einem Cidre-Keller. Dort sind sie wenigstens ein bißchen benebelt. Ich habe kaum noch Morphium für die ganz schweren Fälle, Bauchschüsse und ähnliches. Schauen Sie nach, ob Sie Ihren Mann finden. Gestern haben wir wenig Transporte durchführen können und heute gar nicht mehr. Die Schwerverwundeten werden wir den Amerikanern übergeben. Sonst sterben sie uns auf der Fahrt – und Fahrzeuge haben wir sowieso kaum noch. Auch Verbandszeug nimmt stark ab,

Verpflegung fällt aus und alles Mögliche andere, was man zum Leben, zum Überleben braucht. Nur der Nachschub an Verwundeten klappt noch planmäßig oder sogar überplanmäßig, ganz, wie Sie wollen. Ich muß zur nächsten und letzten Operation, dann bauen wir ab!'

Ich stieg die Kellertreppe zu den Schwerverwundeten hinab. Ein widerlicher Geruch schlug mir entgegen, von Ausdünstungen geschundenen und eiternden Fleisches, vermischt mit dem süßlichen Geruch des Cidre, der die Widerlichkeit nur noch steigerte. Es gab hier nur ganz wenige winzige Fenster. Reifender Cidre braucht kein Licht. Aber nun reifte er draußen an der frischen Luft, und schwerverwundete Menschen hatten seinen Platz eingenommen. Drei, vier unruhig brennende, hüpfende Kerzenlichtlein geisterten durch das Dunkel und fingen durch den plötzlichen Luftzug an zu tanzen. Mir wurde schlecht. Während der üble Geruch langsam die Treppe heraufkroch, suchte das fahle Licht eine Bahn dämmrig auszuleuchten, die mir eine schwache Orientierung ermöglichte.

Als die schräge Tür, die mehr die Form einer Klappe hatte, wieder zufiel, stand ich für kurze Zeit in einer fast vollkommenen Finsternis, bis meine Augen sich wieder an die Dunkelheit gewöhnt hatten und die kleinen flackernden Flämmchen erkennen konnten. Eine Taschenlampe müßte man haben!

Ich erkannte ein paar noch nicht gebrauchte Kerzen, die neben einer Schere, einer Schale und einer Reihe von Binden auf einer Kiste lagen. Während ich nach zwei Kerzen griff, berührte ich dabei die Binden: Klopapier? Ach nein, Papierbinden! – Arme deutsche Wehrmacht. Keine Luftwaffe mehr, keine Stoffbinden mehr, Munitionsmangel; und die letzten Eingreifreserven, darunter Fallschirmjäger mit Eselskarren, waren inzwischen verheizt worden. Sieben Wochen hatten wir trotz einer unvorstellbaren Materialübelegenheit des Feindes den Angreifern widerstanden. Aber um welchen Preis!

Doch jetzt, jeden Morgen, – falls man den vorhergehenden Tag überlebt hatte, – spürte man die unhaltbare Situation. Wie lange noch hält die fast täglich zurückgenommene, aufgesplitterte Front?

Ich ging langsam durch die Reihen der auf Strohschütten liegenden Verwundeten, um den Mann aus meiner Batterie zu finden, und war fast an einem sich unruhig hin und her bewegenden Soldaten vorbeigeschlürft, – mein Bein machte mir stark zu schaffen -, als ich von ihm angerufen wurde:

Erwin: 'Bist Du ein Engel? Mein Engel konnte auch zwei Kerzen tragen – und Flügel hatte er nicht – nicht mehr. Ich hatte ihn in eine Ecke geschleudert und sie waren ihm dabei abgebrochen. Ich wollte einen Panzer haben und ein Geschütz! Damals zu Weihnachten habe ich sie nicht bekommen, dafür jetzt doppelt und dreifach.'

Ich hatte mich inzwischen nach der heiseren Stimme umgedreht und versuchte, mit Hilfe meiner beiden Kerzen das Gesicht des Verwundeten zu erkennen. Sollte das Erwin sein? Mein Arbeitsdienstkamerad, der Möbelschreiner aus Berlin-Kreuzberg? Ich ließ mich unter großen Schmerzen zu ihm auf mein rechtes Knie nieder, um seiner flüsternden Stimme näher zu sein:

Hansheinzhorst: „Erwin, bist Du es?"

Erwin: „Hansheinzhorst? Mensch! Ick denk', mir tritt een Pferd! Was bringt Dich ausjerechnet jetzt noch eenmal zu mir?"

Hansheinzhorst: „Ich suche hier einen von meinen Leuten. Er war schwer an Brust und Bein verletzt."

Erwin: „Da vorn lag eener, dem hab'n se jestern een Been amputiert. Heute früh war er nich' mehr da."

Hansheinzhorst: „Und wann wirst Du mit einem Sanka nach hinten gebracht werden?"

Erwin: „Für mich jibt's keenen Platz mehr im Sanka."

Hansheinzhorst: „So schlimm?"

Erwin: „Splitter im Bauch!"

Hansheinzhorst: „Auf leeren Magen?“

Erwin: „Nee, leider nich'! Ick hatte doch kurz vor meenem Unjlück fast den janzen Kuchen und die Schokolade jejessen und mir een Zigarillo aus dem verspäteten Jeburtstagspäckchen meener Mutter anjebrannt.“

Hansheinzhorst: „Gleich alles auf einmal?“

Erwin: „Die Feldküche hatte uns drei Tage nich' erreichen können. Wir hatten unsere eisernen Rationen ufjefuttert und später wie Ratten die Keller der Bauern durchsucht: Cidre, Cidre, nichts als Cidre! Aber wenn Du diesen heimtückischen normannischen Apfelwein immer wieder uf leeren Majen trinkst, da wirste so besoffen wie een Muschelschwein. Schließlich brachte mir een Melder Post mit, det Jeburtstagspäckchen meener Mutter.“

Hansheinzhorst: „Bei welcher Division bist Du eigentlich?“

Erwin hob ein wenig seinen linken Arm und zeigte mit dem rechten Zeigefinger darauf, so daß ich die eintätowierte Blutgruppe ahnen konnte.

Erwin: „Siehste, so konsequent und doof war icke!“

Hansheinzhorst: „Bei der Waffen-SS bist Du? Eventuell bei der 2. Panzerdivision, die beim Unternehmen Cobra links neben uns lag?“

Erwin: „Dann bist Du also bei der Panzerlehrdivision? Als ick damals die alliierten Bomber anschweben sah, stundenlang, und ihre süße Last abwerfen hörte, da hab' ick jedacht, det jibt nur noch Matsch neben uns. Und nun muß ick sehen, alle hab'n se doch nich' zermatscht. Sonst stündste doch nich' lebendig vor mir.“

Hansheinzhorst: „Sag' mal, hat man Dich zur SS gezogen?“

Erwin: „Ach, wat! So een Rindvieh wie icke, der den Führer von Anjesicht zu Anjesicht sehen wollte, der meldete sich natürlich zu so eenem Elitehaufen freiwillig!“

Hansheinzhorst: „Hast Du viel Schlimmes erlebt?“

Erwin: „Det kannste man glooben! Ick war eene Zeitlang in Rußland bei 'nem Sonderkommando. Die beeden Dolfe hab'n mir zu eenem Verbrecher jemacht. Hinterher jab's immer Schnaps für een jroßes Besäufnis. Danach wollte ick mir immer frei denken: Haste wie immer daneben jezielt! So entschuldigte ick mir. Bis ick eenes Tages bejriff: Verbrechen dulden ist genauso schlimm, wie Verbrechen ausführen! Hansheinzhorst, Du, diese entsetzlichen, grauenvollen Bilder, die werden mir verfoljen bis ins Jrab. Und det dauert ja nun, Jott sei Dank, nich' mehr lange."

Hansheinzhorst: „Würde doch der Oberdolf schon im Grabe liegen! Zum Kotzen, daß er nur beinahe draufgegangen ist!"

Erwin: „Det wär' det jerechte Ende für eenen millionenfachen Mörder jewesen. Aber es sind nur wenije, die in uns'ren Reihen so denken. Die meesten bei uns sprechen von einem schändlichen Verrat. – Du, können Engel ooch ohne Flüjel fliejen?"

Hansheinzhorst: „Ja, Erwin, das können sie. Es war der Mensch, der den Engeln die Flügel anklebte. Er konnte sich nicht vorstellen, daß ein Lebewesen, das sich zwischen Himmel und Erde bewegt, dies ohne Flügel tun kann."

Erwin: „Kann er ooch Verbrecher von der Erde mit in den Himmel nehmen?"

Hansheinzhorst: „Sicher, auch das kann ein Engel. Das ist sogar verbindlich aufgeschrieben worden. Christus wurde doch zwischen zwei Verbrechern gekreuzigt."

Erwin: „Ja, det weeß ick noch aus dem Konfirmandenunterricht, und det Altarbild in unserer Kirche stellte diese Szene dar. Muttern sorgte für Christenlehre und so, weeßte. Wenn ick damals jewußt hätte, det ick eenmal eener von den beeden Verbrechern sein würde."

Hansheinzhorst: „Auf die Bitte des einen: Herr, gedenke meiner, wenn Du in Dein Reich kommst', antwortete Christus: 'Noch heute Nacht wirst Du mit mir im Paradiese sein.'"

Erwin: „Und det jilt ooch für mir?"

Hansheinzhorst: „Es ist die Aufgabe der Engel, Menschen ins Paradies zu bringen!"

Erwin: „Es tut jut, eenen Engel als Freund zu hab'n oder umjekehrt, eenen Freund als Engel."

Hansheinzhorst: „Was soll ich Deiner Mutter sagen, wenn Du nicht wieder nach Hause kommst?"

Erwin: „Du willst se besuchen?"

Hansheinzhorst: „Warum soll ich nicht auch einmal Stellvertreter für Dich sein?"

Erwin: „Det hieße, Ihr müßtet beede det Kriegsende überleben."

Hansheinzhorst: „Das ist hier und an der sogenannten Heimatfront allerdings nicht selbstverständlich!"

Erwin: „Falls Du jemals meene Mutter treffen solltest, sie darf det nie erfahren, die Sache mit dem Jeburtstagspäckchen und so. Es hätte ja ooch een Kopfschuß sein können."

Ich konnte nicht mehr knien, nicht mehr denken, nicht mehr trösten, kaum noch atmen. Der Abschied mußte sein.

Hansheinzhorst: „Ich habe einen Befehl bei mir, ich muß ihn schnellstens überbringen! Leb' wohl, Erwin – und Dich befehle ich der Obhut der Engel, insbesondere Deines Engels mit den grünen Flügeln und den weißen Tupfen. Gott segne Dich und Dein Nachhausekommen so oder so."

Ich versuchte, mit schnellen Schritten den Keller zu verlassen, aber ich hatte vergessen, daß dies ja nicht ging – und so humpelte und torkelte und stolperte ich, verzweifelnd vor Schmerzen, dem Kellerausgang zu, sehnsüchtig nach einem Schluck frischer, klarer Luft. Als ich draußen war, suchte ich mit meinen Augen den Kübelwagen und war glücklich, als ich ihn erspähte. 'Er ist schon unter der Erde', rief mir mein Fahrer zu – und meinte unseren Zugführer, 'ohne Uniform und Stiefel, die werden anderweitig weiter verwendet.'

–

„Unsere Abteilung zu finden, war nicht ganz leicht. Schließlich fanden wir sie in einem abgelegenen Gehöft.

Oberstleutnant: „Na endlich sieht und hört man etwas von Ihrem Haufen!"

Hansheinzhorst: „Ich mußte über den Hauptverbandsplatz fahren, Herr Oberstleutnant. Unseren Zugführer eins hatte es schwer erwischt. Auf der Fahrt dorthin ist er gestorben. Er liegt schon unter der Erde. Außerdem wollte ich mich dort behandeln lassen, wurde aber abgewiesen, weil die Verlegung bevorstand. Ich soll mich vom Abteilungsarzt aufschneiden lassen."

Arzt: „So ist das also; da wird man gleich beim Eintreffen schon als Aufschneider bezeichnet, und ich habe mir das Objekt noch gar nicht angesehen. Wo soll denn geschnitten werden?"

Hansheinzhorst: „Am linken Oberschenkel!"

Arzt: „Da lassen Sie zunächst einmal die Hosen 'runter und legen sich hier auf das französische Bett. – In solch' einem Zustand latschen Sie an der Front herum? Das grenzt ja an Selbstmord!"

Hansheinzhorst: „Das hat mir unser Sani auch schon gesagt – und deshalb bin ich nun bei Ihnen hier. Sie sind doch der Spezialaufschneider vom Dienst. Weit und breit gibt es keinen besseren!"

Arzt: „Das wissen Sie doch hoffentlich: Selbstmordversuche werden mit einem Kriegsgerichtsverfahren geahndet, oder in weniger schlimmen Fällen mit dem Messer!"

Während der Abteilungsarzt dies sagte, hatte er blitzschnell sein OP-Messer aus seinem Besteckkoffer genommen und schnitt bei den letzten drei Worten den Oberschenkel auf. Eine Riesenportion Eiter sprang und sprudelte aus der Wunde. Der Doktor fluchte und schimpfte:

Arzt: „So eine Unverschämtheit! Da verhindert man den Tod eines Selbstmörders, und wie bedankt er sich dafür? Indem er mir jede Menge von seiner Vanille-Sauce in die Visage klatscht!"

Während er sich mit ein paar Tupfern den Eiter aus dem Gesicht wischte, schüttelte er sich wie eine Ente, die gerade von einem Enterich begattet worden war. Als die Tupfer ihre Pflicht getan hatten, fuhr er in gemäßigterem Ton fort:

Arzt: „Jetzt müßte ich Sie eigentlich in ein Frontlazarett zur Weiterbehandlung einweisen. Aber ich wüßte nicht eines, das Sie aufsuchen könnten. Nehmen Sie diesen Schnitt nicht auf die leichte Schulter! Da könnte noch etwas nachkommen, ein wandernder Splitter zum Beispiel. Die Narbe deutet doch auf eine alte Splitterverletzung hin – oder?"

Hansheinzhorst: „Ein Andenken an den Zusammenbruch der Heeresgruppe Mitte Herbst '43."

Arzt: „Also jedenfalls können Sie hier nicht mehr herumlaufen. Hier sind Sie nur ein Störenfried, und außerdem müssen Sie hauptsächlich liegen."

Oberstleutnant: „Wir erwarten noch heute abend den Spieß von der Stabsbatterie mit Verpflegung und Nachschub, soweit möglich. Wenn der Spieß kommt, dann..."

„Falls der Spieß kommt, meine Herren", fiel der Doktor ein.

Oberstleutnant: „Von mir aus, falls: Also falls der Spieß kommt, kann sich ja unser Patient mit zum Troß nach hinten fahren lassen und sich dort schonend betätigen."

Arzt: „Sie müssen sich jeden zweiten Tag bei irgendeinem Arzt melden und einen neuen Verband anlegen lassen. Wenn eine Blutvergiftung dazukommen sollte...: Ich warne Sie!"

Hansheinzhorst: „Falls eine dazu kommen sollte!"

Der Spieß kam, und ich fuhr mit nach hinten.

Arzt: „Ihr Bein braucht zunächst ein paar Tage völlige Ruhe. In Ihrem Falle ist das einzig Senkrechte die Waagerechte – verstanden?"

Der Doktor hatte mir diese Worte zum Abschied zugerufen, und ich hatte eifrig mit dem Kopf genickt und drehte mich zu ihm um.

Hansheinzhorst: „Muß ich Ihnen noch einen Krankenschein zusenden oder darf ich Ihre Bemühungen unter

Freundschaftsdienst verbuchen? Auf alle Fälle Dankeschön und auf ein baldiges Wiedersehen bei einer Flasche Cointreau. Ich besitze noch eine edle Bouteille mit Fronterfahrung aus dem Schutt von Saint Lô."

Aber es gab kein Wiedersehen mehr. Bei einem Angriff der Amerikaner im frühen Morgengrauen wurden unsere Stellungen fast gänzlich eingeschlossen. Unsere Abteilung wurde im Direktbeschuß fast völlig vernichtet. Die Männer meiner Batterie wurden getötet oder gerieten in Gefangenschaft.

Ein Kanonier, der sich auf ganz merkwürdige Weise hatte retten und durchschlagen können, hat mir den Untergang meines Haufens so geschildert:

Kanonier: „Ich hatte mich etwa 30 Meter von meinem Geschütz abgesetzt, um das, was mich bedrückte, abzusetzen, als die Schießerei losging. Das war vielleicht ein Gefühl: Du hockst in Beugehaft und drückst – und dann watschelst Du, sicherheitshalber in der Hocke wie eine alte Ente, rückwärts – noch tiefer in die Dich verdeckenden Äste hinein. Und dabei mußt Du zuschauen, wie die Amerikaner fast unsere ganze Batterie, halb aufgeprotzt, zur Sau machen."

Hansheinzhorst: „Und wie erging es meinen Leuten, F 2 und F 3?"

Kanonier: „Die wollten gerade anfahren und abhauen, da traf sie ein Volltreffer. Ich blieb in meinem Versteck, bis die Ami-Panzer wieder abgerückt waren, und schlug mich dann, nur in Hemd und Hose, In Richtung Osten durch."

Ich lag unter einem Baum, als mir diese Geschichte erzählt wurde und wartete auf den Befehl zum Aufbruch. Auch hier waren wir vor einem Angriff der Amerikaner nicht mehr sicher. In Gedanken verloren, dachte ich nach: Hätte ich mir nicht die Verwundung in Rußland gewünscht und zugezogen, hätte sich diese in der Normandie nicht so übel bemerkbar machen können! Hätte ich ohne Vereiterung bei meinen beiden Männern bleiben können, wären nicht nur diese zwei eingekesselt worden. Und ich wäre dann wahrscheinlich auch... – Hätte, hätte, wäre, wäre! – So war das damals schon bei meiner Geburt gewesen. Von drei Brüdern war nur einer übriggeblieben: Ich, der Hansheinzhorst."

Xantri (nach einer Pause): „Was für eine Geschichte! Was für Geschichten aus dem Kriege, wenn ich die anderen bedenke, die Du mir erzählt hast!"

Hansheinzhorst: „Manchmal stelle ich das auch, so heimlich für mich, fest. Und darüber hinaus: Wie war es nur möglich, daß ich übriggeblieben bin. – Weißt Du, Xantri, das mußte ich Dir alles erzählen. Ich kann das alles nicht unerzählt mit in unsere Ehe nehmen. Es kann sein, daß ich des Nachts einmal aufschreie, und Du wüßtest nicht, warum. Es kann auch einfach sein, daß ich einmal mitten im Erzählen wüste Landserausdrücke gebrauche, und Du mich erstaunt anschauen würdest, weil Du solche Worte von mir bisher nicht gewohnt warst. Weißt Du, ich habe zu lange im Dreck gelegen, gehorcht und befohlen, ständig Uniform getragen, noch bis heute eine in Schwarz gefärbte. Wann konnte ich denn schon Zivil tragen? Ein paar Tage während des Fronturlaubes! Nach dem Frankreichfeldzug, auf Urlaub daheim in Dresden, stellte ich fest, daß mir mein Tanzstundenanzug kaum noch paßte. Nach jedem Tanz mußte ich mich ganz vorsichtig hinsetzen, damit die Mittelnaht der Hose nicht aufplatzte. Da faßte ich den Entschluß: Nach dem nächsten Feldzug kaufst Du Dir einen Stoff für einen Anzug und läßt Dir einen neuen bauen! In Saloniki nach dem Balkanfeldzug fand ich dann ein prima graues Stöffchen, beste englische Qualität. Aber reichlich zwei Jahre nur hatte ich Freude daran, wenn ich auf Urlaub war. In der Fastnachtsnacht 1945 ist er in Dresden mit verbrannt. Schwarz ist meine Dauerfarbe geworden."

Xantri: „Aber sie steht Dir gut. Das merkte ich gleich, als wir uns kennenlernten. Du siehst mich so erstaunt an? Eine Frau sieht das auf den ersten Blick. Wenn Du dann in Schwarz neben mir vor dem Traualtar stehst, und ich in

Weiß-noch-nicht-was... Hatte ich 'stehst' gesagt? Hoffentlich hast Du dann schon die Kraft dazu!"

Hansheinzhorst: „Du weißt selber noch nicht, was Du anziehen wirst und mich siehst Du schon in einem schwarzen Anzug?"

Xantri: „Frau Kukowa macht es möglich, beziehungsweise ihr Mann. Den schwarzen Anzug von ihm hat sie gerettet. Und sie leiht ihn Dir, falls er einigermaßen passen sollte. – Übrigens: Der Pfarrer wird Dich übermorgen besuchen! Ich kenne ihn ganz gut. Er hat Mutter beerdigt! Er war auch jahrelang ein Frontschwein wie Du. Ich glaube Ihr werdet Euch gut verstehen."

Hansheinzhorst: „Meinst Du, daß trotzdem ein Besuch notwendig ist?"

Xantri: „Er hat mir versichert, er traue keinen, den er nicht kenne."

Hansheinzhorst: „Das macht ihn mir noch sympathischer. Ich traue auch keinem, den ich nicht kenne. Ich werde ihn empfangen!"

Xantri: „Er hat den Untergang Ostpreußens miterlebt und war anschließend in russischer Gefangenschaft."

Hansheinzhorst: „Meine ganzen Sympathien gehören ihm schon jetzt im voraus..."

Xantri: „Die standesamtliche Trauung wird kurz vor der kirchlichen auch hier in der Krankenhauskapelle sein. Der Standesbeamte war ganz besonders nett zu mir: Er würde Dich kennen, sagte er."

Hansheinzhorst: „Wer könnte das nur sein? – Jetzt fällt es mir ein: Mein Gesprächspartner vom Wohnungsamt, der Herr Wallmann – und jetzt sitzt er auf dem Standesamt. Das freut mich aber für ihn. Wir waren nämlich Handelspartner in Sachen Wohnraum, heizbarem Wohnraum. Das muß ich Dir gelegentlich einmal erzählen. Jetzt heißt er sicher als Standesbeamter Stallmann, und kann Menschen glücklich machen, wenn diese dazu bereit sind, während er das auf dem Wohnungsamt kaum konnte."

Xantri: „Also es wird so werden: Bei der standesamtlichen Trauung wird der Pfarrer Trauzeuge sein und bei der kirchlichen Trauung der Standesbeamte. Doppelt gemoppelt hält besser. Dafür steht dann Frau Kukowa für beide Trauungen zur Verfügung, und auch für das Hochzeitsessen."

Hansheinzhorst: „Wo?"

Xantri: „Na, wo schon? In unserer Wohnung natürlich! Sie muß doch gebührend eingeweiht werden. Und die beiden männlichen Trauzeugen weihen mit. Übrigens, Frau Kukowa war vor ein paar Tagen schon einmal hier. Eine von den Zwillingen bekam den Blinddarm herausgenommen und da hat sie auch nach Dir geschaut. Aber sie wollte Dich nicht wecken, Du schliefst gerade so schön."

Hansheinzhorst: „Das ist aber lieb von ihr."

Xantri: „In Wirklichkeit ist sie noch viel lieber!"

Hansheinzhorst: „So lieb wie Du?"

Hansheinzhorst will sie zu sich herunterziehen, Xantri wehrt sich.

Xantri: „Sei nicht schon wieder frech. Wir sind hier in einem Krankenzimmer! Innere Abteilung für Damen!"

Hansheinzhorst: „Ja, ja. Das weiß ich, aber hinter einer spanischen Wand..."

Xantri. „Wenn Du weiterhin so frech bist, lasse ich Dich nicht in meine Wohnung."

Hansheinzhorst: „Dann fiele ja der Grund zur Heirat überhaupt weg."

Xantri: „Wir könnten uns danach gegebenenfalls wieder scheiden lassen."

Hansheinzhorst: „Oder vor der Hochzeit noch entloben. Da kommen wir billiger weg. Eine Scheidung wird sehr kompliziert: Das Darlehen ist für drei Jahre nicht zins-, aber rückzahlungsfrei. Dann beginnt die Rückzahlung, und die Zinsen müssen entsprechend auch gezahlt werden. Wie willst Du einen solchen Vorgang teilen?"

Xantri: „Willst Du mir damit sagen, eine Scheidung sei erst nach zehn Jahren sinnvoll?"

Hansheinzhorst: „Allerdings, das wollte ich! Und wenn das Wohnungsamt davon erfährt, dann bist Du, – oder darf ich noch sagen – dann sind wir auch die Wohnung los."

Xantri: „Die Wohnung möchte ich aber schon vor zehn Jahren loswerden!"

Hansheinzhorst: „Was? Du heiratest mich, daß Du die Wohnung behalten kannst, und jetzt willst Du sie loswerden?"

Xantri: „Nein, nicht so bald! Im Laufe der nächsten zehn Jahre möchte ich schon umziehen. Meine Kinder, – ich meine, unsere Kinder – sollen einmal nicht in so einer beengten Wohnung aufwachsen, wo die Wasserhähne vor sich hintropfen, das Linoleum stolperrissig ist, die Dachschräge undicht, unter der unsere Betten stehen. Ich liebe keine feuchten Träume! Und Plumpsklos schon gar nicht!"

Hansheinzhorst: „Ach, Du kriegst die Tür nicht auf!"

Xantri: „Die Flurtür geht schon noch auf, sonst könnten wir gar nicht in unsere Wohnung hinein. Aber die anderen Türen, die klemmen und hängen in verrosteten Angeln. Am besten, Du ölst als erstes, wenn Du Ausgang bekommst, einmal die Schlafzimmertür, damit wir schneller ins Bett gelangen können – nach der Hochzeit!"

Hansheinzhorst. „Jetzt krieg' ich die Tür nicht mehr zu!"

Xantri: „Was ist nur mit Dir los? Erst kriegst Du die Tür nicht auf – und nun bekommst Du sie nicht zu?"

Hansheinzhorst: „Soll ich vielleicht noch einen meiner Füße zwischen die Türen halten, die nicht aufgehen!"

Xantri: „Weißt Du, das geht schlecht. Fuß dazwischen halten, das geht nur bei einer Tür, die aufgegangen ist und nicht wieder zugehen soll. Das ginge zum Beispiel bei der Flurtür. Aber bei dieser kommt das nicht infrage, denn sonst könnten dann so ohne Weiteres fremde Leute in meine Wohnung, oh verzeih', in unsere Wohnung hereinspazieren, wenn wir allein sein wollen..."

Hansheinzhorst: „Und wie steht es mit der Renovierung der Wohnung?"

Xantri: „Das lassen wir schön bleiben: Hast Du Material? Hast Du Geld? Für Farbe, Tapeten, neues Linoleum und so weiter, und so weiter...? Laß die alten Tapeten dran, sage ich Dir, sonst fällt der ganze Putz hinunter! Auch in dieser Straße hat es schwere Bombenschäden gegeben. Außerdem würden die neuen Tapeten genauso abgewaschen werden wie die alten. Du weißt doch: Alles Gute kommt von oben, auch das Wasser! Sollte allerdings Dein Ein-Zimmer-Appartement luxuriöser eingerichtet sein, mit einer richtigen Dusche mit Abtrennung, WC und Dachgarten vielleicht, dann würde ich mir überlegen, zu Dir zu ziehen..."

Hansheinzhorst: „Und wir bräuchten nicht einmal um Deiner Wohnung willen zu heiraten!"

Xantri: „Was – nicht heiraten? Das könnte Dir so passen! Schließlich will ich mit Dir zusammen Kioskbesitzerin werden. Das ist mir genauso wichtig wie eine gemeinsame Wohnung!"

18

Ferngetraut – nah getraut:

„Ich traue nur einen, den ich kenne",
sagte der Pfarrer

Pfarrer Kirchner tritt an Hansheinzhorsts Krankenbett heran und begrüßte ihn sehr herzlich:

„Ich freue mich, Sie kennenzulernen, wenn auch leider im Krankenhaus. Denn ich bleibe bei meiner Devise: Ich traue nur einen, den ich kenne!"

Hansheinzhorst: „Ganz meinerseits! Ich traue auch keinem, den ich nicht kenne."

Pfarrer: „Sie wollen also hier in der Kapelle des Krankenhauses getraut werden? Und kurz vorher soll die standesamtliche Trauung ebenda stattfinden? So hat mir jedenfalls Ihre Verlobte erzählt. Eilt denn die Hochzeit so? Man meint ja, ein Kind sei unterwegs! Aber Sie kennen sich doch erst seit einigen Tagen – und das auch nur hier im Krankenhaus."

Hansheinzhorst: „Meine Verlobte hat das alles, wie zwischen uns besprochen, richtig eingefädelt: Nicht wir haben es eilig; die Behörden drängen, bedrängen uns: das Wohnungsamt, das Vertriebenenamt... Mein Kiosk könnte durch die Lappen gehen und meine Verlobte ihre Wohnung verlieren!"

Pfarrer: „Ich muß schon sagen: Ein merkwürdiges Traugespräch! Da werden in wenigen Tagen, nachdem man sich erst kennengelernt hat, im Handumdrehen weittragende Entschlüsse gefaßt, die dann ebenso schnell verwirklicht werden sollen. – Das ist fast wie in meiner Amtszeit als Wehrmachtspfarrer: Ich meine die Ferntrauungen..."

Hansheinzhorst: „Aber hier geht es doch nicht um eine Ferntrauung, sondern um eine Nah- und Schnelltrauung. Sonst fährt nämlich der Zug ohne uns ab!"

Pfarrer: „Als ich hörte, wie Ihre Verlobte von einer Trauung im Krankenhaus sprach, – Sie lägen noch im Bett, – da dachte ich doch wirklich gleich an meine Trauungsprobleme an der Front. Es konnte also ein Mädchen in der Heimat einen Antrag auf 'Eheschließung per Ferne' stellen. Wissen Sie, es ging da auch um das Versorgtsein. War sie verheiratet, bekam sie ihre 'Trennungsentschädigung', wie man diese Versorgungsbezüge schnodderig nannte. War sie es nicht, so ging sie leer aus, und das konnte natürlich sehr hart sein, wenn ein Kind unterwegs war.

Ich mußte diesen Unsinn – oder nicht? – dann ausführen, falls der junge Mann – oder? – meist schwangerer Vater? – oder nicht? – in meiner Division Soldat war.

Und wenn der Verlobte – oder nicht? – der Geliebte – oder nicht? – oder sonst wer, gerade im Lazarett lag! Und wenn ich ihn dann suchte und – hoffentlich – fand – oder nicht? – da saß das arme Kind vielleicht gerade weinend daheim auf dem Klo – oder nicht? – je nachdem das Kind von dem Kind unterwegs war – oder nicht? -. Und ich traute die beiden gegebenenfalls mit ihm im Bett – oder nicht? -, falls er auf Stroh liegen mußte oder im Koma lag. – Und die Hochzeitsnacht fiel ins Wasser – oder nicht? -.

Und mit solchen schaurigen Mätzchen wollte man ein tausendjähriges Reich errichten – und eheliche Geburten erreichen! Das ist doch scheißegal, ob im nächsten Krieg eheliche oder uneheliche Soldaten wieder erbarmungslos verheizt werden!"

Hansheinzhorst (nach einer längeren Pause): „Darf ich Sie, unabhängig davon – oder nicht? – höflich darauf aufmerksam machen, daß auch mein Mädchen einen Antrag auf Eheschließung gestellt hat? Nur gibt es einen Unterschied: Ich liege zwar im 'Lazarett', aber ich stehe nicht an der Front, jedenfalls zur Zeit nicht. Eine Ferntrauung kann also entfallen, auch wenn ich mich in einem Krankenbett befinde. Doch hoffe ich, daß meine Anwesenheit zur Trauung in der Kapelle möglich sein wird.

Und die Frage, ob ein sich unterwegs befindliches Kind durch eine solche Eheschließung ehelich werden soll, stellt sich nicht, wie Sie vorher selbst schon festgestellt haben."

Pfarrer: „Ganz scheußlich war es, wenn der Antrag mich erreichte, und der zukünftige Ehepartner war inzwischen gefallen! Da stand ich unter Umständen vor dem Grab und dachte: 'Was machst Du nun? Sollst Du dem Kind dennoch einen Vater geben und die Trauung vollziehen, also fälschen? Oder sollst Du dem Mädchen die Wahrheit schreiben, daß das Kind leider nicht ehelich geboren werden kann und so weiter, und so weiter! ... Ich habe so manches Mal gelogen und gefälscht! Aber vorher mußte ich mich ja immer mit dem Kompaniechef wegen der Daten einigen. Stellen Sie sich vor, die hoffnungsvolle angehende Ehefrau sitzt am Küchentisch und liest unter Tränen die beiden Schriftstücke: Getraut am 8. Oktober, gefallen am 5. Oktober – auf dem Felde der Ehre! Und sie streichelt dabei liebevoll ihr Kind in ihrem dicken Leib und wird nachdenklich dabei: Haben die sich im Datum geirrt, oder hat man mir statt eines lebendigen Mannes einen toten angetraut! Bin ich nun richtig verheiratet – oder nicht? – und hat mein Kind nun einen richtigen Vater – oder nicht? -, auch wenn es ihn nie, so oder so, kennenlernen wird. Ehelich oder unehelich – im Zweifelsfalle gilt für mich die Heiratsurkunde!' Oh, ich erbarmungswürdiger Pfarrer! Ich hoffe nur, daß ich einmal mit einer ganz anderen Elle gemessen werde, bei der Lüge und Wahrheit anders verteilt und gewichtet werden: Wenn einer bei Gott droben ist, in weiter Ferne von dieser entsetzlichen Welt – und sie noch unten. Das ist dann ja auch eine gültige Ferntrauung – oder nicht? -

Kennen Sie auch solche Situationen?“

Hansheinzhorst: „Ja, ich kenne sie! Vorgestern habe ich Xantri eine ähnliche Geschichte erzählt. Im Anblick des Todes ist man, um der Liebe zu einem Menschen willen, geneigt, eine Sache anders darzustellen. Da wird unter Umständen ein Bauchschuß zu einem Kopfschuß wegen eines Geburtstagspäckchens. Es ist stets unheimlich schwer, in Grenzsituationen Liebe und Wahrheit in Einklang zu bringen. Wie gut, daß wir das wissen dürfen, ich und auch Xantri und Sie auch, wer uns in solchen Zwängen der Not beisteht und herausholt.“

Pfarrer: „Xantri sagten Sie soeben? Wen meinen Sie denn damit?“

Hansheinzhorst: „Meine Verlobte.“

Pfarrer: „Aber die heißt doch ganz anders: Alexandra, wenn ich mich recht erinnere. Sprechen wir eigentlich von derselben Person? Einen Augenblick, die Alexandra trägt doch noch einen zweiten Vornamen?“

Hansheinzhorst: „Das ist richtig: Beatrice.“

Pfarrer: „Dann sprechen wir also doch von derselben Person?“

Hansheinzhorst: „Wir meinen beide die gleiche.“

Pfarrer. „Xantri? Wie Sie den Namen das erste Mal erwähnten, bin ich gleich alle weiblichen Vornamen durchgegangen, die es auf aramäisch und in den griechischen Sagen gibt. Aber da kommt keine Xantri nicht vor!“

Hansheinzhorst: „Dort können Sie sie auch nicht finden. Der Name ist hansheinzhorstisch!“

Pfarrer: „Ach! Eine eigene Sprache leisten Sie sich auch noch!“

Hansheinzhorst: „Dieser“ (er zeigt mit dem Zeigefinger auf sich) „Spitzbube in dreiteiliger Ausführung hat wieder einmal seiner Lieblingszahl drei die Sporen gegeben, und da ist sie halt mit ihm durchgegangen – wie das so geschieht. Gut zuhören: Der dritten Silbe von Beatrice habe ich die dritte Silbe von Alexandra vorangestellt – und das Ergebnis ist: Xantri!"

Pfarrer: „Also, das ist doch das seltsamste Traugespräch, das ich jemals geführt habe! Jetzt wird mir so manches klar, wahrscheinlich auch die Sache mit Ihrer Wohnung und mit dem Kiosk. Wenn Sie mir dazu noch einige Angaben machen würden."

Hansheinzhorst: „Die Sache ist nämlich die, und die Folgerung daraus ist wiederum eine andere: Xantri heiratet mich, weil sie die Antragsberechtigung zum Erhalt eines Darlehens aus dem Härtefonds des Lastenausgleichsgesetzes besitzt, die ich nun alldieweil nicht besitze. Somit kommen wir aber trotzdem an meinen Kiosk. Und ich heirate Xantri, damit wir ihre Wohnung bekommen, die sie ihr, weil ihre Mutter gestorben ist, sonst wegnehmen würden. Wenn ich ihr Ehemann werde, kann sie die Wohnung behalten, und dann ist sie unsere Wohnung!"

Pfarrer: „Nein, so etwas Verrücktes! Da steige ich noch immer nicht durch. Aber meinen Sie nicht trotzdem, daß das alles sehr nach einer materialistischen Auffassung...?"

Hansheinzhorst: „Das meine ich ganz und gar nicht. Geben und nehmen, das ist doch eigentlich ein Kernstück der frohen Botschaft. Ich bin der Meinung, das sieht nur vordergründig so aus, so materialistisch. Zu normalen Zeiten könnte man das unter Umständen auch so ansehen. Aber wir haben ja keine!"

Pfarrer: „Also jedenfalls ist da beim besten Willen aus meiner Sicht nur sehr wenig an Liebe zu sehen."

Hansheinzhorst. „Das gebe ich auch zu. Aber könnte bisher schon mehr von Liebe zu spüren sein? Sie ist noch ziemlich verdeckt und steht gewissermaßen zwischen den Zeilen und uns, und man erfährt sozusagen nur durch Zufall davon!"

Pfarrer: „Na, hoffentlich sitzt sie, – und Sie beide dazu -, nicht zwischen den Stühlen!"

Hansheinzhorst: „Dazu würde Xantri sagen: Da ist sie aber schnell zu finden, wir haben nur zwei!"

Pfarrer: „Ich sehe, Sie sind nicht zu packen!"

Hansheinzhorst: „Wie sich das für ein altes Frontschwein gehört!"

Pfarrer: „Ich muß Sie wohl erst noch ein wenig länger kennenlernen. Aber trauen will ich Sie dennoch. Sie gefallen mir – trotzdem. Und auch schon Alexandras Mutter zuliebe und Ihrer Verlobten, ... wie heißt sie gleich?"

Hansheinzhorst: „Xantri, Herr Pfarrer!"

Pfarrer: „Übrigens erzählte sie mir ganz begeisternd von Ihnen!"

Hansheinzhorst: „Ach! Das habe ich wirklich noch nicht bemerkt, daß sie von mir begeistert ist! Auf Theologen wirke ich natürlich anders, wenn auch nur mit einem 'Trotzdem', das ist mir natürlich klar! – Zum Schluß noch eins: Der Arzt hat mir gesagt, ich bräuchte nach dem Krankenhausaufenthalt noch häusliche Pflege – und da dachte ich, am besten sei es doch, ich ließe mich häuslich von der gleichen Person pflegen wie hier im Krankenhaus."

Pfarrer. „Schon wieder so eine zweifelhafte Begründung! Übrigens: Arzt! Er hat mir gesagt, daß er Ihnen die Einwilligung zur Teilnahme an der Trauung in der Kapelle erteilen wird. Sie dürfen in wenigen Tagen etwas aufstehen und den Weg zur Kapelle probeweise gehen!"

Hansheinzhorst: „Das ist gut! Denn sonst gäbe es ja doch eine Ferntrauung: Xantri in der Kapelle und ich im Bett!"

Pfarrer: „Sie müssen natürlich während der Trauung sitzen, sonst fallen Sie mir noch vor dem 'Ja' um und ..."

Bei den letzten Worten ist Frau Kukowa gekommen und hat diese mitgehört!

Frau Kukowa: „... und den schwarzen Anzug meines Mannes tragen, falls er Ihnen einigermaßen passen sollte. Aber nur leihweise, verstehen Sie!"

Pfarrer: „Nun haben Sie eine neue Gesprächspartnerin, und ich bin daher überflüssig, und das Thema Hochzeit wird fortgesetzt werden können. Ich muß noch in die Chirurgische Abteilung hinüber zu der kleinen netten jungen Dame mit den langen Beinen und der großen Blinddarmnarbe aus der Obergasse!"

Frau Kukowa: „Ach, das ist sicher meine Pflegetochter! Grüßen Sie sie herzlich von mir, ich komme auch noch zu ihr."

Hansheinzhorst: „Darf ich zum Abschied bekanntmachen?: Herr Pfarrer Kirchner, zugleich Traupfarrer und Trauzeuge, Frau Kukowa, zweifache Trauzeugin. Wenn sich heute zwei junge Menschen, die ganz allein in der Welt stehen, auf die geschilderte Weise ein zweifaches Dach über den Kopf schaffen, so ist das nicht Leistung und Gegenleistung, sondern Liebe in einer modernen zeitgemäßen Form!"

Pfarrer: „Wer wird dies noch am Ende unseres Jahrtausends glauben?"

Hansheinzhorst: „Das wird man einfach glauben müssen, wenn Xantri mit ihrem Hansheinzhorst weiterhin so begeistert sein wird, daß beide zu dieser Zeit ihre Goldene Hochzeit feiern werden!"

Pfarrer: „Jetzt hat der Kerl – oh, Entschuldigung – ich war für einen Augenblick an der Front, – noch nicht einmal die Grüne Hochzeit hinter sich, und da faselt er schon von einer fünfzigjährigen Ehe! – Was soll man dazu sagen?"

Hansheinzhorst: „Die Antwort ist sehr einfach: Seitdem ich weiß, daß meine Frau, ich meine Xantri, fremden Leuten gegenüber sagt, sie sei von mir begeistert – ich muß das einfach noch einmal sagen -, gehöre ich zu den geflügelsten Vorausdenkern unserer Zeitrechnung. – Und was würden Sie tun?"

Pfarrer: „Ich weiß das nicht. Ich bin Junggeselle! Auf Wiedersehen bis zur Trauung, liebe Teilnehmer. Ich empfehle mich!"

Frau Kukowa wendet sich erst mit einem „Auf Wiedersehen“ dem Pfarrer und anschließend Hansheinzhorst zu.

Frau Kukowa: „Ein netter Mensch – und was für ein lustiges Gespräch! Es scheint Ihnen wieder besser zu gehen. Das freut mich aber für Sie!“

Hansheinzhorst: „Das will ich wohl meinen. Bei so einem Gespräch, da lebt man richtig wieder auf. – Xantri sagte mir, Sie würden nicht nur Trauzeugin in zwei Fällen sein, sondern auch noch das Hochzeitsmahl zubereiten. Und nun sind Sie auch noch Lieferantin eines Hochzeitsanzuges für mich. Das finde ich ganz besonders lieb von Ihnen!“

Frau Kukowa: „Aber nur leihweise, wie ich schon sagte. Ich habe noch nicht aufgegeben zu hoffen, daß doch noch mein lieber Mann eines Tages vor der Tür stehen wird! Er ist auf der Krim vermißt, seit die Wehrmacht sie räumen mußte und über das Schwarze Meer nach Rumänien übersetzte.“

Hansheinzhorst: „Und haben Sie Nachricht von Ihren beiden Söhnen?“

Frau Kukowa: „Leider noch nicht. Aber das Rote Kreuz bemüht sich weiter und macht mir Hoffnung. Gestern erst ist ein Bub, inzwischen ein junger Mann, in meiner Gasse wieder heimgekehrt. Im Kriege wurden sie als Schüler verschickt, und nun kehren sie als ausgemergelte Männer wieder heim. ‘Kinderlandverschickung’ nannte man das, als ob es in die Ferien ginge. Dabei ging es allein darum, daß die Kinder in abgelegenen Gebieten Großdeutschlands, von Bomben ungestört, weiter Unterricht bekommen sollten – und dann wurden sie dort von den vordringenden russischen Armeen überrollt!“

Hansheinzhorst: „Ich habe davon gehört, von der Kinderlandverschickung. Genauso ein Blödsinn wie die Ferntrauung! – Und wie geht es den beiden kleinen Mädchen von Ihrer Nachbarin, den Enkeln von ihr? Sind die Eltern noch nicht gefunden worden? Wie geht es denen? Werden Sie für die beiden Kinder wenigstens ein vorübergehendes Sorgerecht bekommen?“

Frau Kukowa: „Jedenfalls war der Besuch beim Landratsamt wichtig, obwohl mir der Beamte sagte, daß es für einen solchen Fall keinen Paragraphen gäbe, der mir die Kinder einwandfrei zusprechen würde. Auf der anderen Seite wissen sie ja keine Familie, wo sie die beiden Kinder hingeben könnten! Ein Formular für einen solchen Fall haben sie auch nicht. Der Beamte hat alles formlos aufgeschrieben und gesagt, und ich bekäme Bescheid... Und dann nahm ich meinen ganzen kümmerlichen Mut zusammen und fragte: ‘Was soll nun bis dahin mit den beiden Kindern werden?’ – ‘Nehmen Sie sie mit, und behalten Sie sie in Ihrer Obhut!’“

Hansheinzhorst: „Immer diese verflixten Schwebezustände: Weder ein Ja, noch ein Nein, im Zweifelsfalle ein Vielleicht!“

Frau Kukowa: „Nun ziehen Sie einmal den Anzug an, den ich Ihnen mitgebracht habe. Ich gehe inzwischen hinüber ins Schwesternzimmer. Ich muß Xantri – einfach süß, der Rufname, den Sie ihr gegeben haben – noch wegen des Hochzeitsessens etwas fragen. Vielleicht bekomme ich ein Kilo Pferdefleisch ohne Marken. Das gibt nämlich den besten Sauerbraten!“

Hansheinzhorst (nachdem er die Hose angezogen hat): „Sie schlottert um den Bauch. Ich muß entschieden noch zunehmen bis zur Trauung – aber wie?“

Während Hansheinzhorst die Jacke betrachtet, kommt Frau Kukowa zurück.

Frau Kukowa: „Ich sehe schon, die Ärmel sind zu lang. Aber die kann ich mit ein paar Stichen ganz gut kürzen für die Trauung. Richtig umnähen, das möchte ich nicht. Sie wissen, ich hoffe noch auf die Wiederkehr meines Mannes. Sie müssen halt die Jacke immer ganz vorsichtig anziehen, Ihre Arme nur ganz sachte in die Ärmel hineinschieben, daß die Heftfäden nicht reißen!“

Hansheinzhorst: „Ich werde ganz vorsichtig mit der feinen Jacke umgehen und mir sicherheitshalber eine Sicherheitsnadel einstecken."

Frau Kukowa: „Haben Sie denn eine? Zur Zeit gibt es in der ganzen Stadt keine! Und um den Bauch herum könnten Sie ruhig etwas dicker sein!"

Hansheinzhorst: „Sicherheitsnadeln hatte ich im Krieg immer bei mir. Die konnte man so manches Mal gut gebrauchen. Zwei habe ich noch: Mit einer könnte man den Hosenbund etwas enger machen; und für die sonstige Tragfähigkeit sorgt dann ein alter ausgeleierter Hosenträger. Wie gut, daß ich ihn noch nicht weggeworfen habe! Was steht einer vornehmen Trauung, und vorgenommen habe ich sie mir ja, sonst noch im Wege?"

Frau Kukowa: „Das Kleid für Ihre Frau. Wie schade, daß ich so klein bin! Sonst könnte sie mein Gutes anziehen. Auf 'Weiß' kommt es doch in diesen Zeiten nicht an!"

Hansheinzhorst: „Xantri sagte mir aber, sie gehe in 'Weiß-noch-nicht'!"

Frau Kukowa: „Jaaa? Aber wo will sie ein weißes Kleid herbekommen? Und das kostet doch auch eine ganze Menge, oder bekommt sie es auch geliehen?"

Hansheinzhorst: „Sie hat mir gesagt, sie gehe in 'Weiß-noch-nicht'!"

Frau Kukowa: „Ach, Sie Schlingel! Sie immer mit Ihren Wortkunststückchen! Gleich, als wir uns kennenlernten, haben Sie mich aufs Glatteis geführt, und mir weismachen wollen, das Landratsamt sei Ihr Golfplatz!"

Hansheinzhorst: „Und, stimmt das etwa nicht? Haben Sie dort Ihren Ball ins Loch bekommen: Sorgerecht – Jein, vielleicht, einmal später? Auch alles Leute in 'Weiß-noch-nicht'!"

Frau Kukowa: „Wer wird uns das alles jemals glauben, was wir heute Tag für Tag erleben?"

19

Das dreifache Ende im Ruhrkessel:

Kettenhunde und Orden gibt es noch – und einen Abschied beim Großvater

Das Frühjahr 1945 war für die meisten übriggebliebenen deutschen Soldaten kürzer als alle Kriegslenze zuvor. Wann wird es das endgültige große 'Aus' geben? Wir bezogen zwar noch Feuer- und Beobachtungsstellen im Ruhrkessel, aber geschossen wurde nur noch auf besondere Anweisung der Abteilung. Aber diese gab keine. Doch da gab es noch Führerbefehle aus dem Bunker der Berliner Reichskanzlei in den Kessel hinein – und die Tätigkeit der Feldpolizei war noch nicht eingestellt! Wir hatten noch etwas Munition, die Verpflegung klappte noch – ach ja, und wir mußten noch melden, wie viele 'Eiserne Kreuze' wir benötigen: „Man könnte sie doch noch verteilen, um sie nicht den Amis in die Hände fallen zu lassen". Mir waren dabei gleich einige meiner Leute eingefallen. Wer jahrelang den Krieg durchgestanden hatte, der hatte es auf alle Fälle ehrlich verdient. – Aber wer würde das später einmal honorieren?

Nach dem Zusammenbruch der Normandie-Front, nach dem Kessel von Falaise, kam die Front noch zweimal zum Stehen: an der Reichsgrenze und am Rhein. Warum hatten die Angloamerikaner nie scharf genug und konsequent nachgestoßen? Welche Gründe lagen vor? Sie hätten doch Weihnachten '44 schon in Berlin sein können! Nun war es bei uns

Ostern an der Sieg geworden und Berlin hatten die Russen umschlossen. Wollte man ihnen als Ausgleich für ihre Verluste die Ehre überlassen, die deutsche Hauptstadt eingenommen zu haben? Fragen über Fragen – würden diese – jetzt schon gar nicht, aber überhaupt einmal – beantwortet werden?

Und da war noch das merkwürdige Ereignis mit der Remagener Brücke vorausgegangen. Sie war beim Anrücken der Amerikaner zwar von deutschen Truppen gesprengt worden, aber die Sprengung war nicht ganz gelungen, so daß ein amerikanischer Spähtrupp sie überqueren konnte. Der Handstreich gelang, und die Einkesselung begann. Und dann gab es noch einmal einen hirnrissigen Befehl zum Ausbruch unserer Division mit ein paar anderen Einheiten aus dem Kessel, der nur in einem größeren Kessel geendet hätte. Aber er gelang nicht. Es gab noch einmal sinnlose Opfer. Unser Batteriechef wurde dabei schwer verwundet, und ich übernahm unseren Haufen.

Und nun rollte ich von der B-Stelle in die beginnende Dämmerung hinein nach hinten zum Troß. Der Spieß hatte mittags Verpflegung nach vorn gebracht und mich gebeten, am Abend zu ihm zu kommen. Es gäbe eine ganze Menge zu besprechen – und die Orden wären auch da!

Das alles ging mir durch den Kopf, als plötzlich mein Fahrer rief: „Kreisendes rotes Licht vor uns!"

Hansheinzhorst (zu sich): „Was soll denn das kurz vor dem Ziel für ein Unsinn sein? Halten Sie an! – Kettenhunde hier? Schildläuse im Untergang?"

Ich erkannte zwei Feldgendarmen, einen Obergefreiten und einen Feldwebel. Aber sie trugen ja Luftwaffenuniformen und jedweden Christbaumschmuck auf der Brust! Arme Luftwaffe! Fliegen konnten sie nicht mehr, aber als Kettenhunde waren sie anscheinend noch zu gebrauchen. Auf alle Fälle war Vorsicht geboten.

Feldwebel: „Den Fahrbefehl bitte, Herr Leutnant!"

Hansheinzhorst: „Fahrbefehl, hier im Hauptkampffeld?"

Feldwebel: „Seit drei Tagen dürfen Fahrzeuge auch im Hauptkampffeld nicht mehr ohne Fahrbefehl unterwegs sein!"

Hansheinzhorst: „Es tut mir leid, aber einen solchen Befehl kenne ich nicht. Halten Sie ihn überhaupt für sinnvoll?"

Feldwebel: „Es ist nicht unsere Aufgabe, Befehle zu überprüfen, ob diese sinnvoll sind oder nicht!"

Hansheinzhorst: „Als Batterieführer hätte ich einen Fahrbefehl benötigt, um von meiner B-Stelle zum Troß fahren zu können. Dieser Befehl hätte vom Abteilungskommandeur ausgestellt werden müssen. Dieser hätte mir den Fahrbefehl per Melder zustellen müssen – oder per Lustpost? Eine solche Kradfahrt hätte zusätzlich Sprit gekostet. Es sind eine ganze Menge Kilometer hin und her von der Abteilung zu meiner Batterie und wieder zurück."

Feldwebel: „Ich sagte Ihnen schon: Es ist nicht meine Aufgabe zu überprüfen, ob Anordnungen sinnvoll sind oder nicht. Fahren Sie bitte da hinüber auf den kleinen Parkplatz vor der Gaststätte."

Hansheinzhorst: „Als mein Fahrer den Wagen hinüberlenkte, kam mir das Haus plötzlich irgendwie bekannt vor. Vor dem Frankreichfeldzug war ich hier im Bergischen Land gewesen: Wir lagen damals unten am Rhein, und ich hatte über den ersten Mai Urlaub, den ich bei meinem Großvater, dem Vater meiner leiblichen Mutter, verbrachte. Links von diesem Haus hatte damals auf einem kleinen Platz ein Maibaum gestanden. Unwillkürlich blickte ich in diese Richtung. Voll Grauen stellte ich fest, daß da kein Maibaum mehr stand – oder hatten sie ihn umfunktioniert? Jedenfalls sah ich – nicht sehr deutlich, aber doch wiederum deutlich genug – zwei Menschen aufgeknüpft in der Luft hängen. Da spürt man bewußt-unbewußt, daß der Krieg jeden Tag zu Ende gehen kann, und da werden noch welche aufgeknüpft! Der Wind bewegte die beiden Gehängten sanft hin und her, und ich erkannte, verschwommen durch die Dämmerung, einen Soldaten und einen Zivilisten."

Feldwebel: „Hier wird noch für Ordnung gesorgt, Herr Leutnant. Wo ich die Verantwortung trage, sind Befehle noch gültig und werden ausgeführt. – Steigen Sie bitte aus und kommen Sie beide zu mir herein. Von welcher Einheit sind Sie?"

Hansheinzhorst: „Ich führe die achte Batterie des Artillerieregimentes 130 der Panzerlehrdivision."

Feldwebel: „Sie sind von wo aus abgefahren und wollen wohin?"

Hansheinzhorst: „Ich bin unterwegs von meiner B-Stelle zum Troß, also von hier nach hier." – Ich fuhr mit meinem rechten Zeigefinger auf der Karte entlang, die auf dem Tisch lag -. „Wie Sie sehen, führt der kürzeste Weg bei Ihnen vorbei."

Feldwebel: „Das ist nicht ausschlaggebend für mich. Nichtbesitz eines Fahrbefehles liegt hier vor!"

Hansheinzhorst: „Wie ich soeben gesagt habe. Ich mache Sie darauf aufmerksam: Falls Sie mich hier festhalten sollten, ist meine Batterie führerlos – und wenn dann dadurch etwas schiefgeht, könnte das Konsequenzen für Sie haben; ist Ihnen das klar, Feldwebel?"

Beide Kettenhunde sahen sich an. Ich bedauerte, die Bewegung ihrer Gehirnströme nicht sehen zu können, denn erst nach einer längeren Pause wandte sich der Feldwebel wieder an uns.

Feldwebel: „Ihr Troß, wie Sie mir auf der Karte gezeigt haben, liegt nur zwei Orte von hier entfernt. Bringen Sie uns zu Ihrem Spieß. Übrigens: Der Soldat, der da draußen im Winde weht, wurde von uns vorgestern angehalten. Er sagte, er sei Kradmelder und unterwegs mit einer wichtigen Meldung. Wir fuhren mit ihm zwei Dörfer weiter, in die andere Richtung. Dort sollte sich eine Dienststelle befinden, wo er sich melden sollte. Er fand sie nicht. Er tat so, als suche er den ganzen Ort ab. Dabei lief uns eine ältere Frau über den Weg. Sie erkannte ihn als ihren Sohn. 'Wo kommst Du denn her, kommst Du schon nach Hause?' Da wußten wir Bescheid: Fahnenflucht! Wir fuhren wieder hierher zurück: Schnellgericht, und nun hängt er da für alle anderen Soldaten als Warnung, die zu früh an ihr Elternhaus denken. – Ich will auch nach Hause, aber auf einem geraden Weg und nicht auf eine krumme Tour! Also richte ich mich bis zuletzt nach meinen gültigen Anweisungen und Befehlen. Ich denke nicht daran, diese eigenwillig von mir aus freundlicher – entschärfter abzuändern. Verstehen Sie das?"

Hatte er seine Worte bewußt so scharf gesetzt? Und dann dieser eigenartige, fast verstohlene Blick hinüber zu seinem Obergefreiten, den ich aber doch bemerkte? Sollte dieser wirklich heißen: „Na, wie habe ich das gesagt? Gut so?"

Der Obergefreite weckte zwei weitere Männer seiner Mannschaft, die nun die Wache antraten. Der Feldwebel setzte sich auf sein Krad und fuhr voraus, während sein Begleiter mit entsicherter Pistole hinter uns in unseren Wagen einstieg. Vorher hatte ich den Feldwebel noch informiert, daß mein Spieß mir den Aufenthaltsort des Trosses beschrieben hatte: Nach dem Dorfeingang das sechste Haus auf der rechten Seite, großes Hoftor. – Irgendwie hatte ich das Gefühl, der Feldwebel wollte mir noch etwas Nettes sagen. Als wir zwei allein waren, flüsterte er mir zu: 'Der Obergefreite ist der Schärfere von uns beiden!' Warum sagte er mir das? Hatte er wirklich Angst vor ihm; beaufsichtigten sie sich gegenseitig? Oder erinnerte er sich an meine mahnenden Worte: Batterie führerlos – angedrohte Konsequenzen für ihn? Sie waren mir nicht ganz leicht von den Lippen gegangen. Ich wußte nicht, wie sie von ihm aufgenommen werden würden. Mag es so sein, mag es anders sein; erfahren würde ich es wohl nie. Mit der gemeinsamen Fahrt zum Troß hatte er jedenfalls eine salomonische Entscheidung getroffen.

–

Der Feldwebel der Schildläuse, in ordengeschmückter Luftwaffenuniform, hielt vor dem großen Hoftor. Ich erkannte davor eine in der Dämmerung fast verschwimmende Gestalt, die frische Luft zu schöpfen schien und an einer Pfeife schmauchte. Es sah so aus, als würde die Gestalt auf irgend jemand warten?

Spieß: „Hallo, Herr Leutnant – endlich – und mit welch einem Begleitkommando!"

Hansheinzhorst: „Darf ich die beiden Herren bitten, mir zu folgen? Mein Hauptwachtmeister wird vorausgehen und uns in sein Dienstzimmer führen." – Dort angekommen, fuhr Hansheinzhorst seinen Spieß mit scharfen Worten an: „Wieso ist es möglich, daß ich von keinem Befehl weiß, daß wir neuerdings Fahrbefehle auch für Fahrten im Hauptkampffeld brauchen!"

Spieß: „Es tut mir leid, Herr Leutnant, falls Sie deswegen Schwierigkeiten hatten. Der Befehl in Zweitausfertigung traf erst heute ein."

Hansheinzhorst: „Darf ich die Herren bitten, Platz zu nehmen?"

Feldwebel: „Danke! Wir haben nur noch eine Frage an Ihren Hauptwachtmeister: Zu welcher Einheit gehören Sie?"

Spieß: „8. Batterie, III. Abteilung vom P.A.R.130 der Panzerlehrdivision."

Feldwebel: „Danke, das genügt uns. Machen Sie weiter, meine Herren! Guten Abend! Heil Hitler!"

Spieß (nachdem Hansheinzhorst wieder mit ihm allein war): „Was waren denn das für komische Weihnachtsmänner? Jede Menge Lametta und die Hundemarke der Kettenhunde zusätzlich umgehängt? Sollen wir etwa zum Schluß noch Luftwaffenunterstützung bekommen?"

Hansheinzhorst: „Das waren verfrühte Osterhasen, mein Lieber! Das war eine ganz kitzlige Situation. Diese beiden Schildläuse hätten uns ein ganz schön faules Osterei ins Nest legen können! Ich hatte keinen Fahrbefehl, und ich wußte von keinem! Bitte, entschuldigen Sie meine Schärfe von vorhin."

Spieß: „Volles Verständnis! Das war ja eine Sicherheitsmaßnahme für uns. Die Zweitschrift fand ich hier erst vor, als ich nachmittags von der Feuerstellung zurückkam. Die Erstschrift war unterwegs praktisch verlorengegangen. Unser Melder fuhr in einen mit Regenwasser gefüllten Bombentrichter und überschlug sich dabei. Als man ihn fand, war er bewußtlos. Seine Meldetasche hing am Krad unter Wasser. Sie wurde erst entdeckt, als der Schirrmeister kam und das Krad herausfischte. Der gab sie an den Abteilungsadjutanten zurück. Da die Tasche mit dem Papier völlig durchnäßt und kaum noch leserlich war, mußte eine Zweitschrift angefertigt werden. Da ist die Anweisung! Also blödsinniger konnte man den Text wirklich nicht abfassen. Sollten diese sinnigen Sätze auf unser baldiges Ende hindeuten? Die Geschütze schweigen, nur die Feldgendarmerie ist noch aktiv, dann... Nun ja – von mir aus! Im Zweifelsfalle: Verpflegung haben wir noch für ein paar Tage."

Hansheinzhorst: „Können wir sagen: Lieber ein Ende mit Schrecken als ein Schrecken ohne Ende – oder?"

Spieß: „Wenn Sie mich als Schlesier nach 'oder', nach der 'Oder' fragen, da kann ich nur sagen: Oder futsch, alles futsch, Schlesien ade! – Darf ich Herrn Batterieführer daran erinnern: Orden gibt's noch! Sechs Eiserne Kreuze haben wir beantragt, fünf Stück haben wir bekommen."

Hansheinzhorst: „Aber sechs brauchen wir doch, um der gerechten Verteilung willen!"

Spieß: „Wir hätten es genau wie bei einer Munitionsmeldung machen sollen: Immer ein bißchen mehr bestellen, damit man die Menge bekommt, die man benötigt!"

Hansheinzhorst: „Der Sebastian Mergenthaler muß es aber unbedingt noch bekommen! Erinnern Sie sich noch, wie er am Niederrhein eine Meldung bis zum Regiment brachte, obwohl er unterwegs eins abbekommen hatte? Nur kurze

Zeit war er im Lazarett, dann hatte er nur den einen Wunsch, wieder bei seiner Einheit zu sein. Diesem Heimkind ist unser Haufen zur Heimat geworden. Gilt das nicht irgendwie auch für uns, Spieß? Aber – wie lange noch, dann werden wir in alle Winde zerstreut werden!"

Spieß: „Wenn ich das Eiserne Kreuz hätte, dann würde ich es ihm vermachen!"

Hansheinzhorst: „Aber ich kann es ihm doch geben. Ein Eintrag ins Soldbuch – und dann stimmt die Richtung. Bei der Verleihung der fünf richtigen Kreuze werde ich als sechstes mein Ordensband aus dem Knopfloch lösen, und ihm persönlich einknöpfen. Wann verleihen wir eigentlich?"

Spieß: „Ich hatte an übermorgen gedacht. Morgen kriegen wir nicht alle zusammen. Die Leute müssen auch noch benachrichtigt werden."

Hansheinzhorst: „Und wie wollen wir es mit den Fahrbefehlen halten?"

Spieß: „Wenn Sie schon einmal hier sind, würde ich vorschlagen, einige gleich blanko zu unterschreiben. Formulare lagen bei."

Hansheinzhorst: „Dann wäre alles in Ordnung – oder...?"

Spieß: „In Sachen Fahrbefehl schon. Aber sonst gibt es noch eine Menge Schreibkram, Meldungen und so weiter, zu erledigen. Und schließlich ist da noch die Sache mit dem Krad. Der Schirrmeister ist dabei, es wieder herzurichten. Aber er benötigt Ersatzteile dazu, die bei der Division geholt werden müßten. Aber lohnt sich das noch?"

Hansheinzhorst. „Wo befindet er sich denn?"

Spieß: „Im nächsten Ort hat er eine Schmiede entdeckt und ist gleich dort geblieben mit seinen beiden Männern. Ich habe Ihr Einverständnis vorausgesetzt."

Hansheinzhorst. „Zeigen Sie mir einmal den Ort auf der Karte!"

Spieß: „Hier: Sieghausen! Sehr treffend, nicht wahr?"

Hansheinzhorst: „Sieghausen? Da wohnt doch mein Großvater Nr. 1, wenn ich mich nicht ganz irre: der Vater meiner leiblichen Mutter! Seinerzeit, als ich ihn ein paar Monate nach dem Polenfeldzug besuchte, war er schon hochbetagt, Ende 70. Aber leben könnte er noch, trotz seiner Beinprothese. Er hatte ein Stück von seinem Fahrgestell vor Verdun verloren. Das werde ich auf alle Fälle feststellen, ob er in seinem kleinen Ausgedingehäuschen noch lebt!"

–

Ich fand das kleine Häuschen, zog mein Feuerzeug aus der Hosentasche, und im flackernden Lichtschein konnte ich erkennen, daß das Namensschild stimmte. Ich läutete, und nach einer kleinen Weile wurde die Tür geöffnet, und ein alter Mann sprach mich an.

Großvater: „Wer will denn da noch so spät etwas von mir?"

Mein Feuerzeug war erloschen, und ich konnte das Gesicht nicht erkennen. Da ich draußen in der Dunkelheit stand, konnte auch Großvater, er schien es mir zu sein, nicht in meinem Gesicht lesen.

Großvater: „Kommen Sie herein, und treten Sie hier unter die Lampe, damit ich weiß, mit wem ich es zu tun habe: Uniform, Leutnant bei der Artillerie, EK I? Was will die Wehrmacht von mir, Einquartierung?"

Ich hatte Großvater nun erkannt und nahm die Mütze ab, nachdem ich vorher stramm militärisch gegrüßt hatte.

Hansheinzhorst: „Du hast recht, Großvater. Du bekommst Einquartierung, mich!"

Großvater: „Hansheinzhorst, bist Du's oder bist Du's nicht? Wie oft habe ich an Dich gedacht, mein Junge! Seit fünf Jahren hast Du mich nicht mehr besucht!"

Hansheinzhorst: „Ich bin in halb Europa herumgetappt und habe für Besuche leider keine Zeit gehabt!"

Großvater: „Einige Monate nach dem Polenfeldzug hast Du mich das letztemal besucht. Damals warst Du noch Gefreiter."

Hansheinzhorst: „So genau weißt Du das noch?"

Großvater: „Deine Einheit lag unten am Rhein. Damals träumten wir noch vom Sieg 'an der Sieg'. Und später kam dann das große Erwachen. Daß das Siegen einmal zu Ende gehen würde, das habe ich geahnt. Wenn mein Beinstumpf schmerzt, dann spüre ich, daß es Unheil geben wird! – Na, komm' erst einmal 'rein – oder bist Du eventuell schon dabei abzuhauen?"

Hansheinzhorst: „Sei unbesorgt, Großvater! Ich bin noch voll im Dienst, sogar hier in Sieghausen. Mein Schirrmeister hat die Schmiede Im Ort beschlagnahmt. Es gibt zwar keinen Stellungswechsel mehr, – wahrscheinlich – aber Orden muß ich übermorgen noch verleihen, Schriftkram muß ich in dieser Nacht noch erledigen – nun ja, die Verpflegung langt noch für einige Tage."

Großvater: „So so, der Oberwachtmeister in der Schmiede, das ist Dein Schirrmeister! Und wo liegt Dein Troß?"

Hansheinzhorst: „Im nächsten Dorf. Du weißt ja noch erstaunlich viel über eine Artillerieeinheit."

Großvater: „Schließlich war ich im ersten Weltkrieg Richtkanonier, bis es mich dann erwischte."

Hansheinzhorst: „Und in wenigen Tagen geht es dann ab in die Gefangenschaft. Der Kessel ist seit etwa zehn Tagen zu."

Großvater: „Ich weiß, das wird eine üble Sache werden! Die Amis werden Euch behandeln wie die Nazis ihre Konzentrationslagersklaven!"

Hansheinzhorst: „Woher weißt denn Du das, Großvater?"

Großvater: „Die Lager konnten die Nazis bei dem teilweise sehr schnellen Vormarsch der Alliierten gar nicht so gründlich zerstören und die Insassen vorher wegführen, wie sie es eigentlich gewollt hatten. Außerdem war man im Ausland über diese unsere entsetzlichen Schandtaten gut informiert."

Hansheinzhorst: „Was sind eigentlich Konzentrationslager, Großvater?"

Großvater: „Das weißt Du nicht? Du hast nie etwas von einem KZ gehört? Das ist doch kaum möglich! Sechs Millionen Juden sollen wir in solchen Lagern umgebracht haben. Reichskristallnacht! – Sagt Dir das nichts? Synagogen brannten, und den jüdischen Geschäften wurden die Schaufensterscheiben eingeschlagen!"

Hansheinzhorst: „Nein! Wann war das denn?"

Großvater: „Am 9. November 1938."

Hansheinzhorst: „Da war ich in der Grundausbildung. Das war ein unerhörter Schliff! 'Remarque, Im Westen nichts Neues' fiel mir ein: 'Unteroffizier Himmelstoß'. Abends wußten wir oft nicht mehr, ob wir Männlein oder Weiblein waren. Dann dauerte es noch eine ganze Weile, bis wir ausgangsmäßig richtig grüßen gelernt hatten und auf die Menschen losgelassen werden konnten! Wenn ich mich recht erinnere, wurde es Advent, bis wir das erste Mal allein, ohne unteroffizierliche Begleitung, in die Stadt gehen durften. Sechs Wochen dauerte das Vergnügen der Ausbildung. Und wir waren in dieser Zeit völlig von der Außenwelt abgeschottet. Zeitungen gab es nicht..."

Großvater: „Richtig, das habe ich nicht bedacht. Du kennst ja überhaupt kein bürgerliches Leben!"

Hansheinzhorst: „Ich kenne nur Schule und Krieg – und die Gefangenschaft werde ich in wenigen Tagen auch noch kennenlernen. Und wann dann endlich ein normales Leben für mich anfangen wird, weißt Du das?"

Großvater: „Mein Gott, ja! Das stimmt! – Nein, ich weiß es nicht! Kein Berufsleben, kein Eheleben, kein Vatersein! Als ich so alt war wie Du, als Mittzwanziger, da besaß ich das alles schon und war Schatzmeister in unserem Schützenverein. Mein Gott, Dein ganzes Leben ist ja auf den Kopf gestellt! – Und bis Du nach Hause kommst, bist Du vielleicht schon ein Endzwanziger! Und bis Du einen Beruf erlernt hast, bist Du jenseits der dreißig!"

Hansheinzhorst: „Ich komme nicht, ich gehe nicht nach Hause. Was soll ich in Dresden, in einer total zerstörten Stadt, von den Sowjetrussen besetzt. Und neue Gefahr für Leib und Leben? Was Vater zur Zeit tut, weiß ich nicht. Eine letzte Nachricht von ihm erhielt ich Anfang März. Geschrieben war sie eine Woche nach der Zerstörung meiner Heimatstadt: 'Mutter lebt nicht mehr. Ich würde auch nicht mehr leben, wenn ich nicht Dienst gehabt hätte. Wohnung restlos zerstört. Trage nur noch das auf dem Leibe, was ich in jener Nacht anhatte. Deine Schwester ist bei Onkel Edwin in Meißen! Lade Leichen auf und bringe sie auf den Heidefriedhof in ein Massengrab. Seuchengefahr.'"

Großvater: „Die schlimmsten Lager sollen im Osten gewesen sein. Du bist doch sicher lange in Rußland gewesen. Hast Du da nichts in Erfahrung bringen können?"

Hansheinzhorst: „Im Frontgebiet, jedenfalls dort, wo ich war, gab es keine Lager. Das einzige, was ich weiß, stammt von einem SS-Soldaten, den ich noch vom Arbeitsdienst her kannte, und dem ich in der Normandie an seinem Sterbebett noch einmal begegnet bin. Er hat eine Zeitlang bei einem Sonderkommando Dienst tun und an Erschießungen teilnehmen müssen: Dieses grauenhafte Geschehen würde ihn bis zum Tode noch beschäftigen – und der käme ja nun bald."

Großvater: „Erst hat man die Juden massenweise erschossen und dann aus rationellen Gründen in Lager gesperrt und vergast. 'Das 'Volk der Dichter und Denker' ist zu einem 'Volk der Richter und Henker' geworden.' So der Kommentator von BBC! Ich will Dir, mein Junge, das Herz nicht noch schwerer machen, als es sicher schon ist. – Willst Du nicht bei mir bleiben? Ich kann Dich sehr gut verstecken in meinem Häuschen. Hier dürftest Du sicher vor der Gefangenschaft sein."

Hansheinzhorst: „Ich will diesen Weg zu Ende gehen. Ich will Dich auch nicht in Gefahr bringen – und mich auch nicht. Wem nutzte denn ein Versteck, ohne etwas zu essen zu haben? – Ich bin noch im Dienst und bleibe im Dienst. Davonlaufen von der Truppe, das wäre doch wohl Fahnenflucht, das ist nicht meine Art. Bisher bin ich gnädig bewahrt worden. Das meinst Du doch auch?"

Großvater: „Sechs Jahre Krieg und dann noch übriggeblieben zu sein, das ist mehr als Bewahrung, das ist Gnade. Bist Du erstaunt, daß ich ein solches Wort gebrauche? Meine Mutter hat mich zwar im Glauben erzogen, aber nach dem ersten Weltkrieg lief ich Gott aus der Schule und schloß mich dem Sozialismus an. Es war mir nicht mehr möglich, – nach allem, was ich an der Front erlebt hatte, – an einen lebendigen Gott zu glauben. Das gegenseitige Umbringen, Töten und Morden, von Nachfolgestaaten des christlichen Abendlandes befohlen, brachte die Abkehr zuwege."

Hansheinzhorst: „Ich verstehe diese Zeit zwischen den Kriegen nicht. Alle unter sich verfeindeten Völker waren sich doch in einem einig: Nie wieder Krieg! Und warum gibt es immer wieder von neuem Krieg, Großvater?"

Großvater: „Die Menschen lernen nichts aus der Geschichte! An einem Soldatenfriedhof steht der Satz: 'Der Krieg ist eine Sache, bei der sich Millionen Menschen, die sich nicht kennen, gegenseitig umbringen – auf Befehl derer, die sich sehr gut kennen, aber nicht umbringen.' Und diejenigen, die den Krieg gewinnen, machen stets die gleichen Fehler. Sie erheben sich in hochmütiger Siegerlaune über die Besiegten und haben somit den nächsten Krieg schon gedanklich vorprogrammiert. Das geht stets nach dem gleichen verfluchten Grund- und Strickmuster: Die Sieger kehren ihre Verbrechen unter den Teppich, und die Untaten der Besiegten werden angeprangert und zur Grundlage eines sogenannten 'Friedensvertrages' gemacht. Demütigung einerseits und Rachegelüste andererseits führen dann zur nächsten Katastrophe: 'Die Wiege des Dritten Reiches stand in Versailles'. Besser kann man diese verdammte These nicht kommentieren."

Hansheinzhorst: „Und welche Demütigung wird es diesmal für das Deutsche Reich geben?"

Großvater: „Laut BBC keine – denn das Deutsche Reich wird aufhören zu bestehen. Es wird wahrscheinlich in drei oder vier Besatzungszonen aufgeteilt werden; meiner Meinung nach ein ganz verhängnisvoller Fehler, weil man damit dem Kommunismus halb Europa ausliefern wird und er dann weiterhin seiner Weltrevolution die Sporen geben kann."

Hansheinzhorst: „Und wer wird sich dann um die deutschen Kriegsgefangenen kümmern, wenn es keinen deutschen Staat mehr gibt?"

Großvater: „Wahrscheinlich kaum jemand – so wie sich ja auch niemand um die KZ-Insassen gekümmert hat. – Wie oft warst Du denn verwundet?"

Hansheinzhorst: „Ich habe drei Verwundungen, einen überfahrenen Fuß und eine brillante Gelbsucht gehabt."

Großvater: „Ich frage deshalb nach Deiner Gesundheit, weil ich der Meinung bin, daß Du die Gefangenschaft nur überstehen kannst, wenn Du auch bei Hunger nicht zu sehr geschwächt wirst."

Hansheinzhorst: „Wie Du siehst, bin ich immer noch 'kv', dann bin ich auch sicher 'gt'."

Großvater: „Was meinst Du denn mit 'gt'?"

Hansheinzhorst: „Gefangenschaftstauglich."

Großvater: „Nimm die Sache nicht auf die leichte Schulter, die Dir da auferlegt werden wird: Es wird eine schwere Zeit werden."

Hansheinzhorst: „Schwerer als die zurückliegenden Kriegsjahre?"

Großvater: „Anders schwer. Ich geriet im ersten Weltkrieg mit einer Verwundung in Gefangenschaft. Die französischen Soldaten kamen bei den Operationen natürlich vor mir dran, sonst wäre mein Bein vielleicht erhalten geblieben. Aber wäre es umgekehrt anders gewesen? Und das war dann wieder der Vorteil: Arbeitsunfähige wurden sehr schnell entlassen. Das war alles seelisch-nervlich damals nicht so leicht zu verkraften. – Aber dann: Finde daheim als Kriegskrüppel wieder einen vernünftigen Arbeitsplatz! Doch was ist das alles gegen die Sorgen, die Du bisher schon gehabt hast und noch lange Zeit ganz sicher haben wirst! Wie hast Du diesen Krieg überhaupt verdaut?"

Hansheinzhorst: „Hier hast Du mein kleines und großes Bewährungsalphabet: Wenn die großen Pflichten kaum noch sinnvoll waren, mußte man sich die kleinen zur Bewältigung vornehmen, um nicht geistig zu vergammeln. Wenn kaum noch Hoffnung zu erkennen war, mußte man sich die Erledigung der kleinen Aufgaben zur Pflicht werden lassen. Die Verknüpfung von Heil und Unheil war so manches Mal kaum noch auszuhalten, vor allem dann, wenn sich Gedanken wie diese in Deinem Schädel auszubreiten begannen: Wende ich mich gegen das Dritte Reich, so wende ich mich gegen meine Heimat! Verteidige ich meine Heimat, so verteidige ich auch das Dritte Reich! Diese unheilvolle Verknüpfung wie in einer griechischen Tragödie war eine erbarmungslose, seelen- und segenlose Anklage. Und man war Opfer und Täter zugleich, wie es einem krummen Holz gemäß ist. Mit einigermaßen gutem Gewissen durchstehen – das war's!"

Großvater: „Vergiß nicht, was vor Dir liegt: Des furchtbaren Erbes Schluß heißt Gefangenschaft – und der letzte Rest Entlassung und die unerbittlichen Folgen. Für Dich werden das erste Schritte im Zivilleben sein, in einem Land, das zerstört ist, in dem Hunger, Kälte und weitere damit verbundene gesundheitliche Schädigungen auf Dich warten werden."

Hansheinzhorst: „Ich weiß noch nicht, wohin ich mich entlassen lassen werde. Es ist außerdem zu früh, darüber nachzudenken."

Großvater: „Wenn Du jetzt nicht bei mir bleiben willst, dann komme doch nach der Entlassung zu mir. Es ist immer gut, um ein Ziel zu wissen, wenn man selbst zur Zeit keines hat. Wirst Du mir schreiben, wenn Du Dich entschlossen hast?"

Hansheinzhorst: „Ja, Großvater! Dein Häuschen als Heimat für den Anfang! Das wäre annehmbar. Wie lieb von Dir!"

Großvater: „Und ich denke, zwei Artilleristen wie wir würden sich sicher auch gut vertragen."

Hansheinzhorst: „Das Häuschen wird gewiß auch später noch stehen, es wird ja schon nicht mehr geschossen." (Schaut auf die Uhr.) „Aber nun muß ich gehen! Mein Spieß wartet auf mich. Ich sagte es Dir ja schon: Tägliche Pflichten bis zuletzt."

Großvater (aus der Vorratskammer zurückkommend): „Hier, eine Flasche Wein für Euch zwei. Ich wollte sie mir fürs Kriegsende aufheben. Sie soll nun Euch bei Eurer letzten Kriegshandlung stärken. Zum Feiern ist sie nicht mehr zu gebrauchen, aber zur Stärkung kann sie gewiß noch dienen!"

Ich betrachtete sorgfältig die Flasche und schaute danach Großvater ins Gesicht.

Hansheinzhorst: „Ein 1939er? Was für ein Jahrgang! – Dein rechtes Auge – ist das auch im Krieg damals beschädigt worden?"

Großvater: „Nein, während dieses Krieges. Wegen einer unbedachten Äußerung und meiner sozialistischen Vergangenheit war ich wegen Zersetzung der Wehrkraft einige Monate im KZ."

Hansheinzhorst: „Deshalb weißt Du so gut Bescheid! Deshalb wolltest Du mich vor der Gefangenschaft bewahren."

Großvater: „Es gibt nichts Schlimmeres, als wenn ein Volk von einem Diktator regiert wird und dann von einem anderen Diktator erobert wird. Leider fallen Diktaturen zu allermeist nur von außen. – Seit man mir das Auge fast eingeschlagen hat, sehe ich noch besser. Und wenn Du aus der Gefangenschaft kommen wirst, wirst auch Du noch manches schärfer sehen, wozu Menschen alles fähig sind, auch dann, wenn es in der Nachkriegszeit sein wird."

Hansheinzhorst. „Zunächst stelle ich mir das so vor: Für die Amerikaner werde ich ein 'Fucken German Nazi-Officer' sein. Und wenn ich antworten werde 'Ich war nicht in der Hitlerjugend', wird man mir antworten 'Fucken Nazi-Boy, das nehmen wir Dir nicht ab. Jeder Jugendliche war doch dabei.' – Und wenn ich zu spät aus der Gefangenschaft entlassen werde, – hoffentlich nicht zu spät -, wird man mir auf der Universität erklären 'Wissen Sie, die Hitlerjungen sind inzwischen alle amnestiert, als entlastet eingestuft worden, viele wurden eher entlassen als Sie; die studieren nun schon. Die Uni ist überfüllt, Vormerkungen jede Menge. Sie könnten Ihr Studium erst in zwei oder drei Jahren fortsetzen! Im übrigen: Studienbeginn Winterkriegstrimester 41/42. Das ist so gut wie verjährt! Da müssen Sie noch einmal von vorn anfangen.'"

Großvater: „Und für die Nichtmitgliedschaft in einem Verein werden bekanntlich keine Ausweise ausgestellt, Nachweis daher ausgeschlossen. Also wird man Dich genauso wie einen ehemaligen Hitlerjungen behandeln und Dich in die Kolonne der Wartenden einreihen, also genau das mit Dir tun, was Du vor dem Krieg vermieden hast; das darfst Du nun nach dem Krieg nachholen! Na, dann Prost! – und 'Im Gleichschritt Marsch'! Die Partei läßt grüßen!"

Hansheinzhorst: „So etwa könnte mein Leben durchaus weitergehen. Jetzt aber muß ich erst einmal zu meinem Troß marschieren, beziehungsweise fahren. Und das ohne Fahrbefehl! Hoffentlich falle ich nicht wieder den Kettenhunden in die Hände. Doch nachts sollen Hunde wohl vorwiegend schlafen. – C'est la vie! C'est l'homme. C'est toujours la méme, grand-père!"

Großvater: „Du hast ja ganz erstaunliche Kenntnisse in Französisch, obwohl Du nicht in französischer Gefangenschaft warst – noch nicht!"

Hansheinzhorst: „Ich hoffe, daß ich diese böse Zeit beim Amerikaner verbringen werde, Großvater. Ich weiß noch genau, wie Du damals bei meinem Besuch 1940 – Großmutter lebte noch – mit ihr auf Französisch Walzer getanzt hast: un, deux, droit – un, deux, droit – und immer im Takt mit Deinem Holzbein auf 'un' aufgestoßen hast, daß die Dielen nur so krachten.

Ich habe mir damals von Deinem, mich stark beeindruckenden Lebenswillen ein Stück abgeschnitten und als eiserne Ration mit in den Krieg genommen. Du siehst, es hat gewirkt und wirkt noch heute fort – und hoffentlich auch in Zukunft."

Großvater trat mit mir vor die Haustüre. Es war inzwischen fast ganz dunkel geworden. Wir beide stiegen die kleine, kaum erleuchtete Treppe in die Dunkelheit hinab. Da wir aus dem Hellen kamen, konnten wir so gut wie nichts erkennen.

Großvater: „Es wird eine wolkenreiche, finstere Nacht werden. Wenn es Tag wäre, könntest Du jetzt meine Winterlinge und Schneeglöcken schon blühen sehen. Aber ich weiß auch im Dunkeln, wo sie stehen. Die frühen Tulpen werden in einigen Tagen folgen. Wir sind unterwegs von Ostern nach Pfingsten. Und da stehen immer die Frühlingsblumen am Weg. Weißt Du, ich bin zum 'Kinderglauben des Johannes' zurückgekehrt: Kindlein liebet Euch untereinander. Das ist die einzige Weisheit, die gilt und Bestand hat. Jede Ideologie ist eine Idiotie – und führt in die Irre. Man kann eben keinen neuen Menschen züchten. Nur Gott kann ein steinernes Herz durch ein fleischernes ersetzen. Und deshalb ist es gut zu wissen, daß nach Karfreitag die Auferstehung kommt und daß man auch in der Finsternis Blumen pflücken kann. Man muß nur wissen, wo sie stehen."

Großvater bückte sich mühevoll und brach, ohne es sehen zu können, ein kleines Schneeglöckchen ab und reichte es mir.

Großvater: „Für Dich, mein Junge, auf Deinen österlichen Weg."

Hansheinzhorst: „Das war eine gute, eine wichtige, eine schöne Stunde mit Dir zusammen, Großvater! Auf ein Wiedersehen, noch in diesem Jahr, – oder 1946 oder '47?"

Großvater legte seine alte, faltige Hand an seine rechte zerrissene Augenbraue und fügte leise hinzu: „A dieu, mon Lieutenant! – Gott beschütze Dich, mein Junge!"

–

In der Gefangenschaft entschließt sich Hansheinzhorst, das Angebot seines Großvaters, sich zu ihm entlassen zu lassen, anzunehmen. Er teilt ihm seinen Entschluß auf einer Postkarte mit. Aber diese kommt mit dem Vermerk zurück: Empfänger verstorben.

Wie es mit Hansheinzhorst nach der Entlassung aus der Kriegsgefangenschaft weitergeht, das wissen Sie, lieber Leser, bereits aus dem Teil I, Kapitel 5.

20

Der gerechtfertigte Kuß in der Therapie:

Holzklötze rasiert man nicht – Sauerbraten ohne Marken

Hansheinzhorst: „Zunächst hatte ich nicht vor, all das Grausame so ausführlich zu erzählen. Aber dann sagte ich mir: 'Das kannst, das darfst Du nicht verschweigen! Das muß gesagt sein. Gesagt sein vor unserem Miteinander, vor unserer Ehe. – In einer Woche werden wir getraut. Das heißt doch auch: Wir trauen uns zu, uns einander für ein ganzes Leben anzuvertrauen. Und nun kommt es: es kann sein, daß ich nachts einmal aufschreie, daß mir ein Kriegserlebnis im Traum wieder lebendig wird. Und das sollst Du, das mußt Du vorher wissen: Die Vergangenheit hat mich wieder einmal eingeholt. Und dann sollst Du nach dem Erschrecken mich ganz fest in Deine Arme nehmen und mir mein Gesicht streicheln und zurufen: 'Das war einmal, das ist vorbei. Ich bin bei Dir! Mein Bei-Dir-Sein ist die Gegenwart!'"

Xantri: „Gut, daß Du mir das alles erklärt hast. Vielleicht weine auch ich einmal in der Nacht. Und da ist es gut zu wissen, daß ich mich dann in Deinen Armen bergen kann. Mutter, Vater, Bruder – alle sind sie nicht mehr. Grund zum Weinen genug. Aber Du liegst neben mir! Das ist Trost genug!"

Hansheinzhorst: „Unser beider Wissen um die schreckliche Vergangenheit wird langsam, – sicher sehr langsam -, einmünden in eine erträgliche Gegenwart, eine Gegenwart zu zweit – und damit wird sie einer zärtlichen, verständnisvollen Bewältigung offen und tragfähiger sein."

Xantri: „Weißt Du, daß ich Dich schon einmal gestreichelt habe?"

Hansheinzhorst: „Davon weiß ich ja gar nichts! Sollte ich dabei nicht richtig aufgepaßt haben?"

Xantri: „Du konntest gar nicht aufpassen! Du hattest die Augen fest geschlossen und schliefst schon. Du warst total handlungsunfähig. Aber ich, ich konnte handeln – und wollte es sogar!"

Hansheinzhorst: „Wann war denn das, an welchem Tag?"

Xantri: „Es war ein Tag wie eine ganze Reihe von Tagen schon: Wir hatten uns erzählt, und ich konnte Deinen mehrere Tage alten Stoppelbart nicht mehr ertragen. Außerdem meinte ich, unbedingt wissen zu müssen, wie Dein Gesicht rasiert aussehen würde. Ich kam mit meinem Vorhaben etwas zu spät. Du sagtest: 'Ich bin schrecklich müde, ich will schlafen!' Ich rief Dir nach: 'Ich will Dich doch noch rasieren!', worauf Du antwortetest: 'Das kannst Du auch tun, wenn ich schlafe.' Ein glattes, stoppelfreies Gesicht, Dein Gesicht, in Ruhe, ohne Störung in nachmittäglicher Stille zu betrachten, das reizte mich!"

Hansheinzhorst: „Also, nein! Was junge Krankenschwestern so alles reizt, und welche Gefühle sie dabei entwickeln können! Läßt sich denn so etwas Aufreizendes überhaupt mit dem Ethos Deines Berufes verbinden? – Schade, ich hätte Dich bitten müssen, mich erst am nächsten Tage zu rasieren – bei vollem Bewußtsein, wach und munter. Dann hätte ich einen vollen Rasiergenuß wahrnehmen können!"

Xantri: „Wir Schwestern sind nicht nur der Agape verpflichtet, sondern auch der irdischen, der praktischen Liebe. Schließlich hast Du mir gesagt: 'Das können Sie doch auch tun, wenn ich schlafe.' So ist das mit der Liebe, sie ist himmlisch und praktisch zugleich. Übrigens, bei Tage hätte es natürlich die Streicheleinheiten nicht gegeben!"

Hansheinzhorst: „In der Literatur ist sie immer himmlisch, die Liebe! Denke an die berühmten Liebespaare der Weltliteratur!“

Xantri: „Wir nehmen sie gerade im Deutschunterricht durch: Abiturthema. Aber Zarah und Leander kamen bisher noch nicht vor! Ich bleibe dabei: Himmlische Liebe ist der rechte Schuh, praktische Liebe der linke. Erst die zwei zusammen sind ein Paar. Wenn Du einen Schuh vergißt im Leben, hinkst Du!“

Hansheinzhorst: „Aber schließlich sind die Grenzen doch irgendwie fließend, sogar bis hin zur Erotik. Oder siehst Du das anders? Hast Du dabei nicht so ein ganz kleines bißchen gedacht: 'Ist er das? – Ein Mann muß her!?'“

Xantri: „Ich will Dir vor der Ehe die Wahrheit sagen: Wenn man so vom Wohnungsamt geimpft und unter Druck gesetzt wird, da wird man natürlich so einen dämlichen Gedanken nicht los.“

Hansheinzhorst: „Was? Mich kennenzulernen? 'Ein Mann muß her', das nennst Du einen dämlichen Gedanken?“

Xantri: „Du verdrehst schon wieder...“

Hansheinzhorst: „Und Du siehst so bezaubernd aus, – aus meiner Frosch- und Bettperspektive -, wenn Du so in Rage kommst. Das muß ich direkt ab und zu ausprobieren! Aber nun gestehe erst einmal: Wie war es möglich, mir beim Rasieren Streicheleinheiten anzubringen – und was geschah dann noch?“

Xantri: „Pfui, Hansheinzhorst! Wir besprechen unsere Gegenwart und Zukunft – und was tust Du? Du belastest unser Gespräch vorsätzlich mit solchen lieblosen, hinterlistigen Fragen!“

Hansheinzhorst: „Streicheleinheiten sind doch Tatsachen, die – vom Grunde her gesehen – über die praktische Liebe hinausgehen. Da muß doch noch etwas anderes im Spiel gewesen sein: Geständnisse sind vor der Ehe vollständig und umfassend abzulegen!“

Xantri: „Also ich will tapfer sein und Dir gestehen: Die erste Hälfte der Rasur war Agape, die zweite Hälfte Erotik!"

Hansheinzhorst: „Aha! Und wann fing die Erotik an?"

Xantri: „Erst habe ich Dich einmal gründlich eingeseift – und dann bin ich mit dem Rasiermesser über Wangen und Kinn gefahren. Als ich mich dann mit den Stoppeln zwischen Nase und Mund beschäftigte – war das eine schwierige, fast kunstvolle Arbeit, sie wegzukriegen! Und so fuhr ich dabei ganz unabsichtlich auch über Deine bereits glatten Wangen. Ich wiederholte diesen Hautkontakt noch einmal – und da bin ich mir heute nicht mehr ganz im klaren, ob das noch unabsichtlich oder schon absichtlich war. Beim dritten Mal war es aber bestimmt absichtlich! Schließlich wollte ich ja auch feststellen, ob ich gute Arbeit geleistet hatte.

Erst zuckte ich erschrocken zurück! Aber dann empfand ich diese dreimalige absichtlich-unabsichtliche Berührung als nicht nur angenehm, sondern auch er- und aufregend! Ich wiederholte sie und erinnerte mich dabei daran, daß unser Kennenlernen mit einem Hautkontakt begonnen hatte."

Hansheinzhorst: „Jetzt wird die ganze Sache interessant! Und welche Gefühle hattest Du, als Du meine Haut mit Rasierwasser behandeltest?"

Xantri: „Ich gestehe, ich hätte Deine Wangen gerne noch länger eingerieben. Aber die Oberschwester, die mir das Rasierzeug ausgehändigt hatte, sagte dabei: 'Das ist des Rasierwassers Rest. Vielleicht langt es noch für einmal. Ich hoffe wir bekommen in der nächsten Woche wieder eine Flasche.' Und der Rest war mir für Dein liebgewordenes Gesicht einfach zu wenig. Ich wollte Dir doch auch Deine Müdigkeit, Deine Traurigkeit, Deine Verzweiflung aus Deinem Gesicht wischen."

Hansheinzhorst: „Und?"

Xantri: „Ich hatte mich in den mich verblüffenden Wirkungsmöglichkeiten eines Rasierwassers, von denen ich ja bis dahin gar keine Ahnung hatte, nicht getäuscht! Ich sah, wie sich Dein Gesicht aufzuhellen begann und es langsam sorgenfreier wurde – und schließlich lieb wie zum Küssen. Solange ich das bißchen Rasierwasser verrieb, sah ich die Veränderungen so; aber als ich nur noch trockene Haut auf trockene Haut reiben konnte, wollten sich auf Deiner Stirn wieder Sorgenfalten einstellen, und das wollte ich natürlich ganz entschieden verhindern! Und da habe ich ganz schnell zu einem Kuß gegriffen!"

Hansheinzhorst: „Greift man denn deswegen bewußt zu einem Kuß? Kann man denn überhaupt nach etwas greifen, was man nicht begreifen kann? Das ist – für mich wenigstens – unbegreiflich!"

Xantri: „Für mich war es doch auch unbegreiflich, denn ich hatte noch nie einen fremden Mann so mir nichts Dir nichts geküßt!"

Hansheinzhorst: „Und wie verhielt ich mich nach dem 'Mir-nichts-Dir-nichts'?"

Xantri: „Deine Sorgenfalten verschwanden wieder, Du lächeltest sogar zufrieden und ein bißchen glücklich. Schließlich fuhrst Du mit Deiner Zungenspitze über Deine Lippen; ich denke es geschah unbewußt, während mein Vater bei ähnlichen Gelegenheiten, zum Beispiel nach einem guten Nachtisch, ganz bewußt mit seiner Zungenspitze über seine Lippen fuhr. – Und dann, dann drehtest Du Dich um, von mir weg, hin zum Wandschirm und kehrtest mir Deine Rückseite zu: Das war mir nun allerdings und schlechterdings unbegreiflich! So verschmäht, blieb mir nichts anderes übrig als zu denken: 'So sind die Männer! Wenn sie bekommen haben, was sie gerne wollen – Unbewußtes eingeschlossen – rollen sie sich auf die andere Seite und schlafen weiter – und verzichten sogar auf weitere Zärtlichkeiten, die sie noch bekommen könnten.'"

Hansheinzhorst. „Sage mir einmal, woher Du das alles weißt; da sind ja Erfahrungen..."

Xantri: „... die man durchaus bei Freud nachlesen kann. Etwas Psychologie gehört nämlich auch zur Krankenpflege! Auch die Psychologie des Mannes!"

Hansheinzhorst: „Aha! Und was rät Dir Sigmund Freud in meinem Falle?"

Xantri: „Ich denke – nein, ich denke nicht – ich denke überhaupt nicht mehr daran, so einen Holzklotz wie Dich noch einmal zu rasieren."

Hansheinzhorst: „Und was dachtest Du dann nach diesem Entschluß?"

Xantri: „Die Rasur ist beendet, die Erotik auch. Ich schalte wieder auf Agape! Schließlich war ich hier als Schwester beziehungsweise als Aushilfsschwester an Deinem Bett tätig. Meine psychologischen Studien gaben mir auch die Möglichkeit, mich vor mir selbst zu rechtfertigen! Körperpflege war vorgeschrieben, war als dienstliche Leistung zu erbringen. Bei einem Mann gehört das Rasieren dazu. Wenn kein Pfleger auf der Station pflegt, muß diese Arbeit eben auch von einer Schwester getan werden. Das heißt also: Rasieren ist Arbeit und kein Vergnügen, einschließlich des Gebrauches von Rasierwasser. – Und immer, wenn ein Mittel nicht mehr ausreichend vorhanden oder ausgegangen war, sollten wir zu einem Ersatz greifen. Anfangs hatte ich mir allerdings auch nicht vorstellen können, daß einmal ein Kuß als ein Ersatzmittel für Rasierwasser herhalten müßte!"

Hansheinzhorst: „Herhalten! Wenn Du wenigstens hinhalten gesagt hättest! Und überhaupt, braucht man denn für einen Kuß eine Rechtfertigung?"

Xantri: „Doch! Soweit er im Dienst verabreicht worden ist, schon! Aber dieser als Rasierwasserersatzmittel gerechtfertigte Kuß ist ja noch viel mehr. Meinst du nicht, daß man diesen Kuß auch medizinisch rechtfertigen könnte? Als Stärkungsmittel, als Aufbaukonzentrat, als Heilmittel für mitgenommene Herzen? Als Doppelpräparat für Dich und für mich? Allein findet doch ein jeder von uns aus allem, was wir erlebt haben, nicht heraus. Als ich die ersten wenigen Sätze mit Dir gewechselt hatte – beim ersten Hautkontakt – als ich Dir den Puls fühlte, da spürte, da wußte ich: Was Dir hilft, wird auch mir helfen! Ich saß fast täglich an Deinem Bett, bis Du wieder voll ansprechbar warst. Kann ein alter Holzklotz wie Du das nachempfinden?“

Hansheinzhorst: „Du wirst langsam unglaubwürdig: Holzklotz und Hautkontakt – widerspricht sich das nicht? Seit wann haben Holzklötze statt einer rissigen Rinde eine zarte Haut?“

Xantri: „Seit ich Dich kenne; Du bist das beste Beispiel dafür! Ich hatte mir vorgenommen, nachmittags immer gründlich meine Schulaufgaben zu erledigen – und wo saß ich? Wenn ich durchs Abitur falle, bist Du daran schuld!“

Hansheinzhorst: „Ich empfehle Dir, nicht nur über die männliche Psyche bei Herrn Freud zu lesen, sondern auch über die weibliche!“

Xantri: „Das überlasse ich Dir! – Eine andere Aufgabe erschien mir viel wichtiger: Ich habe um Dich gerungen, gekämpft, gebetet!“

Hansheinzhorst: „Mit wem hast Du gerungen?“

Xantri: „Mit dem Herrn dieser Welt! Oh, was habe ich ihm in meinem Zorn nicht alles an den Kopf geworfen! ‘Wie konntest Du das alles nur zulassen?! Wie konntest Du nur zusehen, wie Millionen Menschen sinnlos verreckten, krepierten, verendeten?! Alles Menschen, die Du doch geschaffen hast – Deine Ebenbilder! – Aber laß’ mir nur wenigstens den einen hier, erhalte ihn mir, laß’ ihn genesen! – Warum nur, warum läßt Du all das Grausame, das Entsetzliche zu?’

Nach all’ diesen Warum-Sätzen habe ich erschöpft innegehalten. All’ die Gänge für Mutters Beerdigung hatten mich viel Kraft gekostet. Und die Schule durfte ich doch auch nicht zu oft schwänzen. Ich machte eine kleine Denkpause – oder besser gesagt, sie legte sich von selbst ein. In diese Stille hinein hörte ich meine Großmutter sagen, – die Mutter meiner Mutter war eine Baltendeutsche und hatte im Baltikum nach dem ersten Weltkrieg als junges Mädchen mit 14 Jahren die Verfolgungen durch die Russen erlebt und erlitten: 'Mein Kind, wer immer nur nach dem Warum fragt, der kommt mit demselben nicht zurecht! Je älter Du wirst, desto mehr Warum-Antworten wird Dir das Leben selbst geben. Geduld mit sich und anderen, und vor allem: Gott ist wichtiger als die zermürbenden Fragen nach dem Warum! Gott erhört stets unsere Gebete, aber ob und wann und wie er sie erfüllt, das weiß nur er!'"

Hansheinzhorst: „Aber Deine Mutter. Sie war doch ihre Tochter!"

Xantri: „Meine Mutter hatte sich im Irrgarten des Warum verlaufen und fand nicht wieder heraus. Der Ariadnefaden war ihr auf der Flucht zerrissen. – Und Du, mein Lieber, stehst Du nicht in ähnlicher Gefahr, daß dieser Faden, Dein Geduldsfaden, zerreißt? So verständlich es wäre, weil ich Dein Leben ja nun kenne, 'Eine Frau muß her – ein Mann muß her' – und jetzt wollen wir beide unseren Warums den Abschied geben. Erzähle, mit welchen Dingen Deines Lebens Du noch nicht fertiggeworden bist."

Hansheinzhorst: „Drei Warumfragen quälen mich noch immer: Sie liegen mir wie von selbst auf der Zunge, und ich kaue auf ihnen herum. Warum konnte ich mit einem 'Hervorragend' in der Gehilfenprüfung nicht weiter buchhändlern! Warum durfte der andere Lehrling bleiben, der eine wesentlich schlechtere Note bekommen hatte? Die Antwort meines Chefs war ungenügend und verletzend unqualifiziert: 'Wissen Sie, das ist einfach zu erklären. Ihr Mitlehrling ist hier zu Hause. Er stammt aus einer alten, schon lange bei Studienburg ansässigen Lehrerfamilie. Meine Kunden würden das einfach nicht verstehen, wenn ich Sie als Fremden – oh, Verzeihung; als ich aus der Gefangenschaft zurückkam, habe ich mich auch wie ein Fremder gefühlt – behalten würde statt eines Einheimischen. Sie sprechen außerdem ein etwas anderes Deutsch.'"

Xantri: „Oh, wie kann man nur mit liebenden Worten so gemein sein? Erst wird die Behandlung mit einem Vitaminstoß B eröffnet, dann kommt der chirurgische Eingriff, und hinterher wird die Diagnose erstellt: Unerwünscht!"

Hansheinzhorst: „Mein zweites Warum-Erlebnis geschah zur gleichen Zeit: Der Schwiegersohn meines Hauswirtes, der in seinem Haus eine Fleischerei betrieb, während ich oben einen Taubenschlag bewohnte, dieser Schwiegersohn war früher und wurde auch jetzt wieder Amtsgerichtsrat, obwohl er Parteigenosse gewesen war. Ich gebe durchaus zu, daß ein Staatsbeamter in die Partei eintreten mußte, um in seinem Beruf vorwärtszukommen; ohne Parteibuch konntest Du ja wohl Deine Karriere in den Mond schreiben. Bei der Entnazifizierung wurde er dann als Mitläufer eingestuft und mußte dafür zwei Jahre büßen. Er mußte als Strafe einen handwerklichen Beruf ausüben – und was lag da näher? Er ließ sich von seinem Schwiegervater als Fleischergeselle einstellen. Konnte er einen geeigneteren 'Buß-Ball-Platz' finden? Zur gleichen Zeit, als meine buchhändlerische Karriere endete, konnte er mit weißgewaschener Weste schon wieder in seine juristische Laufbahn einsteigen und weiter an seiner Karriere basteln. Vielleicht bringt er es noch einmal zum Landgerichtspräsidenten – wer weiß!"

Xantri: „Gerechtigkeit, Dein Name ist Unrecht!"

Hansheinzhorst: „Und die dritten 'Warums' ranken sich alle um meine Bewerbungen. Fehlende Antworten und Absagen hielten sich da in etwa die Waage. Ein Gespräch und ein Brief sind mir besonders in Erinnerung geblieben: 'Erst einmal schauen, was Studienburg Dir zu bieten hat', so dachte ich! Also ging ich in die größte Universitätsbuchhandlung und stellte mich vor. Und gleich beim ersten Versuch rutschte ich den Berg hinunter: 'Wir Buchhändler hier am Ort haben ein Abkommen geschlossen, – schon vor dem Kriege.

Niemand von uns übernimmt einen ehemaligen Mitarbeiter einer anderen Buchhandlung. Auch, wenn er ein 'Sehr gut' vorweisen kann!' Ich gratuliere Ihnen zu Ihrem hervorragenden Prüfungsergebnis, aber einstellen kann ich Sie deswegen trotzdem nicht. Wie ich aus Ihren Unterlagen ersehe, sind Sie Reserveoffizier gewesen. Dann werden Sie sicher verstehen, daß ich an der Einhaltung geschlossener Verträge festhalte."

Xantri: „Wenn ich nicht auch den Buchhändler in meiner ostpreußischen Heimat kennen würde, vermöchte ich, dergestalt plattgewalzt von soviel Menschlichkeit, nur noch sagen: Ehre, wem Ehre gebührt – und wenn es ein Appell an die Offiziersehre ist! Eine feine Branche! Oder ist das alles nur zeitbedingt?"

Hansheinzhorst: „Ich glaube das letzte dürfte wohl stimmen. Jedenfalls weiß ich jetzt, daß Leistung heutzutage nur eine untergeordnete Rolle spielt. Es geht um Beziehungen, ums Einheimischsein, um Tauschmöglichkeiten: 'Biete landwirtschaftliche Erzeugnisse gegen Beschäftigung meiner Tochter'. Fremde sind irgendwie nur Störenfriede in diesem Beziehungsnetz, weil sie nichts haben, was ihnen ein Mitspielen ermöglichen könnte. Einmal war ich zu einer Vorstellung weit weg von hier mit einem geliehenen Fahrrad gefahren. Natürlich hatte ich alte Klamotten an, übernachtete dreimal in Bahnhofsmissionen. Aber, Du weißt ja: Kleider machen Leute. Ich erhielt einige Zeit später eine schriftliche Absage."

Xantri: „Ich stimme Dir aus eigenem Erleben zu: Bist Du nichts, hast Du nichts, kriegst Du nichts!"

Hansheinzhorst: „Nur bei Herrn Grunert bekam ich den Fuß zwischen die Tür. Er sagte mir später einmal: Ich lag manchmal mit meinen Kollegen am Ort im Clinch, habe aber auch den Mitarbeitervertrag unterschrieben, sonst hätten sie mich womöglich aus dem Ortsverein ausgeschlossen. Aber das steht jedenfalls nicht im Vertrag: Es ist nicht erlaubt, einem ehemaligen Mitarbeiter einer anderen ortsansässigen

Buchhandlung seine Firma zu verkaufen! – Er sah mich bei diesen Worten spitzbübisch von der Seite an und schmunzelte in sich hinein. – Aber dann kam die Hürde beim Vertriebenenamt: Antragsberechtigtsein, Kredit ade..."

Xantri: „Gar nicht ade: 'Eine Frau muß her!' Ich bin die Lösung des Problems, dieses Problems und aller anderen. Die Warum-Fragen sind gelöscht. Ich bin Dein Silberstreifen am Horizont, Dein Regenbogen am Himmelszelt, Dein Sonnenschein zwischen all' Deinen trüben Regenwolken. Kurzum: Dein Antragsberechtigtsein!"

Hansheinzhorst: „Na, nun komm' aber wieder auf die Erde 'runter! Noch haben wir den Kredit nicht!"

Xantri: „Aber die Wohnung, die ist uns sicher!"

Hansheinzhorst: „Aber zu unserer Krankenversicherung müssen wir uns auch noch etwas einfallen lassen. Ich bin nur noch bis Monatsende versichert."

Xantri: „O weh! Wenn wir danach Krach bekommen und uns die Köpfe eingeschlagen, dann könnte ich nicht einmal den Arzt rufen und Dich ins Krankenhaus bringen lassen. Jede ärztliche Hilfe wäre unbezahlbar. Du müßtest Dich ganz meinen medizinischen Künsten anvertrauen."

Hansheinzhorst: „Also reize mich nicht schon vor der Ehe soviel!"

Xantri: „Doch, das muß ich, das gehört zu meiner Therapie. – Aber, Schreck laß nach, ich bin dann ja auch nicht mehr versichert. Ich war doch bei meiner Mutter mitversichert. Nach dem Abitur bin ich völlig unversichert. Da darf mir nichts mehr passieren, nicht der kleinste Beinbruch!"

Hansheinzhorst: „Ich kann Dich weitestgehend beruhigen, ich haben den Krankenkassenbeitrag schon auf die Seite gelegt!"

Xantri: „Warum jobst Du eigentlich? Bekommst Du denn keine Arbeitslosenunterstützung?"

Hansheinzhorst: „Die bekommst Du erst vom Gehilfen an aufwärts. Für einen Lehrling brauchen keine Beiträge abgeführt werden! Er darf sich dann nach einer Kündigung selbst versichern. Du weißt doch: 'Wer es zu nichts gebracht hat', so sagte mein Vater stets, 'bringt den Aufstieg nicht einmal auf einem Esel zustande.'"

Xantri: „Es sei denn, der Esel bringt es zu einem Kiosk."

Hansheinzhorst: „Da bleibt also am Tag X nichts anderes übrig: Die Esel müssen sich selbst versichern!"

Hansheinzhorst: „Du sagtest vorhin: 'Das gehört zu meiner Therapie!' Was meintest Du eigentlich damit?"

Xantri: „Weißt Du, dieses Miteinander-Erzählen, dieses Aussprechen, dieses Äußernkönnen dessen, was einen bewegt – das ist Therapie – für Dich und für mich. Loswerden, was einen bedrückt; zuhören, was der andere alles an Schrecklichem, aber auch an Schönem erlebt hat – ihm widersprechen, wenn das Dunkel, die Verzweiflung wieder aufkommen will; ihm einen gemeinsamen Weg aufzeigen, wenn er sich vergaloppiert hat – und nicht versuchen wollen, das alles allein zu lösen! Was unsere Generation erlebt hat, das läßt sich nur zu zweit, nur gemeinsam miteinander tragen und ertragen. Vielleicht sollte man das alles, was wir erlebt haben, einmal aufschreiben, damit jüngere Generationen wissen: So ist das über die Generation unserer Vorväter hinweggegangen, hinweggestürmt.

Bei unseren Gesprächen habe ich mir auch meinen Berufswunsch abgeschminkt: Kinderärztin, wie Du weißt!"

Hansheinzhorst: „Und warum machst Du dann noch Dein Abitur?"

Xantri: „Ich habe schon immer auf das Besondere Wert gelegt. Kiosk-Besitzerin mit Abitur, wo gibt es das schon?"

Hansheinzhorst: „Aha! War das die Überraschung für heute, oder hast Du noch eine in Deiner Handtasche?"

Xantri: „Seit wann besitze ich denn eine Handtasche?"

Hansheinzhorst: „Aus dem ersten Gewinn, falls es einen gibt, werde ich Dir eine kleine Summe dafür abzweigen! Einverstanden?"

Xantri: „Einmal sehen, ob das überhaupt notwendig sein wird. Ich habe mich schon so daran gewöhnt, keine Tasche zu besitzen! Schließlich muß man die Ringe nicht unbedingt in einer Handtasche herumtragen!"

Xantri zieht aus ihrer Rocktasche ein kleines Kästchen hervor und öffnet es.

Xantri: „Das sind natürlich nicht die Ringe, die ich mir als junges Mädchen einmal erträumt hatte – aber immerhin sind sie rostfrei."

Hansheinzhorst: „Wo hast Du die denn geklaut?"

Xantri: „Also hör' mal: Hochzeitsringe klaut man nicht, die besorgt man sich!"

Hansheinzhorst: „Das ist in der Landsersprache dasselbe."

Xantri: „Ganz unrecht hast Du übrigens nicht. Gekostet haben sie nämlich nichts. Ich bin gestern kurzerhand einmal in ein Juweliergeschäft hineingegangen, das erdgeschossig mitten in einem Trümmerfeld steht, und kam mit dem Inhaber in ein kurzes Gespräch. Auf einmal hielt er inne und sagte: 'Gehen Sie am besten zu meinem Vater hinüber. Der wohnt auf der anderen Straßenseite in dem beschädigten Haus im ersten Stock. Wenn ich mich nicht ganz irre, wird er Ihnen helfen können.'

Als der alte Mann mir öffnete, trug ich ihm meinen Wunsch vor, daß ich ein paar Hochzeitsringe, aber sehr preiswert, benötige. Er nahm mich mit in sein kleines Wohnzimmer, und ich erzählte ihm, weil er danach fragte, ein wenig aus unser beider Leben. Nach einer kleinen Pause ging er an seinen Schreibsekretär, nahm ein Kästchen – dieses hier – heraus und öffnete es – und dann erzählte er mir diese Geschichte:

'Diese Verlobungsringe waren für einen ganz jungen Soldaten gefertigt, dessen Eltern bei einem Bombenangriff ums Leben gekommen waren, und der deshalb wenige Tage Sonderurlaub erhalten hatte. Er hat seine Eltern zu Grabe getragen und hatte den unabdingbaren Wunsch, sich danach, bevor er wieder an die Front mußte, zu verloben: 'Ich brauche jemand in der Heimat, der auf mich wartet.' Gegen Ende des Krieges gab es natürlich keine goldenen Ringe mehr: Ich fertigte Exemplare aus rostfreiem Edelstahl an und vergoldete sie. Wieder fielen in der nächsten Nacht Bomben. Der Soldat wollte in zwei Tagen die Ringe abholen. Aber es kam nicht mehr dazu. Der Soldat, aufgenommen in der Wohnung der Eltern seines Mädchens, wurde dort in den Armen seines Mädchens verschüttet und beide tot aufgefunden. Nun mußten deren Eltern Tochter und Soldat begraben. Die Eltern hatten überlebt, weil sie beruflich in der Nachtschicht gewesen waren...'

Ich habe mir eben von Ihnen und Ihrem Verlobten ein wenig erzählen lassen, denn ich wollte diese Ringe nur einem Paar geben, das dieser Ringe auch würdig ist. Sie sind es!"

Hansheinzhorst: „Hatten die beiden die Sirene nicht gehört, oder wollten sie diese nicht hören?"

Xantri: „Weißt Du, was wir machen werden? Wir nehmen diesen alten Herrn, den netten Juwelier, als Trauzeugen mit in unsere Hochzeit hinein: Er soll seine Ringe an unseren Händen sehen."

Hansheinzhorst: „Jetzt fehlt wohl nur noch das Hochzeitsessen, und dann wäre alles komplett, wenn ich mich nicht irre."

Xantri: „Diesmal irrst Du Dich nicht! Frau Kukowa habe ich schon an meinem Herd, ich meine, an meinen beiden Kochplatten eingeweiht. Das Fleisch muß sie vorkochen, damit bei Stromausfall nicht das halbe Menü halb gar auf den Tisch kommen muß."

Hansheinzhorst: „Fleisch, sagtest Du? Woher denn das?"

Xantri: „Es gibt einen exzellenten Sauerbraten ohne Marken! Frau Kukowa wird das bestens organisieren."

Hansheinzhorst: „Also vom Pferd, den besten Sauerbraten, wo gibt!"

Xantri: „Und dazu ihr Nationalgericht: Schlesisches Himmelreich."

Hansheinzhorst: „Herrlich, ein fürstliches Mahl, wahrlich einer Heirat in dieser Zeit würdig!“

Xantri: „Aber am Montag darauf mußt Du dann kochen! Damit ich nach der vielen Abiturfragerei mich gut satt essen kann!“

Hansheinzhorst: „Du, das kommt aber auch selten vor: Erst die Heirat und dann das Abitur.“

Xantri: „Wenn es nach mir gegangen wäre, hätte ich mein Abitur in Ostpreußen abgelegt und nach einem Medizinstudium dort auch geheiratet!“

Hansheinzhorst: „Und wer hätte mich hier dann therapiert? Und was sagen denn die Ärzte nun, daß Du mich nach der Hochzeit gar nicht wieder im Krankenhaus abliefern willst?“

Xantri: „Also, zum ersten sind sie froh, daß sie wieder ein Bett frei haben, und zum zweiten habe ich ihnen beigebracht, daß Deine Pflege ja in denselben Händen bliebe, was letzten Endes günstig für eine weitere Genesung sei, und zum dritten stünde ja ein Bett in meiner Wohnung leer. Und sobald Du drinliegen würdest, wäre es dann unsere Wohnung, was außerordentlich wichtig ist! Der Beamte könnte doch noch einmal vorbeikommen und nachschauen: ‘Ein Mann muß her!’ – Ist er das? – Kannst Du Kartoffelgerichte zubereiten?“

Hansheinzhorst: „Also, Du machst da wieder einen Sprung, ‘raus aus dem Bett – ‘rin in die Kartoffeln! Also zunächst Pellkartoffeln – kalt ansetzen und zwanzig Minuten etwa kochen lassen, bei schwachem Strom so lange, bis ich die Gabel hineinstecken kann. Ich koche soviel, daß ich am nächsten Tag Bratkartoffeln rösten kann! Hast Du Zwiebeln im Haus? Ich könnte auch die dreifache Menge nehmen, und dann gibt es am dritten Tag Kartoffelmus. Was es an Beilagen gibt, hängt vom Geldbeutel und dem Angebot des Tages ab!“

Xantri: „Und was wirst Du mir zum Abendbrot anbieten?“

Hansheinzhorst: „Wie der Name schon sagt: Brot – und was die Lebensmittelkarte eventuell noch hergibt. Es sei denn, Du hast noch alten Vorrat an Lachs und Kaviar, Leberpastete und Sekt! – Sollte es Dich abends auch nach Kartoffeln gelüsten, so könnte ich Dir exzellente Kartoffelpuffer machen. Also, wenn Du die abends futterst, kannst Du am nächsten Tag bei der Prüfung, wenn es darauf ankommt, ohne Punkt und Komma sprechen. Man wird Dir nur zuhören, Dich einfach reden lassen und gar nicht wagen, Dich zu unterbrechen – und Dir dann trotzdem eine Eins geben! Es wird alles so glatt gehen wie eine Gute-Nacht-Rasur, deren Vollendung durch ein Rasierwasser-Ersatzmittel zustandekam!"

Xantri: „Rasierwasser-Ersatzmittel! Ich möchte es täglich auch bei mir angewendet wissen!"

Hansheinzhorst: „Wer sagt es denn. Wir sind uns seltenerweise einmal wieder einig..."

Xantri: „...was wir bis zur Hochzeit noch ein wenig mehr üben sollten... Pfarrer Kirchner hatte für uns als Trauspruch den 23. Psalm ausgewählt. Wir waren beide damit einverstanden. Ich wollte gern noch einen Zusatz, nämlich die Abschiedsworte Deines Großvaters: 'Auch in der Finsternis kann man Blumen pflücken. Man muß nur wissen, wo sie stehen.'"

Teil III:

Slalom zu zweit

Kampf mit den Windmühlenflügeln der Bürokratie
Sand auf der Piste und Schnee im Geschäft

21

Verwund(er)ung im Frieden:

Tiefflieger damals - Tiefflieger heute: Rechts 'raus, rechts 'raus!

Ich versuche, mit meinen schmerzenden, vor Brust und Unterleib angewinkelten Armen das Steuerrad wieder zu ertasten. Aber es gelingt mir nicht. Ich öffne die Augen ein wenig und erkenne unscharf die Decke eines Zimmers, was mir nach einigem Nachdenken die Gewißheit gibt, nicht mehr im Wagen zu sitzen, sondern in einem halb abgedunkelten Raum in einem Bett zu liegen. Ich kann das linke Bein nicht anziehen, was mich daran hindert, mich auf die eine oder andere Seite zu drehen. Was ist nur mit mir geschehen?:

Ich war bei der Fahrt von der Straße abgekommen, in eine Obstwiese hineingeraten und hatte dabei die Besinnung verloren. Von da ab weiß ich nichts mehr. Ein Schock mußte mich gepackt haben.

Ich starre wieder an die Decke, wende meinen Kopf nach rechts und dann nach links, um den ganzen Raum erfassen zu können. Ich erkenne links von mir eine Gestalt, die an meinem Bett sitzt. Die Silhouette des Gesichtes kommt mir irgendwie bekannt vor. Sollte es Xantri sein? Wie kommt sie aber auf einmal so schnell hierher?

Xantri hat meine kleinen Bewegungen bemerkt, meine Drehungen mit dem Kopf, und sieht nun in meine erstaunten Augen. In dieser Zuwendung erkenne ich Ihr Gesicht genauer und flüstere ihr zu, wobei ich ein kleines schelmisches Lächeln versuche:

„Sitzt Du noch immer bei mir – oder schon wieder?“

Xantri: „Ich saß vorgestern hier an Deinem Bett, gestern und sitze auch heute wieder an Deinem Bett, um Deinen Drei-Tage-Tiefschlaf zu bewachen! Wie damals – weißt Du noch? So fing es mit uns beiden an!“

Hansheinzhorst: „Ich weiß es noch! Ein Koma, einen Dauerschlaf vergißt man nicht, auch wenn man von ihm kaum den Anfang und eigentlich richtig nur das Erwachen mitbekommt.“

Xantri: „Wie bist Du nur in ein solches Unglück hineingestolpert, hineingefahren, muß ich wohl sagen?“

Hansheinzhorst: „Ich bin von der Straße abgekommen und in eine Obstwiese hineingefahren. Mehr weiß ich nicht. Liege ich hier eigentlich in einem Krankenhaus oder ...?“

Xantri: „Du liegst im Krankenhaus von Schlimmberg.“

Hansheinzhorst: „Dort, wo ich zwei, drei Schulen und einen Pfarrer besuchte? – ...Dann geschah es also auf der Heimreise.“

Xantri: „Was geschah da? Die Polizei steht vor einem Rätsel, und auch ich kann mir das Unglück nicht erklären! Du bist auf einem kerzengeraden Straßenstück auf einmal rechts ab in eine Wiese hineingefahren, ohne daß ein anderes Fahrzeug Dich irgendwie behindert hätte.“

Hansheinzhorst: „Gerade! Die gerade Straße war es, damals und heute noch einmal wieder, die das Unglück verursachte.“

Xantri: „Ich kann Dir immer noch nicht folgen. Wieso ist ein solches Unglück auf einer Straße ohne Kurven, schnurstracks geradeaus, überhaupt möglich?“

Hansheinzhorst: „Bei einer kurvenreichen Strecke wäre mir das nicht passiert.“

Xantri: „Hörst Du mir eigentlich noch zu? Wo bist Du denn mit Deinen Gedanken?“

Hansheinzhorst: „In der Normandie. Dort geschah es!“

Xantri: „Was geschah da? Kenne ich diese Geschichte?“

Hansheinzhorst: „Ich glaube, dieses Kriegserlebnis habe ich Dir noch gar nicht erzählt. Man hat, verständlicherweise, nicht immer noch alles parat. Gleichwohl, wenn ein Parallel-Erlebnis eintritt, dann kann der Krieg Dich wieder einholen – und Du erlebst ein solches Ereignis ein zweites Mal im Frieden – und durchlebst das Entsetzen wiederum – und es packt Dich noch einmal."

Xantri: „Erzähle!"

Hansheinzhorst: „Ich war mit meinen geschäftlichen Besuchen zufrieden und aufgrund der erhaltenen Aufträge in leicht gehobener Stimmung. Ich dachte gerade an Dich, und daß Du Dich ebenfalls darüber freuen würdest, da tauchte am Horizont ein Flugzeug genau an dem Punkt auf, wo sich die leicht bergan führende Straße ins Blau des Horizontes verlor. Es muß wohl ein Tiefflieger auf einem Übungsflug gewesen sein. Aber so dachte ich nicht. Meine Gedanken ordneten sich anders, während der Pilot seinen Kasten genau auf der Trasse der Landstraße hielt. So konnte er bequem den ganzen Straßenverkehr übersehen. Vielleicht war er in der Normandie einst ähnliche französische Straßen hinuntergefegt und hatte jetzt einen Anfängerpiloten bei sich, dem er zeigen wollte, wie man einen solchen Geradeaus-Straßenangriff zu fliegen hat.

Eine halbe Sekunde später sah ich mich in der Normandie: Ich fuhr auf einer ebensolchen kerzengeraden Straße, leicht bergauf, und plötzlich tauchte ein Jabo, ein Jagdbomber, auf. Er flog genau die Straße ab und hatte somit auch mich im Visier. Die Fahrzeuge vor mir und auch ich hätten schon längst von der Fahrbahn herunter in Deckung gehen sollen, bevor der Morgen graute. Denn mit ihm traten stets die Jabos ihre Tagesherrschaft an!

Die Straßen zur Front wurden jeden Tag auf's Neue verstopft durch liegengebliebene, abgeschossene Fahrzeuge. Abschleppfahrzeuge kamen nicht durch, weil die Nachschubkolonnen mit Verpflegung und Munition nach vorn rollten, rollen sollten. Aber was rollte bei uns schon noch normal! Drüben beim Ami, da rollte es auf uns zu: die ungeheure Materialüberlegenheit, die Massierung der Angriffstruppen – und über dem allen die Jabos. Ungehindert warfen sie ihre Bomben auf alles und jedes, was sich bewegte. Eine deutsche Luftwaffe hier an der Atlantikküste gab es längst nicht mehr."

Xantri: „Langsam beginne ich zu verstehen."

Hansheinzhorst: „Der Jabo, der auf uns zuflog, sozusagen von oben herabkommend, konnte kein besseres Ziel vor sich haben als die mit dem Lineal gezogene Straße, gepflastert mit deutschen Fahrzeugen, Panzern und Geschützen. Schon begann er, seine Bomben zu werfen und mit Maschinengewehrgarben in die Kette der Fahrzeuge hineinzuschneiden.

- Zwei Fahrzeuge vor uns fuhr ein Tankwagen im Schrittempo. Plötzlich hielt er an, Fahrer und Beifahrer sprangen nach links und rechts heraus und liefen, was sie konnten, zwischen den Häusern hinaus in die Wiesen und Felder. Der Wagen stand; was nun? – Da erspähte ich auf der rechten Seite die Einmündung eines Weges – kurz vor unserem Wagen. Ich rief meinem Fahrer zu: 'Rechts 'raus, rechts 'raus!' Kaum waren wir eingebogen und fuhren in schnellstmöglicher Fahrt auf ein kleines Wäldchen zu, als mit einem ungeheuren Knall der Tankwagen in die Luft flog. Brennendes Benzin regnete auf Häuser, Stallungen und Scheunen herab, aber auch auf Menschen und Tiere, die sich aus ihren Behausungen ins Freie retten wollten. Kleider und Felle brannten. Menschen wälzten sich auf der Erde, um die Flammen zu ersticken. Soldaten rissen den Kindern die Kleider vom Leibe. Das Vieh verbrannte in den Ställen und verreckte oft auch noch auf den Wiesen unter entsetzlichem Brüllen und schrecklichen Qualen.

Und der Jabo ließ nicht locker. Wir sahen im Schutz der Bäume, wie er kehrtmachte und nochmals, den Rest seiner Munition verfeuernd, auf alles hielt, was sich noch bewegte.

Sicher hatte er seine Bordkamera eingeschaltet, um seinen Triumph fotographisch festzuhalten. Eine solche Unterlage würde ihm wahrscheinlich eine hohe Auszeichnung einbringen."

Xantri: „Wir zogen auf der Flucht einmal an einem Treck vorbei, der von russischen Flugzeugen angegriffen worden war: verreckte Pferde, verendete Haustiere, umgestürzte Wagen, herumliegende Kleidungs- und Haushaltsgegenstände. Es mußte wohl nach dem Angriff etwas geschneit haben. Der vom Tode gezeichnete, von Menschen verlassene Treck lag, wie mit einem Leichentuch bedeckt, neben uns. Noch heute friert es mich, und ich bekomme eine Gänsehaut, wenn ich das Grauen wieder vor meinen Augen sehe. Mutter und ich hielten uns einige Zeit fest umschlungen, während wir langsam, sehr langsam daran vorbeifuhren, damit unsere Pferde nicht scheuten."

Hansheinzhorst: „Im Krieg ist wohl die Hölle immer nebenbei, nebendran und oft mittendrin – und in Sekundenschnelle kann man da hineingeraten."

Xantri: „Es lag also nicht an unserem Oldtimer. Der Krieg hatte Dich, hat uns noch einmal wieder eingeholt!"

Hansheinzhorst: „Von Schlimmberg aus fuhr ein Tankwagen vor mir her. Es ergab sich eine fast deckungsgleiche Situation, als ich den Tiefflieger auf ihn und mich zurasen sah. Plötzlich hörte ich mich rufen: 'Rechts 'raus, rechts 'raus!' Und da ich den Wagen diesmal selbst steuerte, riß ich das Steuerrad herum, merkte, daß ich durch einen Straßengraben fuhr, der glücklicherweise zur Wiese hinunter sehr flach war, sonst hätte ich mich auch noch überschlagen. Das habe ich alles noch genau registriert. Ich wollte gerade auf die Bremse treten, ich sah nämlich einen Baum vor mir, aber da war ich schon nicht mehr bei Sinnen. Und was dann noch geschah mit dem Wagen und mir, das weiß ich nicht."

Xantri: „Der Olympia hat Totalschaden, aber Du nicht. Das ist die Hauptsache. Einen Wagen kann man wieder ersetzen – und Du? Du bist reparier- und rekonstruierbar – wie schon einmal!"

Hansheinzhorst: „Was ist eigentlich mit meinem linken Bein? Ich kann es nicht bewegen!"

Xantri: „Das hast Du Dir zwar mehrmals gebrochen, aber es ist noch dran! Birnbäume kann man nicht so einfach ungefährdet umfahren. Es sei denn, Du umfährst sie. Aber in einem Schock ist so ein Kunststückchen schlecht zu vollführen. Dein Bein liegt jetzt im Streck, damit es nicht kürzer und später wieder schön gerade wird."

Hansheinzhorst: „Und das soll ich Dir alles glauben?"

Xantri: „Herr Dr. Küntscher hat dafür gesorgt!"

Hansheinzhorst: „Wer ist denn das? Ein Arzt von hier?"

Xantri: „Der Erfinder der Marknägel."

Hansheinzhorst: „Und was geschieht mit diesen?"

Xantri: „Die werden in Unter- und Oberschenkel eingeschlagen, damit die Brüche gut verheilen und das Bein seine Form behält!"

Hansheinzhorst: „Na, ich werde mich überraschen lassen. Das heißt, nebenbei gesagt, ich werde also wieder einmal längere Zeit im Krankenhaus liegen müssen."

Xantri: „Das wird sich leider nicht vermeiden lassen. Aber – wenn Du reisefähig geschrieben wirst, dann lasse ich Dich nach Studienburg verlegen. Ich hoffe, das geschieht so in etwa zehn Tagen. Länger kann ich Deine Mitarbeit nicht entbehren!"

Hansheinzhorst: „Ich sehe, ich befinde mich wieder in besten und festen Händen, wie schon einmal!"

Xantri: „Keine Sorge, ich werde Dich schon wieder hinbekommen – wie damals. Ich werde Dich mit einem Berg Arbeit empfangen, daß Du gar nicht daran denken wirst, Schmerzen zu haben und Unbehagen zu empfinden. Du wirst meinen, Du seist im Geschäft und nicht im Krankenhaus!"

Hansheinzhorst: „Wo ich so gern einmal krank feiern wollte!"

Xantri: „Du sollst Dich gesund feiern – und das geht nun einmal am besten bei der Arbeit. Eine alte, uralte Weisheit. Arbeit heilt – natürlich in Maßen und nicht als Schocktherapie! Du bist müde, und ich muß nach Hause. Frau Kukowa hat für drei Tage unsere Zwillinge zu sich genommen. Ich bin glücklich, sehr glücklich, daß ich Dir heute schon soviel sagen konnte – am dritten Tage – wie damals!“

22

Ohne Motorisierung läuft nichts mehr

Vom Fahrrad mit Hilfsmotor zum Opel-Olympia-Oldtimer

Als ich am anderen Morgen aufwache – ich träumte noch ein wenig vor mich hin -, sehe ich mich suchend zwischen den Bäumen einer Obstwiese hin- und hergehen. Aber ich fand dort das Gewünschte, meinen 'Opel-Olympia' nicht mehr. Stattdessen erspähte ich einen kleinen, wackeligen Handwagen, halb verdeckt, hinter einem Baum stehen. Beim ersten Anblick schon erkannte man seine Wackeligkeit, auch wenn er nicht rollte. „Das ist er ja!", höre ich mich sagen. „Natürlich ist er das. Das ist doch unser erster fahrbarer Untersatz gewesen, womit wir die Pakete von der Post holten."

Aber eigentlich kann der 'Olympia' doch gar nicht mehr vorhanden sein. Der ist doch schon längst abgeschleppt und verschrottet worden. Wie aber kommt das kleine Wägelchen dann hierher? Wie ich noch einmal hinter den Baum schauen will, ist das Wägelchen jedoch ebenfalls verschwunden!

Als ich die Augen öffne und nachdenke, wird mir klar: „So wird mein 'fahrbarer Neuanfang' sein!" Das Wägelchen hat seinerzeit seine Pflicht getan, bis die Räder so ausgeleiert und nicht mehr funktionsfähig waren und ich mehr einen Schlitten zog als einen rollenden Untersatz.

Ein altes, verrostetes Damenfahrrad löste damals das Wägelchen ab, um dann kurze Zeit später in ein stabiles Herrenfahrrad umgetauscht zu werden – mit entsprechender

Zuzahlung natürlich. Beide Räder hatten Gepäckträger, und vom Damenrad montierte ich den Kinderkorb ab, weil ich diesen vorzüglich als zweiten Gepäckträger verwenden konnte. So konnte ich hinten und vorn die Paketpost verteilen, was mir zur Weihnachtszeit manchmal einen zweiten Weg ersparte.

Einige Monate später gab es dann das 'Nonplusultra' für einen Drahtesel: einen kleinen, leicht anbringbaren Hilfsmotor, der dem Benutzer eine Höchstgeschwindigkeit von zirka 30 bis 35 Stundenkilometer ermöglichte und mir Gelegenheit gab, nun auch Kunden auf dem Lande zu besuchen.

Ich erinnere mich noch genau an meine erste größere Fahrt: Ich hatte eine Einladung zu einem Gespräch mit dem Geschäftsführer unseres Landesverbandes erhalten.

Da ich einerseits Geld sparen und andererseits meinen motorisierten Drahtesel auf einer längeren Strecke ausprobieren wollte, ritt ich also auf meinem 'Vierbeiner', der in Wirklichkeit ein Zweirädriger war, flott meine Strecke von etwa 60 Kilometern dahin und hoffte in zwei Stunden am Ziel zu sein. Mein 'Wundertier' enttäuschte mich auch nicht, und ich war pünktlich beim Landesverband.

Der Geschäftsführer dort empfing mich sehr freundlich, rückte dann aber gleich mit seinem Anliegen heraus:

„Wissen Sie, ich finde es etwas seltsam, daß nicht Sie als Fachmann, sondern Ihre Frau, die keine buchhändlerische Ausbildung hat, die Inhaberschaft hält!"

Hansheinzhorst: „Ich bin da ganz Ihrer Meinung!"

Geschäftsführer: „Sie sind da ganz meiner Meinung?"

Hansheinzhorst: „Natürlich, selbstverständlich. Ich finde es auch seltsam, wenn man sich selbständig machen will, daß man erst eine Roßkur absolvieren und ein Pferd am Schwanz aufzäumen muß, um dann letztendlich zurückschauend feststellen zu müssen: Ein Hindernisrennen ist nichts dagegen – ein wirklich seltsamer Parcours. Auf gut Deutsch: Meine Frau konnte, ich nicht! Weil ich nicht antragsberechtigt war, mußte sie die ganze Kreditangelegenheit auf ihren Namen laufen lassen, um einen gültigen Antrag stellen zu können. Zum Ausgleich konnte ich dann durch meine Wenigkeit meiner Frau die Wohnung erhalten. Und um diese beiden Kunststückchen in die Reihe zu bekommen, mußten wir auch noch heiraten. Habe ich mich klar genug ausgedrückt? Falls nicht, bin ich gern bereit, Ihnen einen längeren Kommentar zu zelebrieren."

Der Geschäftsführer hob lächelnd seine Hände und sagte kopfschüttelnd:

„Ich verzichte dankbar auf einen Kommentar, obwohl mir die Variante mit dem Heiratenmüssen im Zusammenhang mit dem Härtefonds bisher noch nicht bekannt war. Ich fasse also zusammen: Was ich herausgehört habe, genügt mir. Das Darlehen aus dem Härtefonds läuft auf den Namen Ihrer Frau, weil Sie es nicht bekommen konnten. Also wurde Ihre Frau die Inhaberin."

Hansheinzhorst: „Genauso hat sich die Geschichte zugetragen. Es fehlt nur noch das Schlachten einer heiligen Kuh – dann könnte man sagen: 'So tierisch geht es beim Lastenausgleich zu!' – Oder sehen Sie das mit Ihren Augen anders?"

Geschäftsführer: „Ich muß leider öfter, als mir lieb ist, Pferde am Schwanz aufzäumen und verstehe Ihre Handlungsweise durchaus. So ist das nun einmal in unserer Zeit – in einer Zeit des Neuanfangs mit noch nie gehabten und noch nicht ausreichend in der Praxis ausprobierten Gesetzen. Novellen und Nachträge dazu werden gewiß bald kommen – ein Stück nach dem anderen! – Aber ich verstehe auch diejenigen, welche an Ihrem Modell – Ehefrau vorne dran und der Ehemann dahinter in Deckung – Anstoß genommen haben. Auch für den Verband muß ich wissen, ob ich es mit einer seriösen Angelegenheit zu tun habe!"

Hansheinzhorst: „Aha! Aus dieser Ecke pfeift der Wind! Meine Kollegen vor Ort wollen also diese Dinge in erster Linie so genau wissen und haben Sie dafür zur 'Klärung' eingeschaltet. Ich hätte gerne als Gehilfe in Studienburg weitergearbeitet, aber das ging leider nicht. Dort haben nämlich die Kollegen so eine – für meine Begriffe – unanständige Regelung, daß Mitarbeiter von einem Betrieb nicht in eine andere Buchhandlung überwechseln dürfen, können, sollen... Der Grunert'sche Kiosk war die Lösung!"

Geschäftsführer: „Ich weiß, daß es leider solch zweifelhafte Arrangements gibt. Wir lieben solche ungeschriebenen Gesetze gar nicht. Aber leider gibt es hierzu – noch – keine verbindlichen Vorschriften. Solche Absprachen sind weder erlaubt noch verboten."

Hansheinzhorst: „Ich sehe, man will mir Schwierigkeiten machen, endgültig in Studienburg Fuß zu fassen: Erst gab es den Kampf mit den Behörden, dem Arbeitsamt und dem Wohnungsamt; später ging es um die Aufenthaltsgenehmigung mit Anspruch auf Wohnraum, um eine Kündigung im Blick auf die Währungsreform, um Hilfsarbeiter- oder Arbeitslosendasein – und nun geht es um die Haltung der Kollegen, die mich nochmals vertreiben wollen."

Geschäftsführer: „Wenn Sie Ihre Firma, ich meine natürlich die Firma Ihrer Frau, in eine OHG, in eine 'Offene Handelsgesellschaft' umwandeln lassen, dann sind Sie nicht nur Mitinhaber, sondern auch ein gleichwertiger Kollege – auch gegenüber Ihrem Lehrherrn, der Sie erbarmungslos an die Luft gesetzt hatte. Besprechen Sie das OHG-Problem doch vorher mit dem Vertriebenenamt, damit es hinterher keinen Ärger gibt."

Hansheinzhorst: „Um das Darlehen zu bekommen, mußten wir heiraten, dann können wir jetzt auch noch eine OHG werden, um nicht nur vor Gott, sondern auch vor den Menschen und Kollegen ein einwandfreies geschäftliches Erscheinungsbild abgeben zu können."

Als ich später mit meinem 'Nonplusultra' wieder einmal auf große Fahrt gehen mußte, um einen weit entfernt wohnenden Kunden zu besuchen, bot sich mir eine einzigartige

Chance, vierrädrig mobilisiert zu werden. Und das kam so:

Ich kam leicht 'unterkühlt' bei meinem Kunden, einem Schulleiter, an. Fahrten mit meinem Drahtesel im Oktober konnten mit einem Schnupfen oder einer Erkältung enden. Ich stakste ziemlich unbeholfen in das Schulleiterzimmer hinein und versuchte, meine klammgewordenen Beine einigermaßen vernünftig voreinander zu setzen.

Schulleiter: „Aber im Oktober fährt man doch nicht mehr zwei-, sondern vierrädrig! Und schon gar nicht eine Strecke von Studienburg bis hierher."

Hansheinzhorst: „Erst haben, dann fahren."

Schulleiter: „Vielleicht kann ich Ihnen helfen!?"

Er führte mich über den Schulhof, wo in einer Ecke ein Schuppen stand. Er schloß die Tür des Schuppens auf, und ich stand vor einem Opel-Olympia!

Schulleiter: „Es fehlen leider die beiden Vorderräder. Aber wenn er vierrädrig gewesen wäre, hätte er den Krieg gewiß nicht überlebt. Mein Vorgänger, ein etwas kauzig gewordener Junggeselle, wollte seinen Wagen für die Nachkriegszeit weiter verwenden und hat wahrscheinlich die Räder selbst abmontiert und irgendwo vergraben. Er soll sogar den 'Diebstahl' polizeilich angezeigt haben! So erzählt man sich jedenfalls die nette Geschichte im Dorf. Aber die Tragik behielt auch hier wieder einmal das letzte Wort: Mein Vorgänger fiel noch in den letzten Kriegstagen im Endkampf um Berlin. Er ist tot, und sein Wagen bleibt so lange ein Krüppel, bis ein Märchenprinz kommen wird und ihn mit zwei Rädern wieder fahrbar machen kann. Sind Sie vielleicht der Märchenprinz?"

Wir wurden handelseinig, und es gelang mir in Studienburg auch, zwei passende Vorderräder für einen Opel-Olympia aufzutreiben, und wenig später war ich stolzer Besitzer eines vierrädrigen tollen Untersatzes.

Nun – Glück und Glas – wie leicht bricht das! Aus ist es mit der Luxuskarosse – Totalschaden und ein Haufen Scherben. Und der Märchenprinz liegt mit zerbrochenen Gliedern im Krankenhaus. Als hätte ich mit meiner unheiligen Betrachtung plötzlich einen verdienten Blitz herbeigezogen, durchfährt es mich und erhellt mein geistiges Umfeld: „'Glück im Unglück' gibt es doch auch – oder? Der Märchenprinz ist doch versichert!" Xantri hatte darauf bestanden, beim Kauf des Wagens auch eine Insassenversicherung abzuschließen. „Das könnte der Neuanfang zu einem fahrbaren Untersatz werden", dachte ich.

23

Ins alte Krankenhaus verlegt:

Mich interessiert Ihre Gesundheit – nicht Ihre Existenz

Nach dem Einschlagen der Nägel in Unter-und Oberschenkel des linken Beines lag ich noch ein paar Tage in Schlimmberg, und dann wurde ich von Xantri in einen Sanka verfrachtet und nach Studienburg geholt.

Wenn ich auch diesmal auf die Chirurgie und nicht auf die Innere kam, so war mir doch irgendwie noch die Atmosphäre des alten Hauses vertraut: Hier hatte ja unsere Liebesgeschichte begonnen, und kurze Zeit später – auf Druck der Behörden – waren wir in der Hauskappelle getraut worden. Pfarrer Kirchner hatte unsere Ehe eingesegnet, Frau Kukowa war Trauzeugin gewesen, und später hatten wir in Xantris Wohnungsleinchen bei 'Sauerbraten à la Trapp Trapp' gefeiert. Was würde wohl diesmal hier so alles auf mich zukommen?

Mein Bett stand in der linken Zimmerecke am Fenster, und ich lag, als ich dies so überdachte, auf der linken Seite und dreht mich gerade der Wand zu auf die rechte, um einzuschlafen, als ich auf dem Flur ein leises Gepolter hörte, das ich aber nur ganz beiläufig mitbekam – und keinesfalls auf mich bezog. Die Fahrt hierher war anstrengend gewesen, die Operation nur wenige Tage her. Jetzt wollte ich nur noch eines: schlafen!

Xantri war es, wie ich später feststellte: Sie hatte auf dem Flur den Wagen geschoben, öffnete ganz leise die Tür und ließ den Wagen durch einen kleinen Schubs auf mein Bett zurollen. Als er dieses leicht rammte, gab es einen quietschenden Laut und einen kleinen Bums. Ärgerlich drehte ich mich herum:

Hansheinzhorst: „Zum Donnerwetter noch einmal; kann man denn hier nach einem anstrengenden Tag nicht in Ruhe einschlafen?"

Statt eines menschlichen Wesens, wie ich vermutet hatte, stand ein Transportwagen, wie er zum Herbeischaffen von medizinischen Geräten, von Essen, Wäsche und so weiter benutzt wird, vor mir, wie von Geisterhand hereingeschoben, vollgepackt mit Karteikästen, Ordnern und anderem Bürozubehör. Das konnte nur eine fertigbringen – und da schaute auch schon ihr spitzbübisches Gesicht um die geöffnete Zimmertür herum.

Xantri: „Und ich verspreche es Dir, der heutige Abend soll bestimmt nicht anstrengender werden als der vergangene Tag. Hast Du überhaupt schon meinen Willkommensgruß gelesen?"

Ich suchte mit den Augen und entdeckte ein Stück Pappe, in einen Karteikasten schräg eingesteckt, worauf die Worte standen: 'Willkommen daheim – die Arbeit grüßt!'

Xantri: „Mein geliebter Mann, wir wollen es so halten wie bei Deinem früheren Aufenthalt. Du kennst doch noch meine Therapie? Ich bin immer für eine Überraschung gut."

Hansheinzhorst: „Das kann ja wieder heiter werden!"

Xantri: „Das weißt Du doch hoffentlich auch noch: Arbeit ist die beste Medizin!"

Hansheinzhorst: „Wenn ich diesen Haufen Arbeit auf dem Wagen sehe, dann kann ich nur ehrfürchtig gestehen: Das langt noch für drei weitere Krankenhausaufenthalte."

Xantri: „Du irrst, mein Lieber. Diese Menge muß jetzt und hier aufgearbeitet werden. Die Buchführung muß aufs Laufende gebracht werden, sonst stimmt hinterher die Bilanz nicht; die Schulbuchversorgung muß vorbereitet werden, und die Werbung, die Du noch angekurbelt hast, muß versandfertig gemacht werden! – Aber natürlich nicht heute. Wenn Du morgen beginnst, genügt das."

Hansheinzhorst: „Also hör' mal! Um diese nachtschlafende Zeit fährst Du mit einem vollbepackten Wagen durch das halbe Krankenhaus, um ihn bei mir zu parken, damit ich morgen früh meinen Dienst antreten kann!"

Xantri: „Du beliebst schon wieder zu übertreiben. Ich bin nur mit dem klapprigen alten Fahrstuhl, er wimmert beim Hochsteigen immer noch so schrecklich wie vor einigen Jahren, vom Zugang Parkplatz in den zweiten Stock gefahren!"

Hansheinzhorst: „Und dann den Flur entlang bis zu meiner Zimmertür – und dann hast Du ihn führerlos an mein Bett rollen lassen."

Xantri: „Ja, ja – das stimmt schon – aber das halbe Krankenhaus habe ich dabei nicht aufgeweckt!"

Hansheinzhorst. „Aber mich! Und das ist schlimm genug."

Xantri: „So ist das halt, wenn man von Schlimmberg kommt! – Übrigens bin ich genau zu dieser Abendstunde gekommen, weil das nach meiner Erfahrung von früher und meiner Information jetzt die günstigste Zeit ist. Die Stationsschwester ist schon heim. Die Nachtschwester brütet über den Tagesabläufen oder hat ihren ersten Rundgang begonnen – und den beginnt sie stets ein Stockwerk tiefer."

Hansheinzhorst: „Wann hast Du denn das alles ausspioniert?"

Xantri: „Ich mußte doch wegen Deiner Verlegung hier vorsprechen, ob ein Bett in der Chirurgie frei ist und so weiter. Und bei dieser Gelegenheit habe ich mich gleich umgeschaut, wie ich nicht nur Dich ins, sondern auch die für Dich aufgehobene Arbeit ans Bett bringen kann. Denn deshalb haben wir doch gemeinsam für die Verlegung gestimmt, damit Du mir nicht nur privat, sondern auch geschäftlich beistehen kannst."

Hansheinzhorst: „Nur hatte ich mir das ohne eine Schockeinwirkung vorgestellt. Meinst Du nicht, daß das ein bißchen viel ist, zweimal Schock in einem Monat?"

Xantri: „Mit der Zeit gewöhnt man sich an vieles, was doppelt gemoppelt ist. Wir hatten doch auch nur an ein Kind gedacht, und dann kamen Zwillinge. Doppelt genäht, hält besser. Das haben die Garnfabrikanten und die Schneider in die Welt gesetzt: zur Absatzförderung. Jedenfalls weiß ich, daß zwei Kinder mehr Arbeit machen als eines – und wenn die Arbeit statt einer Woche zwei Wochen liegenbleibt, dann hast Du in der dritten die doppelte Arbeit zusätzlich zu tun. Oder hast Du gedacht, Du könntest Dich in der dritten Woche erst einmal so richtig ausruhen? – Da wird nichts draus. Ich versinke nämlich schon in Arbeit: das Geschäft, die Wohnung, die Kinder – und Du bisher auch noch in Ferien in Schlimmberg – oder nicht?"

Hansheinzhorst: „Da hast Du recht, einmal das Geschäft nicht sehen, das wäre schon Erholung gewesen, wenn da der Unfall sich nicht ereignet hätte."

Xantri: „Übrigens, Unfall! Ich habe natürlich dem Stationsarzt gesagt, daß Du ein wenig fürs Geschäft arbeiten müßtest und wolltest und habe hinzugefügt, daß dies sicher vom medizinischen Standpunkt aus sogar nicht unwichtig wäre, damit Du Dich nicht überflüssig fühlen würdest und so. Schließlich sei dies ja der Hauptgrund für die Verlegung gewesen und so..."

Hansheinzhorst: „Und was meinte er – 'und so'?"

Xantri: „'Natürlich kann Ihr Mann ein wenig arbeiten – und so', fügte er hinzu – 'nur nicht zuviel – und so!' Und so habe ich Dir anordnungsgemäß auch nur das halbe Büro gebracht – und so!"

Hansheinzhorst: „Und wie willst Du das halbe Büro hier unterbringen?"

Xantri: „Die Ordner kommen in den Schrank, die Karteikästen ins Nachttischchen. Die Prospekte und Bücher auf das Regal über Deinem Bett, und die Kartons mit dem Werbematerial schiebe ich unters Bett."

Hansheinzhorst: „Und wie soll ich mit meinem Liegegips an alles herankommen, an die Kartons unter dem Bett und an die Ordner im Schrank zum Beispiel?"

Xantri: „Schließlich liegst Du hier nicht allein – oder liegt Dein schlafender Zimmergenosse auch fest wegen Beinbruchs?"

Hansheinzhorst: „Nein, das nicht, er hat den linken Arm gebrochen."

Xantri: „Na also, dann kann er doch laufen und Dir mit dem rechten Arm einen Ordner holen – oder nicht?"

Hansheinzhorst: „Und wer holt mir die Kartons unter dem Bett vor?"

Xantri: „Das macht die Putzfrau! Die wird zwar meckern, aber sie muß sie ja auch zum Saubermachen unter dem Bett hervorholen. Du mußt nur den richtigen Moment abpassen. – Und solltest Du den verschlafen, dann werde ich das gegebenenfalls tun, wenn ich Dich besuchen..."

Hansheinzhorst: „... und neue Arbeit bringen werde – oder nicht?"

Xantri: „'Arbeit macht das Leben süß, Faulheit stärkt die Glieder', haben wir als Kinder immer gern gesungen und gespielt!"

Während des Gespräches hatte Xantri das halbe Büro bereits eingeräumt, der Wagen war leer. Sie gab mir noch einen ihrer herzhaften Küsse, packte mit einem handfesten Doppelgriff, nachdem sie sich die Türe geöffnet hat, den leeren Transportwagen und rief mir noch zu: „Faulheit stärkt die Glieder – das sei Dir bis morgen früh gewährt! Und wenn da die Stationsschwester kommt und meckern sollte, daß eines ihrer Krankenzimmer halb umfunktioniert worden ist: Der Arzt hat es erlaubt!"

Mein Zimmergenosse war während des lebhaften Gespräches munter geworden, hatte das letzte Stück mit angehört, sich aber weiter schlafend gestellt. Als Xantri die Tür hinter sich geschlossen hatte, drehte er sich herum und rief mir zu:

„Was hast Du nur für ein schreckliches Weib! Es hätte nicht viel gefehlt, und diese Furie hätte Dich noch in meinem Beisein vergewaltigt! Und so etwas läßt Du Dir gefallen?"

Hansheinzhorst: „Diese herzerfrischende Art – das ist ihre Therapie, sozusagen eine psychologische Meisterleistung! Damit hat sie mich schon einmal erfolgreich behandelt!"

Zimmergenosse: „Warum liegst Du denn dann hier? Wenn dem so ist, dann könntest Du Dich doch gleich zu Hause behandeln lassen."

Hansheinzhorst: „Das linke Bein ist genagelt und liegt in Gips."

Zimmergenosse: „Dann kannst Du ja nichts machen, wenn sie Dich vergewaltigen will. Dann ist es schon besser, Du liegst hier!"

–

Frühmorgens am anderen Tag gegen fünf Uhr betrat die Stationsschwester das Krankenzimmer. Mein Zimmergenosse verspürte, daß die Zimmertür geöffnet und dann wieder geschlossen wurde.

Zimmergenosse: „Was ist denn das schon wieder für eine nächtliche Ruhestörung! Kommt da schon wieder ein Transportwagen?"

Schwester: „Nein, mein Herr, nur das Fieberthermometer!"

Zimmergenosse: „Also, wer diese Anordnung getroffen hat, der müßte sein Leben lang um fünf Uhr geweckt werden und Fieber gemessen bekommen!"

Schwester: „Anordnung bleibt Anordnung!"

Die Schwester wandte sich mir zu.

„Und wie haben Sie die erste Nacht bei uns verbracht, Herr Hansheinzhorst?"

Hansheinzhorst: „Ich habe geträumt, ich wäre schon wieder in meinem Büro und müßte heute bereits wieder arbeiten!"

Schwester: „Das ist ja – trotz allem – ein sehr lobenswerter Traum für eine erste Nacht in unserem Krankenhaus. – Aber was sehe ich denn da für viele Bürosachen um Sie herum? Der Traum scheint Realität zu sein!"

Hansheinzhorst: „Lesestoff für die kommenden Tage, Schwester!"

Schwester: „Lesestoff? Diese Romane sehen mir aber ziemlich eigenartig aus!"

Hansheinzhorst. „Ich stimme Ihnen zu. Prospekte sehen nun einmal anders aus als gebundene Bücher. Aber lesen muß ich sie trotzdem."

Schwester: „Und das hier? Was sind denn das für Bücher?"

Hansheinzhorst: „Kladden, Schwester! Das ist ein Teil der Buchführung, die ich baldmöglichst aufs laufende bringen soll, wünscht meine Frau!"

Schwester: „Aber doch nicht hier! Wir sind doch kein Großraumbüro, sondern ein Krankenhaus!"

Die Schwester ging zum Schrank und öffnete ihn. Als sie hineinsah, rief sie entsetzt:

„Und was ist denn das?"

Hansheinzhorst: „Das ist der andere Teil der Buchführung und darüber hinaus die Unterlagen für die Schulbuchversorgung!"

Schwester: „Also das geht nun aber doch ganz entschieden zu weit! Sie sind hier, um gesund zu werden und nicht für buchhalterische Tätigkeiten im Bett engagiert."

Hansheinzhorst: „Meine Frau und ich haben diese Büroeinrichtung nicht ohne Erlaubnis vorgenommen. Meine Frau hat nach meiner Einlieferungsuntersuchung mit dem Stationsarzt gesprochen, ob ich ein wenig lesen und arbeiten dürfte. Ich sei doch nun schon über 14 Tage für die Buchhandlung ausgefallen und den Umständen entsprechend bei ganz guter Verfassung. Sie müsse daheim für die Kinder dasein und für den Haushalt. Darüber hinaus müsse sie sich um das Geschäft kümmern und letzten Endes mich auch hier noch betreuen. Kräfte verdoppeln zu können, das hätte sie schon gelernt, aber sie zu verdreifachen – dazu müßte sie erst noch geschult werden und ein Seminar besuchen. Der Arzt sagte ihr daraufhin, vom medizinischen Standpunkt wäre wohl nichts einzuwenden, wenn ich ein wenig arbeiten und lesen würde, nur übernehmen dürfe ich mich natürlich nicht."

Diesen letzten Nebensatz sprach ich aber nicht aus, weil ich auf die Wirkung des Hauptsatzes wartete.

Schwester: „Ein wenig lesen und arbeiten! Die Ärzte machen sich das immer leicht: 'Vom medizinischen Standpunkt aus'! Die brauchen sich ja auch nicht um das ganze Drum und Dran der Organisation zu kümmern. Stellen Sie sich einmal vor, jeder Patient brächte seinen ganzen beruflichen Klimbim mit hierher. Wie würden dann die Zimmer aussehen!"

Hansheinzhorst: „Aber nicht jeder Patient ist selbständig, Schwester! Es geht doch um meine Existenz. Es geht um den Fortgang der Buchhandlung und um das Wohl meiner Familie!"

Schwester: „Ihre Existenz interessiert mich nicht. Sie sind hier, um gesund zu werden – und das geht nur in geordneten Bahnen!"

Hansheinzhorst: „Ich kann hier nur richtig vollständig an Körper, Geist und Seele genesen, wenn ich weiß, daß ich mich wieder um das Geschäft kümmern kann. Das ist übrigens die Therapie meiner Frau, der schließlich auch der Arzt nichts besseres entgegenzusetzen hatte. Meine Frau hat dies hier – allerdings in der 'Inneren' – an mir schon vor Jahren mit Erfolg ausprobiert. Damals war sie hier Schwester!"

Schwester: „So! Diese Mitteilung ist aber trotzdem nicht geeignet, meine Meinung zu ändern. Jetzt habe ich die Leitung hier, bin die Stationsschwester und infolgedessen für Ordnung und Organisation zuständig!"

Hansheinzhorst: „Ich werde es meiner Frau ausrichten!"

Schwester: „Sagen Sie einmal, wann und wie hat Ihre Frau – es war doch Ihre Frau, nicht wahr? – die ganzen Sachen hier nach oben expediert? Soviel Kram kann man doch nicht in zwei Einkaufstaschen herauftragen!"

Hansheinzhorst: „Da meine Frau solche Sondertransporte nur nach Geschäftsschluß erledigen kann – wenn der Laden offen ist, muß sie bedienen -, konnte sie sich natürlich nicht nach den üblichen Besuchszeiten richten, alldieweil auch eine Fahrt mit dem Transportwagen zur normalen Besuchszeit etwas hinderlich in den schmalen Gängen gewesen wäre."

Schwester: „Ihre Frau ist mit einem unserer Transportwagen ...? Also, da hört sich doch alles auf!"

Hansheinzhorst: „Aber nein, im Gegenteil. Es fing alles gut an und setzte sich auch so fort. Der Zugang zum Aufzug hat doch einen Einstieg vom Hof aus. Der Fahrstuhl wimmerte noch immer wie in früheren Zeiten, wenn ihm eine Last zugemutet wurde, die für sein Alter etwas zu schwer war. Nach anfänglichem Stöhnen kam meine Frau mit dem Wagen ohne weitere Schwierigkeiten im zweiten Stock an. Und das letzte Stück, den Flur entlang, ging ohne Gegenverkehr reibungslos vonstatten."

Schwester: „Solche Unternehmungen – und das auch noch außerhalb der Besuchszeit und ohne meine Anwesenheit!"

Hansheinzhorst: „Sie waren leider schon nach Hause gegangen."

Schwester: „So – leider! Was meinen Sie wohl, was passiert wäre, wenn ich noch dagewesen wäre?"

Hansheinzhorst: „Dann hätten Sie sicher, entgegenkommend, wie ich Sie bisher kennengelernt habe, meiner Frau beim Einräumen geholfen!"

Schwester: „Jetzt halten Sie aber 'mal die Luft an!"

Hansheinzhorst: „Darf ich Sie trösten, Schwester? In meinem Leben und auch im Leben meiner Frau geschahen so viele merkwürdige Dinge außerhalb der von uns festgesetzten Besuchszeiten ..."

Schwester: „Solche Feststellungen haben hier auf meiner Station keine gültigen Konsequenzen. Merken Sie sich das! Ich werde, sobald als möglich, mit unserem Stationsarzt sprechen. Im übrigen: Es bleibt dabei: Sie sind hier, um gesund zu werden, Ihre Existenz interessiert mich nicht!"

–

Die Ärzte hatten mit einer Genesungszeit von etwa zwei Monaten gerechnet. Aber der eine Drehbruch wollte nicht so schnell heilen. Schließlich wurden es fast vier Monate.

Die Berufsgenossenschaft war schon ganz unruhig geworden – und ich auch. Im Anschluß an meinen Krankenhausaufenthalt sollte ich eine achtwöchige Gehschule besuchen. Nach einer normalen Verweildauer hätte ich diese Rehabilitationsmaßnahme gut vor Schulbeginn besuchen können. Die Verzögerung bedeutete nun für mich, daß ich zu Schulbeginn in der Gehschule sein würde. Auch Xantri war der Meinung, dies ginge auf keinen Fall. Meine Nichtanwesenheit sei existenzgefährdend.

Xantri hatte nach Erhalt des Einberufungsbescheides – das klang ja genauso, als würde man zum Wehrdienst eingezogen – die Berufsgenossenschaft angerufen und die Gefahr einer solchen Situation geschildert.

Xantri: „Weißt Du, Hansheinzhorst, die wußten mir doch auch nichts Besseres zu sagen als Deine Stationsschwester: 'Ihre Existenz interessiert uns nicht. Wir sind verpflichtet, Ihren Mann wieder, so weit es geht, gesundheitlich herzustellen. Diese Maßnahme hat unmittelbar im Anschluß an den Krankenhausaufenthalt zu erfolgen. Das ist Vorschrift!' – Ich antwortete daraufhin: 'Die Gesundheit meines Mannes nutzt uns nichts, wenn wir dabei die Existenz verlieren.' Antwort: 'Und Ihr Mann bekommt nur eine verkürzte oder gar keine Unfallrente, wenn er bei uns nicht pünktlich eintrifft.'"

Xantri kam zuerst, wie sollte es auch anders sein, auf eine rettende Idee:

„Wenn Du nun erneut krank wirst und das Krankenbett nicht verlassen kannst? Dann kannst Du doch beim besten Willen der Einberufung nicht Folge leisten! Wäre das nicht so eine Ausnahme, wie sie unter das Landsergebot fallen würde: 'Man kann eben ein Paar Fingerhandschuhe nicht über ein Paar Fausthandschuhe ziehen.'"

Hansheinzhorst: „Und welche Krankheit schlägst Du vor: Masern oder Blinddarmvereiterung oder Mumps?"

Xantri: „Sei nicht so frech! Wir brauchen ein Mißgeschick, das sich im Handumdrehen machten läßt. – 'Handumdrehen': Du hast doch so ein tolles Ding im Arbeitsdienst gedreht!"

Hansheinzhorst:"Ich hatte eine 'Einberufung' zum Vorbeimarsch auf dem Parteitagsgelände erhalten und wollte auf keinen Fall meine Beine vor Adolfen in die Höhe schmeißen."

Xantri: „Und um das zu vermeiden, hast Du Dich doch damals einer alten Fußballverletzung entsonnen. Die dürfte doch wohl durch den Unfall kaum besser geworden sein. Das rechte Fußgelenk war es, nicht wahr?"

Xantri drehte meinen Fuß ganz plötzlich – sozusagen im 'Handumdrehen' – herum, so daß ich einen kleinen Aufschrei nicht unterdrücken konnte:

Xantri: „Prima, erstklassig, ausgezeichnet – das bekommen wir einwandfrei hin! Und Du wirst ganz bestimmt im Schulbuchgeschäft anwesend sein können – natürlich hinter den Kulissen! Die Hauptsache ist: Du bist da! Übermorgen wirst Du entlassen. Zu Hause angekommen, stolperst Du über Deine Gehstützen, ich kann Dich gerade noch auffangen und drehe Dir dabei den rechten Fuß so herum, daß Du aufschreien wirst. Und nachdem das Gelenk gut angeschwollen ist, rufe ich unseren Hausarzt an. Das ergibt dann eine erneute Krankmeldung."

Hansheinzhorst: „Meinst Du wirklich, daß das alles notwendig sein wird?"

Xantri: „Natürlich! Ohne Schwellung und Hausarzt geht das nicht. Und das muß auch erst bei uns zu Hause passieren, sonst behalten sie Dich doch gleich wieder im Krankenhaus. Von dort aus kannst Du die Schulbuchversorgung nicht lenken! Natürlich schalte ich das Krankenhaus wieder ein, werde den Stationsarzt von Deinem Mißgeschick unterrichten und ihm von Deiner Existenzsicherungsschwellung erzählen, damit er nach Bonn berichten kann, an die BG meine ich, daß Du leider die nächste Gehschule nicht besuchen kannst."

Hansheinzhorst: „Ich werde also eine Gehschule überspringen, und die übernächste fällt dann genau in die großen Ferien. Liebstes Eheweib, ich spreche Dir meine höchste Anerkennung aus. Wieder einmal Slalom perfekt."

Xantri: „Man muß um diese Paragraphen herumfahren können, als wäre man eine Super-Ski-Slalom-Weltcup-Fahrerin!"

Hansheinzhorst: „Und ich hatte gedacht, Paragraphen und Vorschriften wären dazu vorhanden, den Bürgern das Leben zu erleichtern!"

Xantri: „Und Du darfst dann schon wieder kostenlos Urlaub machen! Und was tue ich arme Buchhändlersfrau! Ich werde im Laden stehen, Kunden bedienen, Bestellungen ausfertigen und und und ..., dazu den Haushalt bewältigen, Strümpfe stopfen, den Kindern die Nase putzen – und Dir trotzdem liebe Briefe schreiben. Ich bin jedenfalls sehr, sehr glücklich, daß alles so gut abgelaufen ist. Ich hatte schon Schlimmeres gesehen, einen Rollstuhl zum Beispiel! Nicht einmal orthopädische Schuhe mußt Du tragen.

Aber das allerwichtigste ist, daß Du erst einmal acht Wochen bei mir sein kannst. Es lebe die Existenzsicherungsschwellung! Ich werde sehr gnädig sein. Aber ohne Schwellung geht es nicht!"

24

Das Gutachten und seine Folgen:

Man soll rechts überholen, wenn es links nichts bringt

Ich lag nach dem Nägelziehen in meinem 'alten' Krankenzimmer in Studienburg und wartete auf meine Entlassung. Die Gehschule hatte ich vor einigen Monaten erfolgreich absolviert. Inzwischen hatte eine Begutachtung durch die Berufsgenossenschaft stattgefunden.

Ich war gut gelaunt, weil ich nach meinem Unfall zwar angeschlagen war, mir aber im großen und ganzen meine Arbeitskraft erhalten geblieben war. Der Kiosk brauchte meine laufende Anwesenheit dringend. Es war jetzt ein reichliches Jahr her, daß dieses Tiefflieger-Verhängnis über mich hereingebrochen war. Niemals hätte ich es für möglich gehalten, daß der Krieg noch einmal so nachhaltig im Frieden in mein Leben eingreifen würde.

Arzt: „Guten Morgen, Herr Hansheinzhorst. Nun will ich Sie aber endlich wieder in die Freiheit entlassen. Ich denke, ich kann das wohl vom ärztlichen Standpunkt aus verantworten. Hat sich die Operationsnarbe inzwischen geschlossen?"

Hansheinzhorst: „Nein, leider noch nicht ganz. Aber das wird doch wohl kein Hindernis für eine Entlassung sein?"

Arzt: „Nein, das nicht! Aber Sie müssen sich sicherheitshalber zweimal in der Woche in der chirurgischen Ambulanz einfinden. Die Wunde muß weiter beobachtet werden, bis sie sich geschlossen hat. Wenn unsere Bettenkapazität nicht ständig vorab ausgebucht wäre, würde ich Sie noch dabehalten. Aber Ihr Bett ist ab morgen schon wieder vergeben."

Hansheinzhorst: „Meine Frau hat inzwischen einen neuen Wagen organisiert, so daß der Besuch der Ambulanz keine Schwierigkeiten machen wird. Die Prämie der Insassenversicherung für meine kaputten Knochen hat die Anschaffung ermöglichen lassen."

Arzt: „Ich habe inzwischen Ihr Gutachten von der Berufsgenossenschaft lesen können. Es entspricht leider in einem wichtigen Punkt nicht Ihren Erwartungen. Ich hatte nach Ihrem Grade Ihrer Schädigung auch nicht mit einem Behinderungsgrad unter 50 % gerechnet." – Und dann fügt er ironisch lächelnd hinzu: „Sie haben sich wahrscheinlich in der Gehschule zuviel Mühe gegeben und zu sehr angestrengt."

Hansheinzhorst: „Das scheint mir jetzt, indem Sie mir das so servieren, auch so zu sein. Bei der Unterwassergymnastik sagte mir nämlich einmal ein Mitpatient: 'Mensch, was strengst Du Dich denn so an? Du benimmst Dich ja, als trainiertest Du für die nächste Olympiade! Du mußt auf Rente trainieren, Kumpel! Wenn Du denen bei der Abschlußuntersuchung vormachen kannst, was Du alles kannst, dann kannst Du gleich etliche Prozentpunkte streichen. Ein Schwerbehindertsein ist viel zu kostbar, das darf man nicht so ohne weiteres, mit 'Haste was – kannste was' verspielen. Es geht doch um die Penunzen! Oder hast Du zuviel davon?'"

Arzt: „Ich war eine Zeitlang Gutachter bei der BG. Aber die Vorkommnisse in diesen Monaten, die haben mir gereicht! Ständig sitzt man zwischen zwei Stühlen. Da haben Sie auf der einen Seite Ihre Vorschriften und auf der anderen die Antworten der Patienten. Sind diese nun ehrlich oder nicht? So genau können Sie das beim besten Willen mit Ihren medizinischen und menschlichen Kenntnissen nicht immer beurteilen."

Hansheinzhorst: „Dann hieße also die Konsequenz aus meiner Perspektive: Wer zuviel an sich arbeitet, wird bestraft; und der Nichtstuer wird belohnt!"

Arzt: „Falls Sie das ironisch gemeint haben sollten, dann bin ich bereit, diese Sentenz gelten zu lassen. Aber Spaß beiseite: Natürlich hat die BG auch einen gewissen Ermessensspielraum, zum Beispiel, wenn der 'Obergutachter' – am Schreibtisch – eine andere Meinung hat als der 'Untergutachter' – vor Ort!"

Hansheinzhorst: „Das heißt also: Unter Umständen rundet der Untergutachter nach oben und der Obergutachter nach unten ab – oder auf oder hinüber oder herüber oder sonst wohin!"

Arzt: „Chefs denken nun einmal aufgrund ihrer Prämissen öfter anders als ihre Untergebenen."

Hansheinzhorst: „Sicher könnte man doch aber in meinem Fall eine Beschwerde einlegen?"

Arzt: „Natürlich können Sie das. Aber ich würde Ihnen davon abraten. Welcher Gutachter, welcher Obergutachter läßt sich schon von einem Patienten sein sorgfältig und mühsam erstelltes Werk anfechten! So ein Erstellen kostet wirklich viel Zeit und so. Ein Gutachten – und das weiß ich nun aus 'gehabter' Erfahrung wirklich bestens – soll man nicht von links, sondern elegant von rechts überholen!"

Hansheinzhorst: „Wie meinen Sie das?"

Arzt: „Man muß neue Gesichtspunkte, noch nicht erwähnte Tatsachen, ins Spiel bringen. Kriegsverwundungen, alte Krankheiten, die entsprechend bewertet werden können und so weiter. Ich würde Ihnen also raten, die 40 % nicht revidieren zu lassen. Das dürfte wahrscheinlich schiefgehen. Wenn wir neue Tatsachen anführen, dann ist für ein neues Gutachten das Versorgungsamt zuständig."

Hansheinzhorst: „Das wird ja direkt spannend wie ein Krimi! Das grenzt fast an Zauberei!"

Arzt: „Ist es aber nicht. Es ist weiter nichts als die Summe von Realitäten. – Wenn man mit einer Behörde nicht so klarkommt, wie man sich das vorgestellt hat, ist es am besten, man gestaltet den Fall so, natürlich nur, wenn das möglich ist, daß ein anderes Amt federführend wird. Denn eine andere Behörde kann, manchmal sogar aus Konkurrenzgründen, eine Sache anders sehen und beurteilen als die vorhergehende. Die eine kann nicht mehr geben, sie hat schon zuviel des Guten getan, die andere greift den Fall gern auf, weil er ihre Statistik verbessert: Trau, schau wem!"

Hansheinzhorst: „Es fallen mir Schuppen von den Augen! Erst habe ich immer gedacht, ich wäre zu einem falschen Zeitpunkt geboren, und später war ich der Meinung: 'Du bist halt als Nicht-wieder-nach-Hause-Geher ein Sonderfall!' Aber ich sehe jetzt, da scheint auch einiges Grundsätzliche mit im Spiel zu sein."

Arzt: „Die Verwaltung ist nicht nur für den Bürger da, sie ist auch Selbstzweck."

Hansheinzhorst: „Ich sehe ein, Herr Lehrer, ich bin in der dritten Klasse Volksschule sitzengeblieben und habe noch immer nicht das notwendige Rüstzeug für das bürgerliche Leben hinzugelernt."

Arzt: „Also machen wir nun Nägel mit Köpfen! Haben Sie schon daran gedacht, sich einmal all' Ihre gesundheitlichen Schädigungen in Kriegs- und Nachkriegszeiten in Prozenten auf eine Gesamtsumme zusammenzählen zu lassen?"

Hansheinzhorst: „Nein, daran habe ich noch nie gedacht."

Arzt: „Sehen Sie! Leider wissen das vielzuwenige. Und Sie haben doch einiges aufzuweisen, laut Anamnese. Besitzen Sie übrigens zufällig noch Ihr Soldbuch? Das wäre eine vorzügliche Beweissicherungsunterlage."

Hansheinzhorst: „Ich habe es glücklicherweise durch jede Filzung hindurchgebracht! Immer mit dem Gedanken dabei: Das kannst Du vielleicht noch einmal gebrauchen!"

Arzt: „Vorzüglich. Sie hatten angegeben: drei Verwundungen."

Hansheinzhorst: „Stimmt – ohne weiteres nachweisbar."

Arzt: „Sehen Sie, diese Verwundungen allein sind wahrscheinlich schon etwa 30 % wert. Sie hatten weiterhin eine schwere Gelbsucht. Nach Intensität und Dauer, jetzt kommt die Pointe, weiß man nach wissenschaftlichen Ergebnissen, daß es dabei Schädigungen von Magen und Darm in einem ursächlichen Zusammenhang geben kann. Ihre Magen-Darm-Geschichte samt Blutung könnte nochmals etwa 20 bis 30 % ergeben. Gelbsucht beeinträchtigt die Stabilität des Magens und kann als Krankheit nicht nur für sich, sondern auch als Auslöser für Magenerkrankungen gewertet werden. Schon gewußt?"

Hansheinzhorst: „Woher soll man das als drittklassiges, sitzengebliebenes Mitglied einer aufgeklärten Gesellschaft wissen! Eine Krankengeschichte in ihren Zusammenhängen so zu bewerten, das grenzt wirklich fast an Zauberei."

Arzt: „Für Verwundungen und andere während des Krieges erfolgte gesundheitliche Schädigungen ist das Versorgungsamt zuständig, auch für die Spätfolgen. – Durch Kälteeinwirkungen in der Nachkriegszeit ist Ihre Lunge angegriffen. Sie standen eine Zeitlang unter TB-Verdacht. Ein Emphysem ist zurückgeblieben. Dafür interessiert sich auch das Versorgungsamt. Das dürfte Ihnen auch etwa 10 % bringen."

Hansheinzhorst: „Da hätten wir im günstigen Falle die 100 % schon zusammen."

Arzt: „Allerdings, ohne ein gutes medizinisches Verwertungswissen geht das natürlich nicht. Ich werde sehen, was ich tun kann, wenn ich Ihre Anamnese auswerten werde."

Hansheinzhorst: „Also jetzt fasse ich einmal zusammen: Auf mein linkes Bein übertragen, hieße das: Für den Verwundungsbereich ist das Versorgungsamt zuständig, für die Knochenbrüche die Berufsgenossenschaft und für mein Venenleiden (als Folge von ...?) die Krankenkasse. Oder gibt es für ein Venenleiden keine Prozente?"

Arzt: „Nein, das rechnet sich nicht. Außerdem lohnt sich eine Addition über 100 % nicht!"

Hansheinzhorst: „Aber könnte die Differenzierung an meinem linken Bein nicht einmal zu Kompetenzschwierigkeiten der drei beteiligten Institutionen führen?"

Arzt: „Also, solche Gedanken lassen Sie erst einmal ruhig in der Versenkung, und wenn ein solches Problem später auftauchen sollte, dann lassen Sie das in aller Ruhe auf sich zukommen. Im übrigen bin ich der Überzeugung, daß Ihnen eine Anerkennung als Schwerbehinderter nach Ihrem bisherigen dornenreichen Leben wirklich zusteht. Ich hoffe ich habe Sie überzeugt, und Sie wundern sich nun nicht mehr. Schließlich ist doch das beginnende Wirtschaftswunder auch kein Wunder, sondern eine Summe von Realitäten."

Hansheinzhorst: „Wem sagen Sie das. Ich kenne die Schinderei der letzten Jahre nur zu gut."

Arzt: „Übrigens, diese Erkenntnis, als Eigenleistung Ihrerseits, steht Ihnen noch bevor: Nach diesem Unfall sind Sie bestimmt nicht mehr der alte. Bisher konnten Sie wahrscheinlich vieles wegstecken. Nunmehr wird das Laufen mühsamer werden. Die Bewegung des linken Armes ist eingeschränkt, und auch der Rippenserienbruch wird sich bemerkbar machen, auch wenn es dafür keine Punkte geben wird. Im Zusammenhang mit dem Lungenemphysem werden Sie, schon bei kleinen Anstrengungen, zu schnaufen anfangen. Muten Sie sich, besonders in den nächsten Wochen und Monaten, nicht zuviel zu – und lassen Sie möglichst keine Aufregungen an sich herankommen. Ihr Nervenkostüm hat nämlich auch, begreiflicherweise, gelitten!"

Hansheinzhorst: „Bisher hat mich noch niemand so liebevoll und zeitraubend aufgeklärt wie Sie. Das ist die Tragik für uns alte Krieger: Es werden Milliarden ausgegeben, um Bürger zu Soldaten auszubilden. Aber um alte Landser wieder oder überhaupt erstmalig in die Gesellschaft einzugliedern, da ist keine müde Mark vorhanden! Ich empfinde das zivile, sogenannte friedliche Leben nach meinen bisherigen Erfahrungen voller Fußangeln, Hürden, Gräben und voller Selbstschüsse; Steine auf löchrigen Wegen nicht zu vergessen. Und vieles, was man im Krieg gelernt hat, ist im Frieden nur sehr bedingt zu verwenden."

Arzt: „Als Schwerbehinderter sind Sie nun, wahrscheinlich für immer, offiziell arbeitsunfähig. Aber bei einem Selbständigen ist natürlich ein gewisser Ermesssensspielraum gegeben. Wer auf dem Krankenbett arbeitet, wird sich wohl nach seiner Entlassung nicht in den Lehnstuhl setzen und Zeitung lesen. – Die ganze Problematik einer Minderung der Erwerbsfähigkeit ist mir natürlich nicht vertraut; auch wie sich das alles auf eine Altersrente auswirkt! Man muß da wohl auch in Rentensachen flexibel sein. Ein Schwager von mir hat sich von seiner Frau anstellen lassen. Aber dazu muß natürlich die Ehe in Ordnung sein und bleiben."

Hansheinzhorst: „Anstellung – warum denn das?"

Arzt: „Meine Schwägerin hatte wenig, mein Schwager am meisten in die Rentenversicherung eingezahlt. Und so war es für die Höhe der zu erwartenden Altersrente am günsigsten, wenn seine Frau für ihren Mann auf Geschäftskosten die – später einmal – zu verlebende Rente aufbesserte."

Hansheinzhorst: „Immer noch wie bei Preußens: 'rin in die Kartoffeln, 'raus aus die Kartoffeln! 'rin in die OHG, 'raus aus der OHG! Slalom kann nicht schöner sein!"

Arzt: „Bei Ihnen liegt die Sache begreiflicherweise etwas anders. Auf alle Fälle lassen Sie sich mit der Anstellung Zeit. Beobachten Sie erst einmal die Szene, und informieren Sie sich. Stehen Sie zunächst mit Gewehr bei Fuß – wie bei den alten Preußen, und warten Sie ab. Bietet sich eine günstige Gelgenheit, dann packen Sie den betreffenden Paragraphen beim Schopfe, beziehungsweise beim Bogen und biegen Sie sich diesen für sich zurecht. Vielleicht läßt sich bei Ihnen eine Wiedereinstellung vergolden? – Im übrigen, ich habe für Sie eine Sanatoriumskur beantragt. Sie brauchen nach dem Krankenhausaufenthalt unbedingt noch einmal Erholung und Genesungsbetreuung. Näheres darüber erhalten Sie direkt mit der Post."

25

Bakterien in der Wunde und in der Buchführung dazu:

Die Statik eines heißen, sich abtropfenden Griesbreies

Ich kam einfach vom Krankenhaus nicht wieder los! Ich hatte Pech gehabt, Bakterien waren in meine Wunde eingedrungen, und deshalb konnte sie nicht zuheilen.

Der Stationsarzt bedauerte das sehr, weil nun mein endgültiges Gesundwerden sich wieder um einige Wochen verzögern würde. Die Narbe mußte nochmals gesäubert und das infizierte Fleisch tief herausgeschält werden. Er hoffe, sagte der Arzt, daß es Krankenhausbakterien seien, die wisse man gut zu bekämpfen. Bei buchhändlerischen Raritäten hätte man noch keine Erfahrungen und so! Mir war dabei gar nicht zum Lachen gewesen, als er das so heiter, lässig dahinsagte, als wäre das eine spaßige Angelegenheit. Aber das hatte ich schon bemerkt: Ärzte haben manchmal einen etwas ausgefallenen Humor!

Ich dachte (und denke) an Xantri, die ich nun immer noch nicht voll entlasten konnte. Hoffentlich ereigneten sich nicht irgendwelche Dinge, die sich schlecht ohne meine Anwesenheit erledigen ließen. Die Uhr ging schon langsam auf Geschäftsschlußzeit zu. Wenn es die Kunden erlaubten, würde Xantri wohl bald hier sein können. Mit dem Wagen hatte sie es nun leichter. Die Insassenversicherung hatte es möglich gemacht.

Ich hatte die letzten Worte laut vor mich hingesagt. Das zweite Bett stand leer. Mein Zimmergenosse war am Vormittag entlassen worden.

Xantri trat ein und hatte den letzten Satz mitbekommen. Sie wiederholte ihn ebenso laut:

„Ja, die Insassenversicherung, ja, die Insassenversicherung! Und die OHG dazu – die haben es möglich gemacht!"

Hansheinzhorst: „Was ist denn los, Xantri, was hat es denn gegeben?"

Xantri: „Das Ergebnis der Betriebsprüfung! Von der hatte ich Dir seinerzeit schon erzählt. Damals hieß es nur, wir hätten einen Betrag falsch gebucht. Mehr nicht! Aber jetzt!"

Hansheinzhorst: „Wäre es günstiger gewesen, wenn ich damals dabei gewesen wäre?"

Xantri: „Du hättest auch nichts ändern können. Die Beiträge für die Insassenversicherung hätten wir auf Privat buchen müssen, damit Du die Versicherungsprämie für Dich hättest behalten können. Für diesen kleinen Fehler, 120,- DM falsch gebucht, müssen wir jetzt das Hundertfache zahlen: 12.000,- DM!"

Hansheinzhorst: „Das kann doch nicht möglich sein! Komm', erzähl' der Reihe nach."

Xantri: „Wir hatten doch seinerzeit eine Insassenversicherung abgeschlossen. Das war etwa zum Zeitpunkt, als wir uns den Opel-Olympia anschafften. Einige Zeit vorher hatten wir auf Empfehlung des Geschäftsführers vom Landesverband unsere Firma in eine OHG verwandelt, damit Du, der Fachmann, als Mitinhaber im Firmennamen erscheinst. Das sei gegenüber Kollegen, Verlagen, Banken, Behörden und so weiter wichtig."

Hansheinzhorst: „Ja, richtig – und wie ging es weiter?"

Xantri: „Für die gesundheitlichen Schädigungen, die Du durch den Unfall erlitten hast, bekamen wir 18.000,- DM. Diese verbuchten wir als Geschäftseinlage, um einerseits das Eigenkapital zu erhöhen und andererseits uns den neuen

Wagen leisten zu können. Der Prüfer fragte mich, woher die Einlage von 18.000,- DM käme. Ich antwortete, das sei die Prämie aus der Insassenversicherung, die Du für Deine gesundheitlichen Schädigungen, bedingt durch den Unfall, bekommen hättest. Und dann stellte er mir die Frage, wo ich denn die Beiträge für die Insassenversicherung verbuchte hätte? 'Dort, wo sie hingehören', sagte ich, 'auf das Kfz-Konto.' – 'Das ist natürlich nicht unbedingt falsch. Nur, wenn Sie die Beiträge als Geschäftsausgabe buchen, dann gehören die Eingänge aus den Beiträgen zu den Geschäftseinnahmen und sind daher zu versteuern. Wenn Sie in den Genuß unversteuerter Einnahmen hätten kommen wollen, dann hätten Sie die Beiträge auf Privat buchen müssen.'"

Hansheinzhorst: „Das wird ja immer geheimnisvoller. Das verstehe, wer will!"

Xantri: „Wärest Du mein Prinzgemahl geblieben als Mitarbeiter ohne eigene Einkünfte, dann hätten wir über die Versicherungsprämie privat verfügen können."

Hansheinzhorst: „Es ist sehr schwer, dieser Argumentation zu folgen, zumindest menschlich gesehen. Und umgebucht durften die Beitragszahlungen nicht werden? Ansonsten kann bei einer Betriebsprüferbilanz, sagen wir es einmal so, doch auch herum- und umgebucht werden! Schließlich sind die Beiträge für die Berufsgenossenschaft auch Betriebsausgaben, und die Unfallrente, die ich bekomme, muß doch auch nicht versteuert werden."

Xantri: „Dieses Argument habe ich auch eingewendet. Antwort: 'Die Beiträge für die Berufsgenossenschaft sind vom Staat angeordnet und müssen gezahlt werden. Eine Insassenversicherung ist nicht Pflicht und kann nach Belieben privat und geschäftlich abgeschlossen werden.'"

Hansheinzhorst: „Oh, diese Haarspaltereien! Das ist 'mal wieder eine typische Argumentation, zu der ich so gern sage: 'Sie hat die Statik eines heißen Griesbreies, der sich vom Kochtopf in zäher Stetigkeit in eine Schüssel abtropft.' Und das alles, weil wir, praktisch durch einen kleinen Federstrich, eine Einzelfirma in eine OHG verwandelt haben! Der Geschäftsführer vom Landesverband hat es sicher gut gemeint und hat diese Fußangel auch nicht gekannt. Hattest Du zu diesem Problem auch unseren Steuerberaterkunden gehört?"

Xantri: „Natürlich!"

Hansheinzhorst: „Und?"

Xantri: „Er hat dieses Problem in seiner Praxis noch nie gehabt, sagte er."

Hansheinzhorst: „Dann hätte uns also auch kein Steuerberater helfen können!"

Xantri: „Ich war zunächst fassungslos. Ich wußte nicht mehr, was ich denken, was ich sagen, was ich fragen sollte! Schließlich hörte ich mich fragen: 'Woher soll ich das Geld für eine Steuernachzahlung nehmen? Wir mußten doch einen neuen Wagen nehmen, besonders jetzt, wo mein Mann nicht mehr gut zu Fuß ist. Der Wagen hat genausoviel gekostet, wie wir nun Steuern nachzahlen sollen. Darf ich Ihnen den Wagen in Zahlung geben?' Der Betriebsprüfer sagte mir dann: 'Ich muß mich nach meinen Gesetzen und Vorschriften richten.' – 'Auch dann, wenn Sie eine Existenz vernichten würden?' – 'Auch dann! Auch in einem solchen Falle habe ich die Interessen des Staates als Finanzbeamter zu vertreten.' – 'Und die Interessen eines Schwerbehinderten sind Ihnen ebenfalls gleichgültig?' – 'Ich bin nicht mehr bereit, Ihnen solche Fragen zu beantworten. Lassen Sie sich einen Termin beim Chef geben, und sprechen Sie mit ihm Ihren Fall noch einmal durch.'"

Hansheinzhorst: „Warst Du inzwischen dort, beim Finanzamtschef?"

Xantri: „Ja! Der Herr Regierungsdirektor bedauerte aus menschlichen Gründen die Auswirkungen des Buchungsfehlers: Sein Mitarbeiter habe sich aber korrekt verhalten, und auch er müsse sich nach Recht und Gesetz richten. Ich reagierte daraufhin sehr allergisch und angriffslustig! 'Also lebe ich gar nicht in einem sozialen Rechtsstaat, sondern in einer Diktatur von erbarmungslosen Paragraphen und erstarrten Regeln aus dem Dritten Reich, kurzum, nicht in einer Demo-, sondernin einer häßlichen Bürokratie, wenn es bei so einem Sonderfall nicht einen Härteparagraphen gibt.' – 'Wie Sie die Sache sehen, ist mir gleichgültig.' – 'Man kann doch als kleiner Selbständiger nicht alles wissen, nicht jeden Paragraphen kennen. Ich buche doch nicht einen kleinen Betrag von 120,- DM bewußt falsch, wenn ich weiß, daß eine solche Buchung bittere Folgen haben kann. – Wenn ein hoher Politiker, alkoholisiert und Polizisten beschimpfend, nur 2.800,- DM zu zahlen hat, ich las es vorgestern in der Zeitung, dann muß doch wenigstens diese Relation 120 zu 12.000 verwerflich sein – oder?' – 'Bei der Polizistenbeschimpfung handelt es sich um eine Strafe, bei Ihnen handelt es sich um eine Steuernachzahlung, die im juristischen Sinne keine Strafe ist.'"

Hansheinzhorst: „Ach, wie lieb! Falls das öfters so ist, lassen wir uns in Zukunft lieber bestrafen, weil das anscheinend billiger ist, als daß sich dieser Staat an Nachzahlungen unsererseits bereichert!"

Xantri: „Dann sagte er zum Schluß, er müsse jetzt das Gespräch beenden. Er sitze nicht hier, um Paragraphen zu korrigieren und menschliche Erleichterungen zu ermöglichen, sondern um die Interessen des Staates zu vertreten und auch durchzusetzen. Das sei seine Auffassung von einem Rechtsstaat als Chef dieses Finanzamtes! – 'Und die Existenz meines Mannes und mir interessiert Sie also nicht?' – 'Das habe ich nicht gesagt!' – Er erhob sich. Ich stand auch auf – und mit den Worten: 'Ich danke Ihnen für Ihre Informationen', verließ ich unter Absingen häßlicher Lieder – das habe ich aber nur symbolisch, mich auf die Lippen beißend, getan – das Lokal."

Hansheinzhorst: „Und was tun wir nun?"

Xantri (in gespielter Wut): „Ich kündige Ihnen hiermit, und zwar fristlos – ist Ihnen das klar!"

Hansheinzhorst: „Ich Ihnen auch, ich habe es satt, Ihr Mitarbeiter zu sein."

Xantri: „Ich denke nicht mehr daran, mit Ihnen noch länger zusammenzuarbeiten. Ich mache Sie für den Verlust von 12.000,- DM verantwortlich!"

Hansheinzhorst: „Was unterstellen Sie mir? Sie sind selbst an dieser Misere schuld! Wenn Sie ein Darlehen aus dem Lastenausgleich bekommen, dann müssen Sie auch wissen, wie man zu buchen hat, einschließlich einer Insassenversicherung, ohne daß sich Seine Majestät, der Staat, daran bereichern kann!"

Xantri: „Ich bin doch nicht der Fachmann! Wozu habe ich Sie eigentlich geheiratet?"

Hansheinzhorst: „Ich lasse mich scheiden – von der OHG und auch sonst!"

Xantri: „Wenn ich Alleininhaberin geblieben wäre, dann wäre das alles nicht passiert!"

Hansheinzhorst: „Von mir aus können Sie wieder Ihren ganzen Kram alleine machen! Schließlich bin ich schwerbehindert und arbeitsunfähig."

Xantri: „Das waren Sie auch vorher schon!"

Hansheinzhorst: „Keine Beleidigungen, sonst bleibe ich Ihr Mitarbeiter. Als Schwerbehinderter bin ich fast so gut wie unkündbar! Übrigens, was bekomme ich eigentlich für eine Abfindung – steuerfrei natürlich – wenn ich freiwillig ausscheide?"

Xantri: „Mein letztes Entgegenkommen: Ich verpflege Dich noch bis zum Ausscheiden aus der Firma und aus dem Ehestand!"

Hansheinzhorst. „Und Du meinst, als geschiedene Ehefrau stehst Du Dich besser?"

Xantri: „Sage mir einmal: Seit wann duzen wir uns schon wieder, wenn wir doch auseinandergehen wollen?"

Beide fallen sich herzlich lachend um den Hals!

Hansheinzhorst. „Du, der Arzt hat recht. Er sagte mir, ich solle aus dem Betrieb ausscheiden und mit Gewehr bei Fuß stehen und abwarten. Nur, wenn ich kein Mitarbeiter mehr bin, könnte ich ja eines Tages wieder einer werden, wenn es sich lohnt."

Xantri: „Das könnte Dir so passen: Mich in das Unglück hineinrasseln und mich dann sitzen lassen! Nur wenn es sich lohnt, willst Du wieder mitarbeiten, und eine Abfindung willst Du auch noch haben!"

Hansheinzhorst: „Du??? Du weißt doch ganz genau, wie ich das gemeint habe: Es ist doch völlig gleichgültig, ob ich Dir als Prinzgemahl, als Mitinhaber oder als Arbeitsunfähiger diene! Die Arbeit, die ich bisher verrichtet habe und auch weiterhin tun will, ist doch immer die gleiche. Und warum ich sie sogar gern tue, das weißt Du doch wohl auch?"

Xantri: „Nein, das weiß ich wirklich nicht!"

Hansheinzhorst: „Obwohl ich es weiß, daß Du es sehr wohl weißt – und daß Du es sicher nur noch einmal wieder von mir hören willst!"

Xantri: „Was will ich wieder einmal von Dir hören?"

Hansheinzhorst: „Ich liebe Dich!"

Xantri: „Als Ehemann?"

Hansheinzhorst: „Ja!"

Xantri: „Als Prinzgemahl?"

Hansheinzhorst: „Ja!"

Xantri: „Als Mitinhaber?"

Hansheinzhorst: „Ja!"

Xantri: „Als Arbeitsun-, aber nicht als Liebesunfähiger?"

Hansheinzhorst: „Ja!"

Xantri: „Als Behinderter, aber nicht beim 'Umärmeln'?"

Hansheinzhorst. „Ja!"

Sie fallen sich wieder gegenseitig in die Arme.

Xantri: „Schließlich ist Gemeinsamkeit keine Fage der Etikettierung."

Hansheinzhorst: „Und Küsse schmecken jedenfalls genausogut, von einem Ehemann, Mitinhaber oder Arbeitsunfähigen, kurzum, von einem, der immer an Deiner Seite stehen wird. Er ist ja immer derselbe!"

Xantri: „Und wie wird unsere zukünftige Gemeinsamkeit aussehen?"

Hansheinzhorst: „Du, ich habe ein unbestimmtes Gefühl, wie damls bei der Umwandlung in die OHG, daß da noch etwas kommt! Diesmal aber positiv, für uns gut ausgehend! Wenn der Staat unfähig ist, durch einen Härteparagraphen Gerechtigkeit walten zu lassen, so gibt es doch schließlich noch eine übergeordnete, ausgleichende Gerechtigkeit!"

Xantri: „Eine gute, wünschenswerte Perspektive! Aber wir sollten doch die nahe Zukunft nicht vergessen. Sie steht schon wartend draußen vor der Tür: Wie finanzieren wir die Steuernachzahlung? Wir kommen daran nicht vorbei! Ich habe meine ganzen Gehirnregionen abgeklappert! Neben 12.000,- DM für den neuen Wagen habe ich, wie besprochen, eine neue Kasse angeschafft. Darüber hinaus habe ich die Telefonanlage und das Schaufenster- und Ladenlicht verbessern lassen, dazu noch ein paar Kleinigkeiten. Und weitere 4.000,- DM waren damit ausgegeben. Nur die 2.000,- DM für einen Urlaub sind unangetastet und sollen es auch bleiben. Also müssen wir ein Darlehen von 12.000,- DM bei der Bank beantragen."

Hansheinzhorst: „Du hast bei unserer Bank schon nachgefragt?"

Xantri: „Und nicht nur bei unserer! Ein klein wenig habe ich schon gelernt, mich im bürgerlichen Leben richtig zu verhalten! Herr van Geldern wird in der nächsten Woche bei Dir, bei uns hier auftauchen. Ich habe ihm klargemacht, weil Deine Entlassung doch noch nicht feststeht, daß er uns doch bitte im Krankenhaus aufsuchen soll. Das Finanzamt hätte uns einen Termin vorgegeben. Wir wollen dann zu dritt hier beraten!"

Hansheinzhorst: „Das wird bei einer gewissen Angebotsvielfalt sicher ganz interessant werden!“

Xantri: „Übrigens habe ich auch unsere Versicherungsgesellschaft angerufen und den Vorfall geschildert. Ich merkte, daß ihnen der Ausgang, von 18.000,- DM blieben uns 6.000,- DM übrig, irgendwie peinlich war: Schließlich ging es doch um einen Ausgleich für eine Einbuße der Gesundheit. Und davon nimmt uns der liebe Vater Staat zwei Drittel weg. Ein solch bedauerlicher Fall sei ihnen noch nicht bekannt geworden. Aber auch eine Versicherungsgesellschaft könnte schließlich nicht alles wissen! Übrigens war auch der Geschäftsführer vom Landesverband überrascht – und noch ein paar Leute, die in der Wirtschaft stehen, waren es ebenso.“

Hansheinzhorst: „Alle einschlägig Befragten heißen Hase und wissen von nichts. Eine häßliche, sehr häßliche Angelegenheit! Und der Nichtwisser ersten Grades darf zahlen!“

Xantri: „Du, ich muß jetzt gehen, die Nachtschwester wird gleich kommen: Gute Nacht!“

Hansheinzhorst: „Gute Nacht, Xantri – gute Nacht, soziale Marktwirtschaft – gute Nacht, heißgeliebter Nachfolgestaat des christlichen Abendlandes!“

26

Banker bleiben Banker:

Kredite mit und ohne Absicherung – aber der Wechsel bringt's

Xantri sitzt neben Hansheinzhorsts Krankenbett. Beide warten auf den Besuch von Herrn van Geldern, Mitarbeiter ihrer Hausbank.

Hansheinzhorst: „Und Du hast Dich gut vorbereitet für dieses Gespräch?"

Xantri: „Natürlich mußte ich das, denn wir haben ja für einen Kredit keine Absicherung anzubieten, und die wollen die Banker immer haben. Das Risiko tragen stets wir."

Hansheinzhorst: „Und wenn wir keinen weiteren Kredit von der Bank bekommen, was machen wir dann?"

Xantri: „Wie gesagt, ich habe vorgesorgt: Ich sagte Dir doch schon in der vergangenen Woche, daß ich mich auch bei anderen Banken umgehört habe."

Hansheinzhorst: „Ja, das stimmt – und welche Ergebnisse kannst Du aufweisen?"

Xantri: „Ergebnisse verschiedenster Art: Von schroffer Abweisung, – für ein erneutes Darlehen sollte ich mich an meine Hausbank wenden – bis hin zur freundlichen Einladung, selbstverständlich werde man mir gern behilflich sein und mir ein Angebot unterbreiten, das ein bis zwei Punkte günstiger sein könnte als dasjenige unserer Hausbank, wenn ich auch ein Konto bei ihnen eröffnen würde."

Hansheinzhorst: „Das habe ich mir auch schon immer gedacht, an einer Kontoführung muß doch ein Geldinstitut ganz gut verdienen; Habenzinsen werden nicht gewährt, und die Überziehungskredite sind ganz schön happig. Aber alles läuft natürlich unter dem Begriff 'Hilfe'."

Xantri: „'Natürlich werden wir Ihnen helfen, weil wir gut an Ihnen verdienen.' Je höher die Inanspruchnahme eines Kredites ist, desto mehr Zinsen müssen wir zahlen, sowohl der Qualität als auch der Quantität nach."

Hansheinzhorst: „Lohnt sich eigentlich die Selbständigkeit unter solchen Bedingungen für uns Anfänger – und ich nur noch eine halbe Portion?"

Xantri: „Wir haben keinen Grund, Pessimismus an den Tag zu legen. Wir werden uns die Bank aussuchen, die uns die günstigsten Konditionen bietet – und wenn wir unserer Hausbank Valet sagen müssen. Mit nur 'bitte-bitte-machen' ist in dieser sogenannten sozialen Marktwirtschaft kein Blumentopf zu gewinnen!"

Hansheinzhorst: „Das habe ich auch schon gedacht, das Wort 'sozial' ist ein schönes schmückendes Beiwort, das in der Wirklichkeit nur sporadisch vorkommt. Also testen wir unseren lieben Herrn van Geldern auf sein soziales Verhalten."

Xantri und Hansheinzhorst legen eine kleine Gesprächspause ein. Während des Schweigens öffnet sich die Tür, und Herr van Geldern betritt das Krankenzimmer!

van Geldern: „Einen schönen Abend zusammen!"

Xantri bietet ihm ihren Stuhl an und nimmt sich einen zweiten, der am anderen Bett steht.

Hansheinzhorst: „Schönen Dank, Herr van Geldern, daß Sie sich hierher an mein Krankenbett bemüht haben. Leider steht mein Entlassungstag immer noch nicht fest, und der Termin der Steuernachzahlung rückt näher."

van Geldern: „Das ist ja wirklich eine ganz dumme Geschichte mit dieser Insassenversicherung..."

Xantri: „Und natürlich hätten wir uns den Wagen nicht angeschafft, wenn wir diese Nachzahlungsaufforderung frühzeitig erhalten hätten."

Hansheinzhorst: „Leider erkennt das Finanzamt nun den Wagen als Zahlungsmittel nicht an."

van Geldern: „Und deshalb müssen Sie nun bei uns einen erneuten Kredit beantragen."

Hansheinzhorst: „Wieso denn erneut?"

van Geldern: „Das Darlehen aus dem Lastenausgleichsfonds wird schließlich nur von uns verwaltet!"

Xantri: „... und ist aber schon zu einem guten Teil zurückgezahlt."

Hansheinzhorst: „Wir können also guten Gewissens einen erneuten Kredit bei Ihnen beantragen."

Xantri: „Oder sind wir Ihnen nicht kredit- und vertrauenswürdig genug?"

van Geldern: „Die Sache mit dem Härtefonds ist eine Kreditmöglichkeit ohne Absicherung. Eine andere Sache ist die eines normalen Kredites, und das ist ja Ihr Wunsch – dazu benötigen wir eine Absicherung."

Xantri: „... die wir leider nicht haben und Ihnen deshalb auch nicht anbieten können."

van Geldern: „Und das ist nun das Problem."

Hansheinzhorst: „Ohne Absicherung kein Kredit."

van Geldern: „So ausschließlich möchte ich Ihnen das nun wiederum nicht gesagt haben!"

Hansheinzhorst: „Aber natürlich sind dann die Bedingungen wesentlich schlechter."

van Geldern: „Wesentlich schlechter würde ich nun auch wieder nicht sagen."

Xantri: „Aber jedenfalls sind sie nicht so gut wie abgesicherte Kredite."

van Geldern: „Schließlich ist unser Risiko in solchem Fall ein ganzes Stück höher, und das kostet entsprechend mehr."

Xantri: „Auch in unserem Fall, in unserem Unglücksfall?"

van Geldern: „Die ursächlichen Gründe für eine Kreditaufnahme werden nicht bewertet. Mit oder ohne Absicherung heißt die Devise."

Hansheinzhorst: „Das zusätzlich verteuerte Risiko verbleibt also dann ganz bei meiner Frau und mir."

van Geldern: „So sind nun einmal unsere Bestimmungen und die entsprechenden Auswirkungen für den Kreditnehmer."

Xantri: „Und da läßt sich nichts ändern, nichts daran verbessern?"

van Geldern: „Ich wüßte nicht, wie."

Xantri: „Herr van Geldern, aber ich weiß es!"

van Geldern: „So? Das würde mich interessieren!"

Xantri: „Wir haben uns Informationen von anderen Banken eingeholt!"

van Geldern: „Ach! Sie haben...?"

Xantri: „Ja, ich habe. Und das ist nach meinem neuesten Wissensstand auch ein Stück Marktwirtschaft, dort einzukaufen, wo man die Ware am preiswertesten bekommt."

van Geldern: „Aber ein Kredit ist doch keine Ware!"

Hansheinzhorst: „Jedenfalls ist er bei der einen Bank günstiger als bei der anderen."

Xantri: „... und wir werden den Kredit dort nehmen, wo er am billigsten für uns ist. In unserem Fall kommt man leider ohne einen sozialen Touch nicht aus.

Wir haben einige Angebote zur Auswahl. Es fehlt nur noch das Angebot von Ihnen. Wenn das das günstigste sein sollte, dann werden wir natürlich – selbstverständlich – unserer Hausbank den Vorzug geben – unter Berücksichtigung der Nebenkosten, des Disagios und so weiter."

Hansheinzhorst: „Auf dem Krankenbett hatte ich genügend Zeit, mich einmal etwas näher mit dem Effektivzins zu beschäftigen. Inzwischen weiß ich durchaus Bescheid, einen günstigen Zinssatz mit geringer Auszahlung von einem schlechteren Zinsstz mit hoher Auszahlung zu unterscheiden

– und was es da sonst noch für monitäre Slapsticks mehr gibt.“

Xantri: „Wir sehen deshalb mit großem Interesse Ihrem Angebot entgegen!“

van Geldern: „Natürlich werde ich alles tun, um Sie bestens zufriedenzustellen, soweit Ihre Wünsche mit unseren Möglichkeiten in Einklang zu bringen sind.“

Xantri: „Sagen wir es so: Soweit Ihr Angebot mit denen anderer Banken in Einklang gebracht werden kann.“

Hansheinzhorst: „Soweit ich Sie kennengelernt habe, wird dies für Sie keine besondere Mühe bedeuten, Ihren Chef von der Sachlage genau zu informieren und auf die Folgen aufmerksam zu machen.“

van Geldern: „Von einer solchen Seite habe ich Sie noch nicht kennengelernt.“

Xantri: „Man tut, was man kann, um laufend dazuzulernen!“

Hansheinzhorst. „Weiterbildung ist in unserer Zeit doch auch ein wichtiges Gebot. Auch die Marktwirtschaft lebt davon!“

van Geldern: „Ich sehe jedenfalls nun klar und werde meinem Chef Bericht erstatten. Sie hören in wenigen Tagen von uns! Auf Wiedersehen!“

Nachdem Herr van Geldern gegangen ist, rückt Xantri mit einer Überraschung heraus, die sie bisher für sich behalten hat.

„Dieses war der erste Streich, und der zweite folgt sogleich.“

Hansheinzhorst: „Hat dieser auch mit sozialer Marktwirtschaft und Krediten zu tun?“

Xantri: „Leider ist er von noch ernsterer, härterer Natur! Ich sage nur: ‘Härtefonds’.“

Hansheinzhorst: „Heraus mit der Sprache! Es wird mich doch nicht umwerfen?“

Xantri: „Auf alle Fälle ist es gut, daß Du im Bett liegst.“

Hansheinzhorst: „Mach’ es nicht so spannend!“

Xantri: „Unsere Akte ist eine von denjenigen gewesen, die bei einer Revisionskontrolle einem Prüfer in die Hände – und auffiel. Fazit: Ich hätte das Darlehen zu Unrecht bekommen! Dieser hochwohllöbliche Sachverständige hat meinen ausgeübten Beruf nicht voll gültig und überhaupt als solchen nicht anerkannt. Hältst Du das für möglich: Der Verlust meines nicht fortsetzbaren Vorvolontariates – als Beginn einer beruflichen Ausbildung – sei kein Antragsberechtigungsgrund gewesen!"

Hansheinzhorst: „Was für ein unverschämter Eingriff in unsere Ehe – und das auch noch von Amts wegen! Da will man uns einfach, ohne uns zu fragen, unseren handgeknüpften Familienteppich, 5000 Knoten pro Quadratmeter, unter unseren Füßen wegziehen! Das ist ja unerhört! Erst konnte alles nicht schnell genug gehen und nun ...?"

Xantri: „... bist Du inzwischen antragsberechtigt geworden – und sollst demnächst beim Vertriebenenamt vorsprechen."

Hansheinzhorst: „Ach, wie lieb! Hätte diese Prämisse schon am Anfang unserer Selbständigkeit bestanden, dann hätte ich Dich ja gar nicht heiraten brauchen. So eine Frechheit kann man ja nur als eine ganz gemeine, arglistige Täuschung bezeichnen!"

Xantri: „Was hast Du gesagt? Du hättest mich unter einem völlig falschen Gesichtspunkt geheiratet? Jetzt sage nur noch, unsere Ehe müßte nachträglich für ungültig, und unsere Kinder müßten für unehelich erklärt werden."

Hansheinzhorst:"Bei nachträglicher Anerkennung dieses Verlustvortrages müßte wohl unsere Ehe auf eine neue, dem Härtefonds angepaßte Art und Weise gestellt werden. Aber! ... Ich denke gar nicht daran, unsere standesamtlich und kirchlich eingesegnete Ehe, unsere durch privaten und geschäftlichen Umgang bewährte Liebe und unsere finanziell und auch sonst abgesicherte, unverzichtbare Kioskgrundlage in Frage – und auf eine neue Grundlage – stellen zu lassen.

Wozu auch? Nur wegen so einem dämlichen alten – und einem noch dämlicheren neuen Paragraphen?“

Xantri: „Das möchte ich Dir aber auch geraten haben. Schließlich hätte ich Dich damals nicht als einen möblierten Herrn mit Antragsberechtigung in meine Wohnung aufgenommen!“

Hansheinzhorst: „Denen werde ich aber auf dem Vertriebenenamt einen anständigen preußischen Marsch blasen: Von wegen ‘rin in die Kartoffeln, ‘raus aus den Kartoffeln! Ich werde mit hoher Stimme re- und deklamieren, sie seien Vertreter einer unmoralischen Institution, zwei Menschen unter falschen Voraussetzungen heiraten zu lassen und dann nach einigen Jahren festzustellen, es sei ein Irrtum gewesen, wir müßten noch einmal anders herum heiraten!“

27

Aller guten Briefe sind drei:

Der Zuschuß vom Arbeitsamt, unser Glück heißt Kanada, und neuer Laden in Sicht

Nachdem Hansheinzhorst aus dem Krankenhaus entlassen worden ist, findet er sich wenige Tage später auf dem Vertriebenenamt ein.

Hansheinzhorst: „Guten Morgen!"

Beamter: „Guten Morgen! Herr Hansheinzhorst, nehme ich an?"

Hansheinzhorst: „Sie haben recht. Aber auf Ihrem Platz saß doch bei meinem letzten Besuch ein älterer Herr!"

Beamter: „Mein Vorgänger ist inzwischen in den Ruhestand getreten, und nun müssen Sie mit mir vorliebnehmen."

Hansheinzhorst: „Hoffentlich komme ich mit Ihnen auch so gut zurecht wie mit Ihrem Vorgänger!"

Beamter: „Das ist leider sehr fraglich, was aber in erster Linie nicht an mir, sondern an der Revision liegt. Mein Vorgänger, das wissen Sie ja, ist auch Vertriebener gewesen und hat teilweise die Bestimmungen etwas sehr großzügig ausgelegt!"

Hansheinzhorst: „Finden Sie das großzügig, wenn ich als Soldat 'mit achteinhalb Dienstjahren' nicht antragsberechtigt bin?"

Beamter: „Und deshalb war er gegenüber Ihrer Frau ...,"

Hansheinzhorst: „... die ich deswegen extra geheiratet habe, damit sie es auch ist ...,"

Beamter: „... ganz besonders großzügig! Er wollte Ihnen beiden zu einer selbständigen Existenz verhelfen und drückte daher nicht nur ein Auge, sondern beide Augen zu."

Hansheinzhorst: „Na, na, na, na! Nach einem Blinden sah er mir aber nicht aus."

Beamter: „Zumindest hat er aber die Ausführungsbestimmungen nicht so gesehen, wie er sie hätten sehen und anwenden müssen."

Hansheinzhorst: „Wie hätte er denn müssen?"

Beamter: „Ihre Frau war doch, ich sage es einmal so, im 'Hauptberuf' Schülerin vor der Flucht aus Ostpreußen, Schülerin in der Oberstufe. Laut der beigehefteten Quittungen hat sie zweimal in der Woche nachmittags im Krankenhaus ausgeholfen und vielfach auch in den Ferien. Dafür hat sie ein Taschengeld bezogen. Das kann man doch aber nicht als Gehalt bezeichnen – und noch dazu für eine Berufsausbildung."

Hansheinzhorst: „Aber für ihren angestrebten Beruf einer Kinderärztin waren es doch wichtige und auch bezahlte Anfangszeiten! Es war doch praktisch ein Vorvolontariat!"

Beamter: „Wir brauchen uns jetzt nicht über das Für-und-Wider die Köpfe zu zerbrechen. Das hat der Revisor getan. Und der kam zu dem Ergebnis, daß Ihre Frau das Darlehen zu Unrecht erhalten hat!"

Hansheinzhorst: „Wenn ich das meiner Frau offenbaren werde, wird sie sicher sagen: 'Dann hätten wir ja gar nicht heiraten brauchen!'"

Beamter: „Denken Sie nicht zu vorschnell! Der Gesetzgeber hat inzwischen auch Antragsteller wie Sie, die von der Schulbank weg in den Krieg gezogen sind, als Darlehensberechtigte anerkannt."

Hansheinzhorst: „Ach, wie nett! Er hat das selbst gemerkt, der Gesetzgeber, was er da für Mist gebaut – entschuldigen Sie bitte -, für Unrecht serviert hat."

Beamter:" Sie müssen nur noch diesen Fragebogen ausfüllen, dann wird das Darlehen auf Ihren Namen umgeschrieben werden!"

Hansheinzhorst: „Und wofür soll das Umschreiben gut sein?"

Beamter: „Ihre Frau bekommt das Darlehen genommen, und Ihnen wird es gegeben."

Hansheinzhorst: „Soll das ein Witz sein? Das Darlehen wurde uns für den Erwerb der Grunert'schen Buchhandlung gegeben. Diese bekam von meiner Frau das Geld, das Darlehen, und ich bin als Fachmann Mitinhaber. Alles befindet sich also in einem Topf!"

Beamter: „Das mag ja sein, aber ich muß den Paragraphen Genüge tun; und das heißt: Der Antrag muß von Ihnen neu gestellt werden!"

Hansheinzhorst: „Und genau das werde ich nicht tun. Einen solchen Blödsinn, wo am Anfang dieses Darlehens schon einmal vom Gesetzgeber Unsinn verzapft worden ist, nochmals von einem Bürger zu verlangen, verstößt meines Erachtens nach gegen mein Verständnis von Demokratie."

Beamter: „Dann wird sicher Ihrer Frau das Darlehen entzogen werden."

Hansheinzhorst: „Dagegen werde ich, beziehungsweise wird meine Frau sicher Einspruch erheben. Sollten wir bei diesem Versuch, Zeit zu gewinnen, gewinnen, in etwa wie Behörden sich bei der Bearbeitung etwas schwieriger Fälle Zeit lassen, dann wird das Darlehen wahrscheinlich längst zurückgezahlt worden sein!"

Beamter: „Meinen Sie nicht, daß das Ausfüllen eines Fragebogens einfacher ist und weniger Zeit kostet?"

Hansheinzhorst: „Ich bin vom Krankenhaus entlassen worden, um ein Sanatorium aufzusuchen und nicht vorher noch von Aufregungen heimgesucht zu werden und Fragebogen auszufüllen. Was bei mir zur Zeit dasselbe ist!"

Beamter: „Ich soll also dem Revisor mitteilen: Der Ehemann weigert sich, den Fragebogen für die Umstellung des seiner Frau gewährten Darlehens auf seinen Namen auszufüllen...?“

Hansheinzhorst: „Kann man denn ein solches Problem – ach, was sage ich -, ein solches Problemchen nicht ganz einfach mit gesundem Menschenverstand lösen?“

Beamter: „Ich höre!“

Hansheinzhorst: „Da der Ehemann der Beklagten, – nein, diese Formulierung stimmt ja nicht -, richtiger ist wohl, der Darlehensentzogenen, – das versteht kein Mensch -, oder wie soll ich es prägnanter sagen ...? Da die Ehefrau des nunmehr Antragsberechtigten seinerzeit einen ausführlichen Fragebogen ausgefüllt hat, in dem auch die Daten des Ehemannes enthalten sind, betrachten wir eine erneute Ausfüllung eines Fragebogens auf den Namen des Ehemannes als nicht erforderlich.“

Beamter: „Das klingt für einen normalen Bürger sicher überzeugend, aber wir haben es hier mit den Erfordernissen des Gesetzgebers zu tun.“

Hansheinzhorst: „... dem ab und zu der gesunde Menschenverstand einfach fehlt. Oder werden die ganzen Gesetze nur deswegen so kompliziert gemacht, damit recht viele Beamte recht viel zu tun haben? Der Gesetzgeber sollte dem Ausbau von Demokratie und nicht dem Ausbau von Bürokratie den Vorrang geben, sonst stimmt das Etikett unseres Staates nicht mehr!“

Beamter: „Sie wollen also den Fragebogen nicht ausfüllen?“

Hansheinzhorst: „Zum Donnerwetter noch einmal: Nein!“ – haut mit der Faust auf den Tisch. – „Sie bekommen meine Formulierung schriftlich. Und wundern Sie sich bitte nicht, wenn meine Frau noch einen Schlußsatz darunter setzt. Sie formuliert gegebenenfalls genauso gut und frech wie ich ...“

Beim Aufstehen gerät Hansheinzhorst ins Schwanken. Er hält sich nur mühsam aufrecht und geht mit unsicheren Schritten zur Tür.

Dort klammert er sich an einen Türpfosten an und ruft: „Bitte, rufen Sie mir ein Taxi!"

–

Nachdem Xantri Hansheinzhorst daheim in Empfang genommen und zunächst einmal im Schlafzimmer hingelegt hat, setzt sie sich in ihre kleine gemütliche Lese-Ecke, um die Post zu studieren. „Ich erzähle Dir alles später", hatte Hansheinzhorst zu ihr gesagt, „laß mich erst einmal verschnaufen und ausruhen." -

„Hoffentlich ist etwas Erfreuliches bei den Briefen, damit ich ihn wieder etwas aufmuntern kann", denkt Xantri und öffnet zunächst den Umschlag mit dem Absender 'Arbeitsamt'. Sie will in einen lauten Jubelruf ausbrechen, aber sie hält inne, um erst einmal die beiden anderen Briefe aufzuschlitzen. Der nächste trägt als Absender: 'Schweizer Rotes Kreuz'. Als sie die Nachricht überfliegt, sagt sie zu sich: „Richtig, Mutter hatte den Tilsiter Notar, einen Schulfreund meines Vaters, einen Rechtsanwalt, suchen lassen, der vielleicht die Auskünfte geben könnte, die sie zum Antrag für einen Lastenausgleich benötigte. Diesen Antrag hatte Mutter bald nach ihrer Übersiedlung hier gestellt." Das war Xantri inzwischen durch Mutters Tod und die anderen Ereignisse völlig entfallen. Der Tilsiter Jurist war nach Kanada ausgewandert und dort verstorben; aber sein Sohn, der inzwischen die kanadische Staatsbürgerschaft beantragt hatte, war bereit, sein Möglichstes zu tun, um Xantri eventuell helfen zu können. Die kanadische Anschrift lag bei.

Der dritte Brief war vom neuen Grund- und Hausbesitzer, der zunächst die eine Hälfte des Geschäftshauses wieder aufführen lassen wollte. Im Erdgeschoß sollten zwei Läden entstehen. Der Abriß der Kiosk-Baracke sollte im zweiten Bauabschnitt erfolgen. Er bot uns einen der beiden neuen Läden und die Wohnung darüber zur Miete an. Einzugstermin wäre voraussichtlich in zwölf bis 18 Monaten.

Alles in allem eine runde Sache: Aller guten Briefe sind drei!

Xantri: „Rucke-de-gu, rucke-de-gu – Geld liegt im Schuh!"

Als Xantri zum zweiten 'Rucke-de-gu' ansetzt, kommt Hansheinzhorst aus dem Schlafzimmer heraus, bleibt aber im Türrahmen lauschend stehen, bis der Ausruf mit 'Geld im Schuh' ausklingt:

„Von welchen Schuhen sprichst Du da eigentlich, Aschenbrödel?"

Xantri: „Von Papa Stingls 'Böhmischen Stiefeln'!"

Hansheinzhorst: „Stingl? Meinst Du den Oberaufseher aller Arbeitsämter?"

Xantri: „Den meine ich!"

Hansheinzhorst: „Der alle Arbeitslosen so lange durch den Nürnberger Trichter schütten läßt, bis sie als Beschäftigte wieder herauskommen?"

Xantri: „Genau!"

Hansheinzhorst: „Und von dem bekommst Du Geld? Und wieso, wenn ich fragen darf?"

Xantri: „Man muß sich nur den 'richtigen Märchenprinzen' auf den Ämtern aussuchen, der über genügend Geld verfügt und einem das richtige Formular in die Hand drückt. Und wenn Du dann zu Hause das Formular ausfüllst, mußt Du dabei kräftig singen: 'Bäumchen rüttel dich, Bäumchen schüttel dich, wirf Gold und Silber über mich!' Das Verschen mußt Du dann jeden Morgen beim Aufstehen wiederholen, bis das Geld im Schuh liegt und die Goldmarie Wirklichkeit geworden ist."

Hansheinzhorst: „Ein ganz erstaunlicher Weg vom Aschenbrödel zur Goldmarie! Und welches Formular benutzt man dabei?"

Xantri: „Es heißt: 'Sonderprogramm des Bundes und der Länder zur verstärkten Bereitsstellung von Arbeits- und Ausbildungsplätzen für Schwerbehinderte'."

Hansheinzhorst: „So ein seltsames Gesetz gibt es wirklich?"

Xantri: „Ich fasse meine Gedanken zusammen und formuliere: Der mit meinem Antrag zu erwartende Förderungsbeitrag ist sozusagen eine Art Wiedergutmachung für die Unverschämtheit des Finanzamtes, zwei Drittel der Insassenentschädigung – für gesundheitliche Einbuße – für den Staat zu kassieren, nur weil wir die Prämie von 120,- DM nicht auf Privat-, sondern auf Kfz-Kosten gebucht haben! Eine Umbuchung wurde nicht erlaubt. Und jetzt werden wir sozusagen auf einem übergeordneten Wege die 12.000,- DM wieder zurückbekommen."

Hansheinzhorst: „Hast Du denn beim Ausfüllen auch an alles gedacht?"

Xantri: „Aber selbstverständlich! Wir haben alles, was notwendig ist: einen freigewordenen Arbeitsplatz; Dich als Arbeitsunfähigen, der als Schwerbehinderter auf diesem Arbeitsplatz sehr gut einsetzbar ist, da Du bereits früher als Mitinhaber auf ihm gesessen hast. Und last not least: Papa Stingl hat nichts dagegen, falls auch Ehepartner sich gegenseitig einstellen wollen. Wahrscheinlich verbessert das die Statistik."

Hansheinzhorst: „Aber etwas fehlt doch noch!"

Xantri: „Ich habe etwas vergessen?"

Hansheinzhorst: „Allerdings – mich! – Schließlich brauchst Du ja mein Einverständnis, daß ich mich – gegenüber früher – unter meinem Niveau einstellen lasse. Infolgedessen habe ich letztendlich so meine Bedingungen: Übertarifliche Bezahlung, zusätzlichen Urlaub, besonderen Kündigungsschutz und und und ..."

Xantri: „Ach! Dieser ganze gewerkschaftliche Krimskrams gilt doch nicht zwischen Eheleuten. Als übertarifliche

Grundlage dient die bisherige Privatentnahme. Diese wiederum dient als Sozialversicherungsbeitragsmaß, womit wir uns dann eine gemeinsame Altersversorgung schaffen werden."

Hansheinzhorst: „Ich bin bereit, meinen Status als Mitinhaber a.D. meinem neuen Dienstgrad als Mitarbeiter zu opfern, um unserem Staat die Möglichkeit zu geben, sein uns angetanes Unrecht wieder gutzumachen. Das klingt ja fast so klassisch-archaisch wie Schillers Leonidas-Poem: 'Wanderer kommst du nach Sparta ...' Du hast mich hier liegen gesehen, verwandelt, wie das Gesetz es befahl!"

Xantri: „Jetzt habe ich auch noch einen Helden zum Mann! Was warst Du nicht schon alles für mich? Mein Ehemann – bist Du übrigens auch heute noch, mein OHG-Mann, mein Mitinhaber – und jetzt mein Mitarbeiter, mein Prinzgemahl, mein Märchenprinz! Du mein einmaliger Verwandlungskünstler, mein unverwechselbares Medium, meine ewig geliebte Manövriermasse! Überall kann ich Dich einsetzen, wo Du mir am meisten einbringst: Vom Wohnungserhalter bis hin zum Geldbeschaffer! Ein Mann muß her, so fing es mit uns beiden an – ein Mann für alle Fälle – bis hin zum letzten Fall. Jetzt kann nichts mehr schiefgehen – jetzt bekommt unser Dasein nach diesem Sieg endlich jene Qualität, die wir für ein gutes Familienleben brauchen. Rumdibums: Wiedergutmachung macht glücklich – rucke-de-gu!"

Hansheinzhorst: „Ich vernehme es mit Freuden! Aber Xantri, rumsdibumst es bei Dir nicht etwas zu toll?!"

Xantri: „Oh, nein! Wiedergutmachung in dieser Form muß einen einfach glücklich machen! Hast Du etwas dagegen?"

Hansheinzhorst: „Sollten die beiden anderen Briefe auch soviel Freude machen, dann stimme ich mit Dir in den Freudenjubel ein! Von wem stammt denn die zweite tolle Überraschung?"

Xantri: „Die eine ist vom 'Schweizer Roten Kreuz' und die andere von unserem Hauswirt. Mutter hatte auf der Flucht doch ihren Rucksack mit allen wichtigen Unterlagen verloren oder ihn gestohlen bekommen. Eines Fluchttages war er jedenfalls nicht mehr da. Als hier dann der Lastenausgleich anlief und sie sich erkundigte, was in ihrem Fall wohl zu tun sei, bekam sie zur Antwort: Ohne Unterlagen, Zeugen oder eidesstattliche Erklärungen könne ein Antrag nicht sinnvoll bearbeitet werden. Meine Mutter erinnerte sich eines Jugendfreundes meines Vaters, eines Rechtsanwalts, und stellte bei verschiedenen Suchdiensten entsprechende Anträge. Sie bekam nie eine brauchbare Antwort. Und ich hatte die Sache schließlich völlig vergessen – bis heute diese Auskunft kam."

Hansheinzhorst: „Da kommt ja unter Umständen noch eine Wiedergutmachung auf uns zu! Du wirst dem Sohn nach Kanada schreiben, ob er Dir als Erbin behilflich sein kann. Kennst Du ihn denn?"

Xantri: „Natürlich kenne ich ihn, er war ein paarmal mit seinen Eltern bei uns zu Gast, und wir haben als Kinder feste miteinander die Kegel auf Vaters Kegelbahn geschoben!"

Hansheinzhorst: „Und jetzt spinne ich einmal ein bißchen weiter. Mit seiner eidesstattlichen Erklärung wird die Lastenausgleichssache hoffentlich gut in Gang kommen – und der Antrag wird dann ohne Schwierigkeiten termingemäß bearbeitet werden können. Der Umstieg vom Kiosk in den uns angebotenen Laden rückt damit in greifbare Nähe! Und den Kredit von der Bank können wir abbestellen!"

Xantri: „Das werden wir nicht tun. Ich möchte erst die Konditionen wissen, und wir werden ihn dann auf Abruf umbestellen. Falls das Glück mit Kanada uns nicht hold sein sollte, brauchen wir ihn auf alle Fälle zum Umzug. -

Aller guten Dinge sind drei! Das hatten wir eigentlich noch nie. Und hier hast Du noch das I-Pünktchen auf die Drei: Diese Karte kam schon gestern, Deine Einberufung zur Kur! –

Und was gab es bei Dir auf dem Amt? Du bist ziemlich zerknittert heimgekommen!"

Hansheinzhorst: „Ich sollte den 24-seitigen Fragebogen ausfüllen, diesmal auf meinen Namen – den Du bereits einmal auf Deinen Namen ausgefüllt hast."

Xantri: „So ein Blödsinn! Du hast Dich doch hoffentlich geweigert?"

Hansheinzhorst: „Allerdings! Ich habe mir sogar ein hartes demokratisches Recht herausgenommen und mit der Faust auf den Tisch geschlagen. Jetzt bin ich gespannt, ob der Revisor die Kröte schlucken wird oder nicht. Ich habe dem Sachbearbeiter meine Formulierung genannt und hinzugefügt, daß ich sie ihm gerne auch schriftlich noch nachreichen werde, mit einem Zusatz von Dir. Sollte uns das Darlehen gekündigt werden, dann legen wir Beschwerde ein, und dann wird soviel Zeit vergehen, daß wir es inzwischen schon zurückgezahlt haben, bis die Entscheidung gefallen ist."

Xantri: „Je mehr man mit den Ämtern zu tun hat, desto mehr lernt man dazu, wie man mit ihnen umgehen muß. Ein guter Auftakt zu deinem Aufenthalt im Sanatorium!"

28

Die Rechnung am Heiligabend:

Heimleiter Schätzels Etatverbrauch und die Engel-Initiative

Der Sanatoriumsaufenthalt hatte mir gutgetan. Das war im Sommer gewesen. Inzwischen habe ich auch die Wochen vor Weihnachten hinter mich gebracht und merke, daß ich meine Sanatoriumsvorgabe so gut wie aufgebraucht habe. Es ist Heiligabend, und ich bin nur noch allein im Laden. Xantri ist zeitig nach Hause gegangen, um alles für die Feiertage zu richten. Es ist eine halbe Stunde vor Ladenschluß; es scheint kein Kunde mehr zu kommen, und ich gehe deshalb nach draußen, um die Schaufenster zu überprüfen, ob sie für die Feiertage in Ordnung sind. Ich fülle drei Bücher nach für solche Exemplare, die aus dem Fenster verkauft worden sind. Als ich langsam zurück an meinen Schreibtisch hinke, klingelt das Telefon. „Sicher wird es Xantri sein, die noch einen Wunsch hat", denke ich.

Hansheinzhorst: „Hallo, Schatz, soll ich Dir noch etwas besorgen?"

Schätzel: „Hier ist nicht Ihr Schatz, sondern Ihr Schätzel, Kunde bei Ihnen und Heimleiter. Sie müssen mir unbedingt noch einen Gefallen tun!"

Hansheinzhorst: „Worum geht es denn?"

Schätzel: „Um eine Rechnung – die Sie mir heute noch schreiben müssen!"

Hansheinzhorst: „Der Laden ist geschlossen, und ich bin schon mit einem Bein auf dem Nachhauseweg."

Schätzel: „Dann ziehen Sie es wieder zurück und setzen sich an die Schreibmaschine."

Hansheinzhorst: „Sie haben mir einmal erzählt, daß man in Siebenbürgen mittags nach zwölf Uhr am Heiligabend nicht mehr arbeitete, sondern sich auf den Kirchgang vorbereitete."

Schätzel: „Dort hatten wir aber auch eine lebendige und keine verbürokratisierte Kirche. Sie hatten mir doch Anfang Dezember eine Buchaufstellung für unser Jugendheim erstellt. Und wenn noch Geld im Topf übrigbleiben sollte, dann sollte ich die Bücher auf Kosten meiner vorgesetzten Dienststelle bekommen."

Hansheinzhorst: „Und – was ist daraus geworden?"

Schätzel: „Ich habe heute früh die Nachricht bekommen und soll eine Vorausrechnung bis zum 30. Dezember an das Landeskirchenamt schicken. Ich hasse Vorausrechnungen, weil meistens das eine oder andere Vorausberechnete nicht lieferbar ist."

Hansheinzhorst: „Ich hasse diese Vorausrechnungen genauso! Monatelang bleibt dann so eine Sache in der Schwebe, bis sie erledigt werden kann. Und so einen Kram soll ich ausgerechnet am 24. Dezember noch in die Maschine tippen?"

Schätzel: „Es geht leider nicht anders: Morgen ist Donnerstag, der 25., am Freitag, dem zweiten Feiertag, ist der 26., am Samstag, der 27., am Sonntag der 28. Am Montag, dem 29., muß mir die Rechnung vorliegen, ich muß – wieder einmal blind – die Inventarisierungsvermerke anbringen und das Ganze abends abschicken, damit die Rechnung am 30. Dezember pünktlich beim LKA vorliegen kann. Wenn sie nicht vorliegt, bekomme ich die Bücher nicht..."

Hansheinzhorst: „Das ist ja Erpressung. So geht die fromme Obrigkeit mit dem Heiligen Abend und mit ihren Gemeindegliedern um. Wie heißt es in Abkündigungen und

Verlautbarungen so schön? 'Am Heiligen Abend gehört die Familie ins Gotteshaus'. Ich will heute Nachmittag mit Frau und Kindern in den Familiengottesdienst mit Krippenspiel gehen und keine Rechnung schreiben, und die auch noch dreifach."

Schätzel: „Schlagen Sie sich das Krippenspiel aus dem Kopf, und erfülllen Sie meine Bitte!"

Hansheinzhorst: „Und das sagt mir der Heimleiter eines christlichen Jugendheimes, der gleichzeitig Katechet und Organist ist!"

Schätzel: „Verstehen Sie mich doch bitte, ich befinde mich doch in einer Notsituation!"

Hansheinzhorst: „... die ihnen irgendsoeiner aus der Wirtschaftsabteilung der Landeskirche aufgebrummt hat. Diese Rendanten scheinen mehr Respekt vor dem 31., vor dem Jahresende, als vor dem 24., vor Christi Geburt, zu haben! Vielleicht wird das Kirchenjahr aus rationellen Gründen auch noch dem Kalenderjahr gleichgesetzt wie das Kommunaljahr! Diese erpresserische Anweisung scheint mir der Auftakt dazu zu sein."

Schätzel: „Ich verstehe Sie nur zu gut. Wenn ich in meinem Amtszimmerchen einmal allein bin, dann reagiere ich meine Wut ähnlich ab. Mir geht es darum, daß die Kinder etwas Gutes zu lesen bekommen. Und dafür tue ich schon einmal etwas Verrücktes, ein an das Jahresende Verrücktes."

Hansheinzhorst: „Nur weil der 31. Dezember wie ein einbetonierter Bunker in der Kalenderjahr-Landschaft der kameralistischen Buchführung steht, ist dieser Jahresendtermin wichtiger als der Heilige Abend! Nicht mehr Christus hat das Sagen, sondern Sankt Bürokratius. Heiliger Folter-Termin!"

Schätzel: „Manchmal habe ich schon einem eigentlich eigenartigen Gedanken nachgehangen: Die Kirchen Westeuropas sollten das Weihnachtsfest – so wie die orthodoxen Kirchen es feiern – auf den 6. Januar verlegen. Dann hätte man die Inventur- und die Bilanzarbeiten hinter sich, dazu den 'Heiligen Folter-Termin', wie Sie so schön zu sagen pflegten. Man hätte eine knappe Woche Abstand vom alten Jahr und sich im neuen schon ein bißchen eingelebt ..."

Hansheinzhorst: „Eine vorzügliche Idee, vor allem kräfte- und nervenschonend. Aber ich muß erst einmal meine Frau verständigen, und ihr den Ausfall des Familiengottesdienstes ankündigen – und wenn sie nun nicht einverstanden ist? Ich kann doch eine Heiligabend-Rechnung nicht auch noch zu einem Scheidungsgrund werden lassen!"

Schätzel: „Sagen Sie Ihrer bezaubernden Frau Xantri, wie sehr ich sie bewundere, mit einem solchen Mann wie Ihnen verheiratet zu sein."

Hansheinzhorst: „Soll das eine neuartige Weihnachtsbotschaft sein?"

Schätzel: „Ich erlaube Ihnen, sie so zu bezeichnen, und füge natürlich hinzu: 'Friede auf Erden den Menschen, die guten Willens sind.' In diesem Sinne hoffe ich, daß auch Ihre Frau guten Willens ist, und sie und ihre Familie den Frieden erhält und ich natürlich meine Rechnung ..."

Hansheinzhorst: „Ich wußte gar nicht, daß die Siebenbürger auch so galant und raffiniert sein können. Ich werde mein Möglichstes tun, aber vorher muß ich mir noch etwas in den Mund stecken. Bis später!"

Während ich einen Apfel esse, fallen mir meine Augen vor Müdigkeit zu. Ich lege den Kopf auf die Arme, um ein wenig auszuruhen. 'Friede auf Erden', hörte ich mich gerade noch murmeln.

Engel: „Hahahahahaha! Welch' ein himmlisches Vergnügen, zugehört zu haben!"

Hansheinzhorst: „Wer lacht denn hier so gespreizt und spricht am Heiligen Abend so ohne Scham daher?"

Engel: „Wer sollte es wohl sein? Ein Engel natürlich, ein Weihnachtsengel!"

Hansheinzhorst: „Ein richtiger Weihnachtsengel hat meiner Ansicht nach zum Christfest zu verkünden: 'Friede auf Erden den Menschen, die guten Willens sind'."

Engel: „Das hat doch der Heimleiter Schätzel schon getan. Das muß ich doch nicht noch einmal wiederholen."

Hansheinzhorst: „Überhaupt, wie kann ein Engel am Christfest von Vergnügen reden – und wie kommst Du dazu, Telefongespräche mitzuhören?"

Engel: „Die Elektronik macht's möglich. Wir Engel waren stets modern ausgerüstet. Nur die Menschen meinen immer, wir lebten hinter dem Mond. Wunderst Du Dich, daß ein moderner Engel bei Dir ist?"

Hansheinzhorst: „Ich wundere mich zur Zeit überhaupt nicht mehr: Rechnung schreiben am Heiligabend nach Geschäftsschluß!"

Engel: „Ich weiß, ich weiß, ich habe es mit angehört!"

Hansheinzhorst: „Wo versteckst Du Dich eigentlich?"

Engel: „Ich bin weithin sichtbar. Ich sitze auf Deiner Kasse und freue mich über Deine guten Einnahmen von heute!"

Hansheinzhorst: „Dort hätte ich Dich allerdings zu allerletzt vermutet. Aber, wie gesagt, ich wundere mich über nichts mehr."

Engel: „Das solltest Du am Heiligabend aber wieder lernen, das Wundern!"

Hansheinzhorst: „Wie ich Dich so von der Seite betrachte, kommst Du mir irgendwie bekannt vor. Hast Du diesen Strich da am Ohr immerzu?"

Engel: „Das ist mein Markenzeichen! Das ist kein Strich, das ist ein Schlitz!"

Hansheinzhorst: „Ach, jetzt weiß ich, wer Du bist: Du bist der Engel Schlitzohr und bist mir schon zwei- oder dreimal helfend im Traum erschienen."

Engel: „'Erschienen' stimmt! Aber es waren insgesamt vier Male."

Hansheinzhorst: „Vier Male?"

Engel: „Einmal warst Du so wütend, daß Du mich gar nicht bemerkt hast, und das mit Recht."

Hansheinzhorst: „Ich war mit Recht wütend, und das billigst Du?"

Engel: „Nach den neuesten Erkenntnissen in der Psychologie für Engel hat man festgestellt, daß verdrängte, berechtigte Wut nur Magengeschwüre züchtet. Zum gehabten Ärger auch noch gesundheitliche Schädigungen hinzunehmen, sei nicht der 'Frohen Botschaft', dem Evangelium, gemäß."

Hansheinzhorst: „Donnerwetter, das heiße ich wirklich fortschrittlich. Worum ging es denn damals eigentlich? Weißt Du das noch?"

Engel: „Moment, ich muß nur meinen Computer fragen: Du hattest Dich bei einem Kaufgespräch über das kapitalistische Gebahren eines frommen Wirtschaftsdirektors geärgert, weil er unzulässige Rabatte forderte ..."

Hansheinzhorst: „... Jetzt weiß ich die Sache wieder ..., denn er sagte mir, er sei von oben gehalten, dort einzukaufen, wo er die Ware am billigsten bekomme."

Engel: „Das ließ Dich natürlich nicht ruhig schlafen, Du warfst Dich von einer Seite auf die andere und murmeltest im Halbschlaf: 'Oben, oben – da weiß man nie: Ist das sein unmittelbarer Vorgesetzter, die Kirchenleitung, oder der liebe Gott? Und wenn man sich an die Preisbindung hält, dann bekommt man keine Aufträge. Sauberkeit im Wirtschaftsleben, das ist ein guter Anlaß zu einer Predigt, aber wie sieht die Praxis aus?'"

Hansheinzhorst: „Wieso kümmerst Du Dich eigentlich um wirtschaftliche Probleme?"

Engel: „Früher wurden wir traditionsgemäß alle als Kinderschutzengel ausgebildet. Aber da nunmehr immer weniger Kinder geboren werden, blieb dem Herrn der Heerscharen nichts anderes übrig, als einen Teil der Engel umzuschulen. Ich habe mich bei diesem Strukturwandel für das Einsatzgebiet 'Wirtschaft' entschieden. Dort geht es ja auch um die Kleinen, um die Familienbetriebe, die von den Großen, den Konzernen, den Supermärkten be- und verdrängt und vernichtet werden. Ständig haben die Politiker und Parteigenossen das Wort von der Hilfe für die Kleinen, für den Mittelstand, im Mund. Und was geschieht? Nichts!"

Hansheinzhorst: „Du siehst ziemlich klar in unser Wirtschaftsgefüge hinein. Wo hast Du nur diese Kenntnisse alle her?"

Engel: „Wir werden entsprechend geschult. Wir müssen zum Beispiel auch die Bilanzbuchhalterprüfung ablegen."

Hansheinzhorst: „Ach – Du kriegst die Tür nicht zu!"

Engel: „Wir müssen doch beurteilen können, ob ein Betrieb den Bach hinuntergeht, damit wir rechtzeitig Hilfe leisten können."

Hansheinzhorst: „Die Theologen müßten sich eigentlich auch im Bilanzlesen etwas auskennen und dafür weniger Theologie studieren, damit sie mehr die Zusammenhänge zwischen Glauben, Handeln und Geld erkennen könnten. Ich habe manchmal das Gefühl, daß sich die Kirche vor lauter finanziellen Problemen und Maßnahmen selbst nicht mehr sieht!"

Engel: „Was sagst Du da? Das ist ja wirklich eine tolle Schwinge, ebenso kühn wie frech! Da haben wir Engel aber noch ein ganz schönes Ei zu pellen!"

Hansheinzhorst: „Ein Ei zu pellen? Was ist denn das wieder für ein Superausdruck, modern und engelisch?"

Engel: „Ei: großes E, kleines i! Das ist die Abkürzung – wir leben ja im Zeitalter der Buchstaben-Guillotine – für 'Engelinitiative': Ein Ei pellen, das heißt in diesem Falle soviel wie: Da müssen wir Engel aber noch ganz schön 'ran und etwas unternehmen! – Und warum hast Du mich heute nicht rechtzeitig gerufen, wie ich Dir im letzten Traum angeboten hatte?"

Hansheinzhorst: „Brauche ich denn heute Deine Hilfe?"

Engel: „Na, hör' mal: Wenn ich jetzt nicht eingreifen würde, gäbe es nur zwei Möglichkeiten: entweder Krach mit Schatz – oder – mit Schätzel."

Hansheinzhorst: „Ei, ei, ei, ei, ei! Ich meine jetzt das richtige Ei! Ich wollte doch meine Frau schon angerufen haben!"

Engel: „Deshalb habe ich ja eingegriffen! Das wirst Du hübsch bleiben lassen. Gehen wir einmal davon aus, Du sagst Xantri am Telefon, daß Du leider nicht mit ihr und den Kindern in das Krippenspiel gehen kannst. Du müßtest für den Heimleiter Schätzel noch eine große Rechnung schreiben und so!"

Hansheinzhorst: „Ach, das wäre gar nicht auszudenken. Xantri würde mir glatt durch die Leitung ins Gesicht springen und wahrscheinlich in ihrer Erregung die Scheidung verlangen! Schreckliche Worte würde sie mir an den Kopf schleudern: Selbst am Heiligabend sei ich mit dem Geschäft verheiratet und nicht mit ihr, das gehe ganz entschieden zu weit!"

Engel: „So ungefähr habe ich mir das auch vorgestellt! Deshalb wirst Du gar nicht anrufen, sondern ich werde hinfliegen."

Hansheinzhorst: „Du wirst hinfliegen?"

Engel: „Ich werde leicht und sicher dahinfliegen – wie immer. So wie es Kirchenvater Augustin schon sagte: 'Engel können nur darum fliegen, weil sie sich selber leicht nehmen.' – Ich werde mit Deiner Frau reden. Wie – das überlasse mir! Und Du rufst Deinen Schätzel an und sagst ihm, daß Du die Rechnung heute noch pünktlich absenden wirst! – Keine Einwände! Heute ist Heiligabend, und da gibt es keinen Krach; das bin ich auch dem Programm unserer Engelinitiative schuldig!"

Hansheinzhorst: „Ich weiß – Siehe Lukas 2, 14!: 'Und Ehre sei Gott in der Höhe'!"

Engel: „Und einen guten Willen hast Du doch – ab und zu – nicht wahr? Und heute ist doch 'ab und zu'! – Ich fliege jetzt ab und zu und bin schnellstens wieder da!"

–

Engel: „So, da wäre ich mit gutem Erfolg zurück!“

Hansheinzhorst: „Mit gutem Erfolg?“

Engel: „Ich tue nur das, was klappen wird, zum Unterschied von Euch Menschen. Was ich nicht zu einem guten Ende bringen kann, davon lasse ich die Finger. Für mich nicht zu Meisterndes, das überlasse ich dem Meister der höheren Instanz!“

Hansheinzhorst: „Trotzdem, Du benötigst doch auch so eine ganze Menge Mehrwissen als nur das eines Bilanzbuchhalters und so!“

Engel: „Sicher, das ist klar! Wir erhalten natürlich eine Engel-Grundausbildung: Zum Beispiel: ‘Wie gehe ich mit dem schwierigsten Geschöpf, dem Menschen, um?’ Und dazu gehört auch das Aneignen und Vermitteln diplomatischer Fähigkeiten.“

Hansheinzhorst: „Also, jetzt erzähle erst einmal ganz konkret, wie sich das alles mit meiner Frau abgespielt hat...“

Engel: „Ich sagte Deiner Frau, man hätte Dich zu einer gottesdienstlichen Arbeit verpflichtet. Um des weihnachtlichen Friedens willen hättest Du Dich ihr nicht entziehen können: an einem solchen Tag wie heute, da der gute Wille ganz besonders gefragt ist. Schließlich sei es viel schwerer, einen solchen Gottesdienst zu tun, als in eine Christvesper zu gehen. Wir sollen ja überhaupt immer den schwereren und nicht den leichteren Weg gehen. Nach alter Überlieferung und moderner Schreibweise sind Menschen, die sich selbst überwinden und sich nicht selbst verwirklichen wollen, die wahren Helden. Also empfange ihn heute abend entsprechend. – Welche Ehefrau hat schon heute am Christfest die Möglichkeit, ihren Ehemann, zwar abgespannt und hundemüde, aber dennoch als Held empfangen zu können! – Xantri nickte verständnisvoll, und ich sah, wie das Wort vom guten Willen an und in ihr arbeitete. Einen Krach wird und kann es nun bestimmt nicht geben.“

Hansheinzhorst: „Ganz erstaunlich, was Engel heute noch alles vermögen! Ich danke Dir, mein lieber Engel Schlitzohr. Du verdienst Deinen Namen wirklich zu Recht. Dank für die Rettung eines friedvollen Weihnachtsfestes! Und daß Du mich dabei auch noch zu einem Helden hast werden lassen!"

Engel: „Ein kleines, unverbindliches Weihnachtsgeschenk, ein zusätzliches Präsent auf Kosten des Himmels."

Hansheinzhorst: „Alle guten Wünsche für Dich und Deine E.i., Deine Engelinitiative!"

–

Nachdem der Engel abgeflogen war, erwachte ich langsam aus meinem Traum; und als das Telefon läutete, war ich gerade dabei, munter zu werden.

Hansheinzhorst: „Hier ist der Geschäftsführer der E.i."

Xantri: „Wer ist dort? – Hansheinzhorst, bist Du es?"

Hansheinzhorst: „Ja, ja! Ich bin es. Ich war ein wenig eingenickt und hatte einen ganz eigenartigen Traum mit einem hilfreichen Engel."

Xantri: „E.i. – Was ist denn das?"

Hansheinzhorst: „Das heißt Engelinitiative!"

Xantri: „Das klingt zumindest couragiert weihnachtlich! – Paß auf – wir können leider nicht zusammen mit unseren Kindern in das Krippenspiel gehen. Die Erkältung von gestern hat sich verschlimmert, die Kinder haben inzwischen hohes Fieber bekommen. Der Arzt war da. Meine festlichen Vorbereitungen sind deshalb teilweise liegengeblieben. Es macht mir also nichts aus, obwohl ich das eigentlich gerade heute nicht sagen dürfte, wenn Du nicht pünktlich sein kannst. Ich richte mich auf ein liebes, weihnachtliches Kaffeestündchen zu zweit ein als Ersatz für das verlorengegangene Krippenspiel."

Hansheinzhorst: „Eine sehr gute Lösung. Ich hätte nämlich auch das Krippenspiel absagen müssen. Das ist übrigens eine ganz, ganz liebe Geschichte, die ich im Traum erlebt habe. Zum Kaffeestündchen werde ich Dir dieses köstliche Tatsachenmärchen erzählen. Es gibt sie heute noch, die gute alte neue Mär: vom armen Heimleiter Schätzel, vom Etatverbrauch und seinen Folgen, vom Eingreifen des Engels Schlitzohr und – ganz besonders zu erwähnen – von Deiner verständnisvollen Einsicht. Und schließlich vom Rechnungsschreiben am Heiligen Abend – eine richtige gute, schöne Weihnachtsgeschichte!“

29

Demokratie lebt von der Zivilcourage seiner Bürger:

Aber wehe dem Bürger, der sich couragiert benimmt!

Endlich haben Xantri und ich unseren jahrelang ersehnten Traum von einem Urlaub an der Ostsee verwirklichen können.

Wir genießen jeden Morgen die Köstlichkeit der Ruhe und einer frischen Brise, wie sie nur die leicht bewegte See am Strand herbeiwehen lassen kann. Ein ungestörtes Frühstück erhöht unser Glücksgefühl. – Endlich einmal Kampfpause!

Danach gehen wir gemeinsam an den Strand hinunter. Dort trennen wir uns. Xantri geht mit weit ausgreifenden Schritten gern unmittelbar am Wasser im feuchten Sand entlang, während ich mit meiner Gehstütze den weiter oben entlangführenden Pfad benutze. Dieser ist auch deshalb auf mich zugeschnitten, weil an seinem Rand Bänke stehen, die sich zum Ausruhen förmlich anbieten. Auf der letzten Bank dort am Pfad erwartet mich stets Xantri. Sie muß freilich fast immer eine ganze Weile warten, bis ich sie in meinem langsamen Tempo, mich unterwegs auf der einen oder anderen Bank ausruhend, erreicht habe.

Am heutigen Morgen saß wie gestern ein älterer Herr auf einer dieser Bänke. Er hatte die Hände auf die Krücke seines Stockes gelegt und schaute wie in einem Traum über die leicht heranplätschernden Wellen hinweg. Wir hatten uns gestern schon miteinander bekanntgemacht, und ich hatte dabei erfahren, daß er ein Regierungsdirektor im vorzeitigen Ruhestand war.

Hansheinzhorst: „Einen schönen guten Morgen! Ich hoffe Sie hatten eine gute Nachtruhe..."

Regierungsdirektor: „Jedenfalls war sie angenehmer als daheim. Meine Frau schläft sehr unruhig, steht oft laut polternd auf, spricht mit sich selbst oder stöhnt im Halbschlaf."

Hansheinzhorst: „Eine Kriegs-, eine Fluchtfolge?"

Regierungsdirektor: „Als wir in Hamburg ausgebombt wurden, war ich an der Ostfront, und meine Frau zog zu Verwandten nach Pommern. Dort mußte sie hochschwanger im März 1945 vor den vordringenden Russen auf die Flucht gehen. Unterwegs – ich sage es nur in Stichworten: Geburt bei zehn Grad unter Null in einem ungeheizten Haus, das Neugeborene überlebte nicht, Kälteschock bei meiner Frau, der Unterleib war besonders betroffen, später Entfernung der Gebärmutter. Aber es half alles nichts; ihre Depressionen blieben und wurden stärker. Als schließlich ein Verwirrtsein begann und sie ständig beaufsichtigt werden mußte, nahm ich meinen vorzeitigen Abschied, denn in ein Heim wollte ich meine Frau nicht geben."

Hansheinzhorst: „Wie viele Menschen gibt es, die da meinen, ein Krieg ging dann und dann zu Ende – Schluß, aus, Frieden! – Und an die Folgen, die oft bis ans Lebensende fortdauern können, denken so viele kaum, besonders diejenigen nicht, die ihn nicht bewußt erlebt haben und die Folgen wenig zu spüren bekommen – aus welchen Gründen auch immer!"

Regierungsdirektor: „Sie haben mich gestern dazu gebracht, als Sie mir Ihre Differenzen mit dem Finanzamt erzählten, darüber nachzudenken, ob ich als Betriebsprüfer, das war ich in meiner Anfangszeit als Beamter auch einmal, ähnliches erlebt habe..."

Hansheinzhorst: „Ich hoffe, ich habe Ihnen damit nicht Ihre Urlaubsstimmung verdorben!"

Regierungsdirektor: „Im Gegenteil: Sie haben mich mit Ihrem Thema von meinen quälenden Gedanken abgelenkt und mich an einen Vorfall erinnert, auf den ich heute noch stolz bin. Wäre ich damals dabei erwischt worden, hätte ich wahrscheinlich meine Karriere aufs Spiel gesetzt!"

Hansheinzhorst: „Das hört sich ja an, als ob es ein Krimi gewesen wäre ..."

Regierungsdirektor: „Ich habe nur menschlich und nicht nach den Paragraphen gehandelt. Aber als Beamter heißt das immer, ein erhöhtes Risiko auf sich nehmen! – Ein begabter Graphiker – heute würde man Designer sagen –, ich kannte ihn von der Schule her, er ging zwei Klassen unter mir – hatte sich selbständig gemacht. Auch damals schon war dieser Beruf nicht besonders einnahmeträchtig. Er hatte sich einen kleinen Hanomag, das 'Kommißbrot auf Rädern', zugelegt, um auch auswärtige Kundschaft zeitsparend besuchen zu können ..."

Hansheinzhorst: „... und dann kam das Problem mit der Insassenversicherung, und Sie waren der Betriebsprüfer."

Regierungsdirektor: „Genauso war es. Da saß ich nun vor der kleinen, bescheidenen Bilanz und dachte: 'Was tust Du nun? Der Hanomag Totalschaden, er schlimm verletzt im Krankenhaus, selbst am Unfall schuld – und auf längere Zeit hinaus keine Einnahmen mehr!' Bevor ich später seine Unterlagen routinemäßig prüfte, hatte er sich einen neuen kleinen Wagen von der Versicherungsprämie gekauft. Nichts, aber gar nichts war da, um die Steuernachzahlung zu bezahlen."

Hansheinzhorst: „Weil er die Versicherungsbeiträge unter Kfz-Kosten gebucht hatte – und nicht auf Privat!"

Regierungsdirektor: „Ja! Es war so wie bei Ihnen. Und nun stand ich vor der Entscheidung: 'Forderst Du jetzt die Nachversteuerung ein, dann zerstörst Du eine Existenz, vielleicht ein ganzes kreatives Menschenleben. Sollte ich nach einem ungeschriebenen Gesetz Gerechtigkeit walten lassen, auch wenn es Dir an den Kragen gehen könnte?' Es klingt fast lächerlich, was ich Ihnen als Lösung anzubieten habe. Aber so merkwürdige Zusammenhänge gibt es nun einmal im Leben: Am Tage vorher hatte ich abends eine heitere Sendung im Radio gehört. Ein herrlich lässiges Bonmot war mir im Gedächtnis haften gebleiben: 'Und da stelle wir uns 'mal janz dumm'!"

Hansheinzhorst: „Und genauso dumm haben Sie dann Ihren Prüfungsbericht abgefaßt. Sie taten so, als ob die Versicherungsprämie nicht auf Kfz-Kosten gebucht worden wäre."

Regierungsdirektor: „Ja, so war es. Meine 'Unwissenheit' – in Anführungsstrichen – hatte glücklicherweise keinerlei negative Folgen. Ich hatte natürlich darauf spekuliert, daß Kleinstbilanzen selten gegengeprüft werden. Ich konnte mich eines Glücksgefühls nicht erwehren, und dieses überflutete das andere 'Wird-es-oder-wird-es-nicht-entdeckt?'. Schließlich mündete es ein in den Ausspruch: 'Die Demokratie – und ihre Gerechtigkeit – lebt von der Zivilcourage ihrer Bürger'. Auch ein Beamter kann manchmal darunter sein."

Hansheinzhorst: „Aber oft geht es doch anders herum aus, und dann heißt es: 'Aber wehe dem Bürger, der sich couragiert benimmt!'"

Regierungsdirektor: „Legislative ist das eine, Exekutive ist das andere Strickmuster. Und wenn ich heute als ehemaliger Insider die juristische Landschaft betrachte, dann muß ich so manches Mal seufzen: Dieses schnell gebastelte Gesetz soll der Wirklichkeit dienen und ihr angepaßt sein? Zu oft riecht mir so eine Schnellaktion nach einer Alibifunktion."

Hansheinzhorst: „Man hat ständig das Gefühl, daß man sich in einem Irrgarten der Paragraphen befindet, ohne einen Ariadnefaden in der Hand zu haben, der einem wieder heraushelfen könnte. Der Bürger fühlt sich genarrt und getäuscht, weil er ja gar nicht in der Lage ist, die juristischen Rösselsprünge nachzuvollziehen. Seitdem habe ich ein tiefes

Mißtrauen gegenüber dem Fiskus und dem Staat. Ich habe meine Steuernachzahlung als völlig unangemessene 'Bestrafung' empfunden. So ein irrwitziges 'Strafmaß' dürfte es wohl nicht einmal im Strafrecht geben! Was muß ich verbrochen haben, um eine Strafe von 12.000,- DM aufgebrummt zu bekommen?"

Regierungsdirektor: „Also verliert der Staat immer mehr seine direkte Fühlung mit dem Bürger. Statt seinen Bürgern aufs Maul zu schauen, führt er einen Fragebogen, ein Meldeformular nach dem anderen ein. Das führt einerseits zur Verdrossenheit, und andererseits benötigt der geplagte Bürger immer weitere Berater, um mit seiner Papierwust klarzukommen."

Hansheinzhorst: „Meine Steuernachzahlung, das sage ich ganz offen, führte zu einer Revision meiner Loyalität gegenüber dem Staat: 'Warte, mein Lieber', sagte ich mir, 'wenn ich einmal eine Möglichkeit sehe, dann lege ich Dich auch aufs Kreuz!' Und die kam dann etwas später auch. Meine Frau hatte die Gelegenheit entdeckt: Gesetz um Gesetz, Paragraph um Paragraph. Auge um Auge, Zahn um Zahn... Was uns der Finanzminister genommen hatte, bekamen wir von der Bundesanstalt für Arbeit wieder zurück! Es war alles legal, das eine wie auch das andere. Aber solche alttestamentlichen Rachegelüste zu aktualisieren, dafür sollte sich eigentlich ein moderner, fortschrittlicher Staat zu schade sein. Eine gute Imagepflege sollte anders aussehen!"

Regierungsdirektor: „Unsere Demokratie verkrustet immer mehr zu einer gigantischen Bürokratie, zu einem fast unüberwindlichen Apparat kafka'scher Prägung, mit der uns eigenen deutschen Gründlichkeit und Perfektion."

Hansheinzhorst: „Und dieser Apparat, soweit ich ihn durchschauen kann und selbst erfahren habe, kann meines Erachtens nur von Leuten vom Schlage eines Hauptmanns von Köpenick oder eines Schweijk überlistet und aufgebrochen werden. Ausnahmsweise kann es auch einmal einem glücklich sich liebenden Ehepaar gelingen, mit einem Bäumchen-wechsel-Dich-Spiel zu zweit – Ehemann – Prinzgemahl – Mitinhaber – Mitarbeiter – dieser Bürokratie eine Nase zu drehen: So wie wir in der Normandie von Baum zu Baum hüpften und, gut getarnt unter dem Grün der Wipfel, den Jabos frech zuwinkten!"

Regierungsdirektor: „In einem Leben zu zweit kann man viel erreichen. Aber wenn nur noch einer die Nase vorn haben kann! Genießen Sie hier Ihre Zweisamkeit an diesen schönen Tagen. Das Wetter soll noch einige Zeit so gut bleiben. Die Moral leider nicht! Und deshalb gilt leider auch: 'Je mehr die Moral einer Gesellschaft sinkt, desto mehr häufen sich die Gesetzesregelungen'. Übrigens ein altes chinesisches Sprichwort, aber auch passend für die Gesellschaft eines Nachfolgestaates des christlichen Abendlandes, wie Sie so schön formulierten."

Der Regierungsdirektor erhob sich mühsam unter Zuhilfenahme seines Stockes.

Hansheinzhorst: „Ehe wir uns für heute trennen, Herr Direktor: Ich hatte Ihnen gestern ein Rätsel aufgegeben: Was passierte meiner Frau und mir, nachdem ich im Vertriebenenamt mit der Faust auf den Tisch geschlagen habe?"

Regierungsdirektor: „Nichts – gar nichts!"

Hansheinzhorst: „Sie haben richtig geraten! Toll!"

Regierungsdirektor: „Als Insider wird man schon ab und zu einmal mit solchen 'unlösbaren' Problemen konfrontiert. Ihres ist ja besonders lustig: Der Ehefrau soll das Darlehen genommen und dem nunmehr antragsberechtigten Ehemann gegeben werden, wobei das Finanzierungsobjekt dasselbe ist. Für ein Ehepaar ein außerordentlich kurzer Weg, aber für den Gesetzgeber nur durch Ausfüllen eines riesigen Fragebogens möglich."

Hansheinzhorst: „Aber es geschah doch wirklich 'nichts'!"

Regierungsdirektor: „Wissen Sie, ich stelle mir den Fortgang der Dinge so vor: Der Leiter des Vertriebenenamtes ging zu seinem Chef, dem Landrat, und trug diesem die Angelegenheit vor. 'Wenn ich der Vernunft die Ehre geben soll', könnte ein erfahrener Landrat gesagt haben, 'aber die fehlt leider oft bei der Legislative, dann regeln wir die Sache bürgergerecht!'"

Hansheinzhorst: „Und das hieße?"

Regierungsdirektor: „Verfahren Bismarck!"

Hansheinzhorst: „Wie bitte?"

Regierungsdirektor: „Vieles erledigt sich durch Liegenbleiben von selbst!"

Hansheinzhorst: „Genauso scheint es zu sein! Wir sind nicht aufs Amt bestellt worden; es gab keinen Schriftwechsel, keine Darlehenskündigung. Nichts gab es, nichts!"

Regierungsdirektor: „Wie ich es Ihnen gesagt habe! So ist es halt im Leben: Manchmal ist keine Lösung die beste Lösung für alle Beteiligten! – Verzeihen Sie bitte, ich muß jetzt gehen, ich erwarte einen Anruf. Ich bin auf der Suche nach einer kleineren Wohnung im Erdgeschoß. Unsere Putzfrau wird mich dafür loben, meine Arthrose-Knie werden sich wohler fühlen – und meine Frau wird wohl dann nicht mehr wissen, ob wir in den alten fünf oder in neuen zweieinhalb Zimmern wohnen. – Empfehlen Sie mich Ihrer Frau Gemahlin, genießen Sie Ihre Zweisamkeit, so lange Sie sie genießen können! Wie schnell kann ein gutes Miteinander zu Ende gehen! – Wir haben uns heute ein wenig verplaudert. Entschuldigen Sie mich bitte bei Ihrer lieben Frau. Aber unser Gespräch hat mir gut getan. Und – so meine ich: Sie haben einen guten Entschuldigungsgrund: Das Finanzamt hat Sie aufgehalten!"

30

Am Westrand der Ostsee – Bewährung und Bewahrung:

Aus dem Salzburger Land und den Cevennen über Gumbinnen nach Studienburg

Xantri: „Na, da kommst Du ja endlich! Ich dachte schon, Du wärest unterwegs eingekehrt und bei einem kleinen Sektfrühstück sitzengeblieben!"

Hansheinzhorst: „So war es auch. Ich traf heute morgen auf dem Weg zu Dir wieder unseren Regierungsdirektor ..."

Xantri: „... und da bist Du bei ihm hängengeblieben ..."

Hansheinzhorst: „... und habe mit ihm ein köstliches geistiges Sektfrühstück eingenommen ..."

Xantri: „... wobei ihr die Zeit völlig vergessen habt!"

Hansheinzhorst: „Genauso war es. Erst als er sich an einen zu erwartenden Telefonanruf erinnerte, haben wir uns getrennt – und ich machte mich schnellstens auf den Weg zu Dir. Ich habe sogar bei meinem kleinen Marsch deswegen zwei Bänke, zwei Sitzgelegenheiten, übersprungen und bin ganz außer Atem ..."

Xantri: „So ist das mit Euch Männern, wenn man Euch allein läßt!"

Hansheinzhorst: „Und wo warst Du inzwischen?"

Xantri:"Ich war daheim."

Hansheinzhorst: „Bei unseren Kindern?"

Xantri: „Das auch. Aber hauptsächlich in der alten Heimat. Ich dachte an meine Jugend, an meine Familie, an die

Ferien an der See auf der Kurischen Nehrung, an meine Vorfahren ... Die Mutter meiner Großmutter stammte direkt aus einer Salzburgischen Familie. Und ein Vorfahre kam auch als Flüchtling nach Ostpreußen, Mr. Dumont, er war Hugenotte und hatte sich auf einer abenteuerlichen Flucht bis zur Schweizer Grenze durchschlagen können. Vertreibung damals, Vertreibung heute! Wir alle sind Kains Kinder!"

Hansheinzhorst: „Krieg und Vertreibung, die dunklen Seiten unseres Daseins, kleben an uns wie unsere eigene Haut. Was haben diese Herrscher von Gottes oder Teufels Gnaden, so muß man wohl sagen, aus religiösen oder ideologischen Gründen nicht alles verbrochen! Ludwig XIV, Erzbischof Firmian, Stalin und Hitler, die beiden größten Feldherren-Verbrecher aller Zeiten! ..."

Xantri: „Ich weiß, Du spazierst so gern in der Weltgeschichte herum, aber ich spiele lieber im Sand, heute wenigstens an diesem herrlichen Tag! – Schau, was ich gefunden habe!"

Hansheinzhorst: „Einen kleinen Bernstein? Wo hast Du denn den her?"

Xantri: „Als ich soeben mit der Hand durch den Sand fuhr und ihn durch meine Finger rieseln ließ ..."

Hansheinzhorst: „Bernstein – hier an der Westküste der Ostsee?"

Xantri: „Sicher ist es ein Gruß von daheim. Die Strömung machts möglich. Vielleicht gehe ich hier sogar auf Sandkörnern, die schon einmal unter meinen Füßen gelegen haben, damals, an Ostpreußens Küste, im Sommer 1944 ..."

Hansheinzhorst: „Auch in der Natur gibt es Vertreibung! – Und ich werde mir jetzt die Zeit damit vertreiben, daß ich meinem Fahrgestell noch etwas Übung angedeihen lasse."

Xantri: „Und ich werde noch ein klein wenig im Strandkorb sitzenbleiben und träumen – und dann komme ich Dir nach. Ich werde Dich ja schnell einholen."

Hansheinzhorst geht langsam am Ufer entlang und wieder zurück. Nach einiger Zeit hält er inne, steht mit etwas gegrätschten Beinen gut im Sand und nimmt seine Gehstütze so zur Hand, daß er mit ihr im Sand zeichnen kann: Ostpreußens Umrisse sollen es werden. Als er einigermaßen mit seinem Werk zufrieden ist, schaut ihm Xantri über die Schulter, die seine Handbewegungen aus dem Strandkorb beobachtet hat.

Xantri: „Du kannst meine Heimat aus dem Gedächtnis zeichnen? Ich denke, Du warst niemals in Ostpreußen?"

Hansheinzhorst: „Diese Kenntnisse stammen noch aus meiner Schulzeit. Ich war Ostpreußenspezialist – geworden durch einen ganz merkwürdigen Umstand. Aber erst will ich Dich einmal abfragen, ob Du Deine Heimat so gut kennst wie ich!"

Xantri: „Na, da bin ich aber gespannt!"

Hansheinzhorst: „Schau, wo 'Gu' steht, welche Stadt liegt da?"

Xantri: „Gumbinnen natürlich, die Stadt der Salzburger, wo auch meine Großmutter geboren wurde."

Hansheinzhorst: „Südlich davon ist ein 'Go'. Und das bedeutet?"

Xantri: „Goldap."

Hansheinzhorst: „Und ostwärts von 'Gu' ein 'St'. Welcher Ort liegt dort?"

Xantri: „Das weiß ich nicht. Stünde ein 'E' da, würde ich auf 'Ebenrode' tippen."

Hansheinzhorst: „Als ich in die Untersekunda ging, hieß diese Kreisstadt noch Stallupönen – und als Du die Untersekunda besuchtest, war sie bereits einige Zeit in Ebenrode umbenannt worden. Heute wird sie wohl wieder Stallupönen heißen."

Xantri: „Oh, diese Diktatoren! Die Menschen werden vertrieben, die Städtenamen verändert, die Friedhöfe eingeebnet: Ich weiß nach ganz genau, wie in unserer Kreisstadt der Bahnhofsplatz in 'Adolf-Hitler-Platz' umbenannt worden ist

– und wie wird er heute auf Russisch heißen? Aus Frieden machen sie Krieg, aus Heimat Vertreibung – und aus dem Endsieg ein Untergangsende. – Aber jetzt sage mir endlich, wo hast Du Deine geographischen Kenntnisse her, Du verhinderter Südpreuße!"

Hansheinzhorst: „Einen Moment 'mal! Erst meine Stellungnahme zu Deinem Stichwort Südpreuße. Diese Verhinderung geschah – glücklicherweise – auf dem Wiener Kongreß: Sachsen blieb Sachsen und wurde nicht als Staat ausgelöscht und zu einer preußischen Provinz degradiert wie ein halbes Jahrhundert später das Königreich Hannover. Dank Metternich und Talleyrand bekam Preußen nur ein reichliches Drittel des sächsischen Territoriums. Der König von Sachsen durfte sogar die von Napoleon verliehene Königskrone behalten!"

Xantri: „Nicht zu verwechseln mit der anderen Königskrone, die sein kurfürstlicher Vorfahre, August der Starke, sich von den katholischen Polen aufs Haupt drücken ließ, nachdem er seinen evangelischen Glauben dafür verkauft, ihn aber seinem Volk gelassen hatte! Habe ich Dir nicht immer gut zugehört, mein geliebter Historiker?"

Hansheinzhorst (fährt dozierend fort): „Und wenn man dies alles bedenkt und noch mehr, nämlich dieses: Obwohl fast ganz Sachsen sich schon in preußisch-russischen Händen befand, stand das sächsische Heer trotzdem noch auf Napoleons Seite – aus falsch verstandener 'preußischer', sprich sächsischer Treue. So ist es vorgekommen, daß sich Leipziger Bürger in der Völkerschlacht dort als sächsische Soldaten von Russen und Preußen in der eigenen Vaterstadt abmurksen lassen mußten! Und sieben Jahre zuvor hatten die Sachsen zusammen mit den Preußen gegen Napoleon auf thüringischem Boden gekämpft und die Schlacht bei Jena und Auerstädt verloren.

Und trotzdem entwickelten die damaligen Diplomaten mit besser geschulten Fähigkeiten und sinnvolleren Einsichten in historische Gegebenheiten ein geschickteres Gespür für das Machbare. Man war auf Balance aus und nicht auf Weltherrschaft."

Xantri: „Aber trotzdem kann ich dazu immer nur wieder sagen: Dieses ewige Hin und Her zwischen Machtansprüchen und Blutvergießen, zwischen Verbündetenwechsel und kriegsträchtigen Friedensschlüssen, Vertreibung und ... und ..."

Hansheinzhorst: „... und nun bin ich wieder einmal – beziehungssweise ausnahmsweise – ganz Deiner Meinung: Kain und Abel lassen grüßen – der Mensch lernt nichts aus der Geschichte."

Xantri: „Und so ein wirres Zeug wolltest Du studieren?"

Hansheinzhorst: „Ein Kriegstrimester ist natürlich zu wenig, um in diesen Wirrwarr einzusteigen und ihn zu sortieren. Aber ersatzweise, wie Du weißt, durfte ich fortbildungshalber 25 Trimester praktische Wehrwissenschaft absolvieren – und damit die Weltgeschichte von neuem mit verwirren helfen."

Xantri: „Da stehen wir nun im Treibsand der Geschichte – und sehnen uns doch in Wirklichkeit – sicher wie die Menschen in früheren Zeiten auch – nach ein klein wenig privatem Glück, gestrandet wie wir sind."

Hansheinzhorst: „Das hieße also: Strandgut der Weltgeschichte? Nicht schlecht, diese Definition!"

Xantri: „Nicht einmal studieren durfte ich, wo ich doch so gerne Kinderärztin geworden wäre!"

Hansheinzhorst: „Aber meinst Du nicht auch, daß die Sache mit der Kinderkriegerei auch so eine verwirrende Angelegenheit ist? Kaum ist so ein Menschlein auf der Welt, hat es schon was angestellt: Jede Menge Veränderungen! Brave Ehefrauen werden zu überforderten Müttern!"

Xantri: „Aber nur, wenn diese gleichzeitig Geschäftsinhaberinnen sein müssen."

Hansheinzhorst: „Liebe Ehemänner werden zu gestreßten Vätern!"

Xantri: „Aber nur, wenn diese existenzhalber täglich Überstunden machen müssen, und auch sonst am Stock gehen!"

Hansheinzhorst: „Strenge Eltern werden zu verwöhnenden Großeltern."

Xantri: „Bei uns heißt das aber Fehlanzeige: Unsere Kinder haben weder Großeltern väterlich- noch mütterlicherseits. Sie werden also nicht verwöhnt, weder so noch so!"

Hansheinzhorst: „Und Geschwister werden zu Onkel und Tanten!"

Xantri: „Ebenfalls Fehlanzeige! Wo wir doch so gut ab und zu einen Zuschuß gebrauchen könnten."

Xantri: „Immer wenn ich von unserem bescheidenen Familienglück zu träumen beginne, kommst Du mir mit Deinen materiellen Vorstellungen dazwischen!"

Hansheinzhorst: „Das war zwischen dem Major von Tellheim und der Minna von Barnhelm aber auch so. Das liegt halt so einfach in der Luft. Sächsisch-preußische Liebesbeziehungen sind von Natur aus eben problematisch: Was sich liebt, das neckt sich, und wenn es im Siebenjährigen Kriege ist. Lessing hat das ganz klar erkannt."

Xantri: „Hach! Jetzt kommst Du mir auch noch literarisch!"

Hansheinzhorst: „Kein anderer Schriftsteller konnte die preußischen Tugenden so bezaubernd auf die Schippe nehmen wie der liebe Pfarrerssohn aus der Lausitz."

Xantri: „Das tat er wirklich. – Als wir die 'Minna' durchnehmen wollten, mußten wir auf die Flucht gehen. – Das literarische Seminar ist beendet, das historische auch. Es folgt nun endlich die Vorlesung in Geographie über das 'Verhältnis' der beiden Städte Goldap und Stallupönen."

Hansheinzhorst: „Wir hatten in der Quinta ein Rechenbuch. Darin stand folgende Aufgabe: Ein Personenzug fährt von Goldap nach Stallupönen um 16 Uhr ab. Unterwegs hält er fünfmal, Haltezeit zwei Minuten. Er fährt mit einer Geschwindigkeit von durchschnittlich 50 Kilometern in der

Stunde, und so weiter, und so weiter. Wann kommt der Zug in Stallupönen an?"

Xantri: „Das ist doch nicht zu glauben! Einer Aufgabe in einem Rechenbuch verdankst Du Deine ersten Kenntnisse über Ostpreußen?"

Hansheinzhorst: „'Was ist denn das für eine seltsame Gegend im Deutschen Reich', so sagte ich mir, 'wo es derartig merkwürdige Ortsnamen gibt.' Dann schaute ich im Atlas nach und begann, mich für Deine Heimat zu interessieren."

Xantri: „Und Du warst nie dort?"

Hansheinzhorst: „Nein! Leider nein! Als Ostpreußen in der Erdkunde an der Reihe war, konnte ich natürlich glänzen und freute mich auf die Fahrt dorthin. Die Obersekunda fuhr nach Schlesien, die Unterprima nach Pommern und die Oberprima nach Ostpreußen. 1939 wäre meine Klasse an der Reihe gewesen. Aber 1938 gab es nur noch eine Prima, und die Fahrt nach Ostpreußen fiel aus. Aber wir wurden bestens entschädigt. Wir reisten dafür nach Prag und Warschau, das alles konstenlos und in einer schicken Uniform!"

Xantri: „Dieser unselige, wahnsinnige Krieg hatte begonnen! – Schau! – Die Flut kommt – und wird meine Heimat, die Du so liebevoll in den Sand gezeichnet hast, noch einmal auslöschen! – Ich will das nicht sehen!" (Dreht sich um und geht ein paar Schritte landeinwärts. Hansheinzhorst folgt ihr.)

Xantri: „Was Du in Deinem Herzen birgst, ist nicht in den Sand geschrieben, Wind und Wellen löschen nicht, was Gezeiten offenbaren." (Nach einer Weile drehen sich Xantri und Hansheinzhorst langsam wieder um, und beide blicken nun über die glattgewaschene Sandfläche nach Osten.)

Hansheinzhorst: „Wunderschöne Worte sprachst Du eben. Woher kennst Du sie?"

Xantri: „Das Gedicht stand in unserem Lesebuch. Ich liebte es sehr und liebe es noch immer. Es steckt soviel Trost und Hoffnung darin – und es hat eine besondere Bewandtnis mit diesen Zeilen: Für ein paar Tage im letzten ostpreußischen

Sommer war meine Klasse mit unserer Deutschlehrerin ans Kurische Haff gefahren, um dort am Strand zu zelten. Für den Abschlußtag hatte sie sich ein köstliches, lustiges Spiel ausgedacht. Aber es war mehr als ein Spiel. Es war ein vorweggenommener Abschied:

'Wir schreiben jetzt zusammen für uns alle ein Gedicht. Jeder schreibt eine Zeile, die sich auf die vorhergehende reimen soll.' Ursel, die lustigste von uns allen, meldete sich für die erste Zeile und schrieb mit einem kleinen Stock in den Sand: 'Ich schreib' jetzt ein Gedicht.' Gisela kam als nächste daran und fügte hinzu (ostpreußisch platt sprechend): 'Das glaub' ich nicht!' – Alles fing an zu kichern und zu prusten. Gudrun fuhr fort mit: 'Das ist doch gar kein schöner Reim!' Und als Heidi lossprudelte: 'Nein – nur Schleim, nur Schleim!', verschwanden schon die ersten hinter die Büsche. Und zunächst ging die Reimerei vor Ausgelassenheit und Lachen vorübergehend nicht weiter!

Nie habe ich in meinem ganzen Leben wieder so gelacht wie damals am Kurischen Haff."

Hansheinzhorst: „Das glaube ich Dir nach allem, was dann folgte."

Xantri: „Schließlich war das Gedicht fertig geworden. Am späten Nachmittag kam dann die Flut und löschte langsam Zeile um Zeile aus. Unser Lachen wurde leiser und blieb schließlich ganz aus, als auch die letzten Worte zerflossen und der Sand wieder eine glatte Fläche geworden war."

Hansheinzhorst: „Und was ist aus Deinen Klassenkameradinnen geworden?"

Xantri: „Einige habe ich schon vor der Flucht aus den Augen verloren. Mit nur wenigen kam ich danach durch den Suchdienst wieder in Verbindung."

Hansheinzhorst: „Was ist denn aus der Ursel geworden?"

Xantri: „Die lustigste von uns allen hat es am schlimmsten getroffen, soweit ich es halt weiß: Sie befand sich in einem Treck mit ihrer Mutter. An einem stürmischen Wintertag wurde er von der Seite her von russischen Panzern überholt und zusammengeschossen. Ihre Mutter wurde getroffen. Ursula war am Verbinden, da wurde sie von russischen Soldaten auf die Seite gerissen. Mindestens zehn Russen stiegen über sie her. Ihre Mutter, halb verbunden, mußte dabei zuschauen. Wenn sie die Augen schloß oder wegsah, erhielt sie einen Peitschenhieb. Sie hatte die Russen schon einmal, 1914, kennengelernt. Beinahe wäre sie damals als zwölfjähriges Mädchen vergewaltigt worden. Zum Glück ließ der Russe von ihr ab, als er merkte, wie jung sie noch war ..."

Hansheinzhorst:; „Und wie sind Ursel und ihre Mutter aus diesem entsetzlichen Schlamassel herausgekommen?"

Xantri: „Als ein überlauter Triller ertönte, das Zeichen zum Schluß der Plünderung, ließen die Russen ihre Opfer los. Als es ruhig geworden war, kroch ein Nachbar von Ursels Familie, der sich totgestellt hatte, aus seinem zusammengeschossenen Wagen hervor und kümmerte sich um Ursel und ihre Mutter. Beide wußten kaum mehr, wie sie aus diesem schrecklichen Erleben herausgekommen sind. Schließlich strandeten beide in der amerikanischen Zone. Dort habe ich sie später besucht und all' das erfahren, was ich Dir jetzt erzählt habe. Damals war sie immer noch benommen von diesem Erleben. Einige Zeit hernach wanderten sie nach Australien aus, wo sie Verwandte hatten, die schon nach dem ersten Weltkrieg aus Westpreußen fortgezogen waren."

Hansheinzhorst: „Und was wurde aus Heidi?"

Xantri: „Ihr Vater war beim Rückzug aus dem Kaukasus als vermißt gemeldet worden. Ihr Schwager wurde im Luftkampf abgeschossen. Ihre Schwester verlor auf der Flucht ihren kleinen Jungen und hat ihn nicht wieder gefunden. Innerhalb von drei Jahren verlor sie Vater, Ehemann und Sohn. Schließlich kehrte der Vater als gebrochener Mann aus russischer Kriegsgefangenschaft zurück. Heidi umsorgt ihn, ihre Schwester geht putzen. Aber es geht bei beiden fast über ihre Kräfte."

Hansheinzhorst: „Komm', erzähle, wie der Abend am Kurischen Haff damals zu Ende ging."

Xantri: „Unsere Lehrerin hatte die beiden ersten Zeilen des erwähnten Gedichtes in den Sand geschrieben, weiter oben am Strand, so daß die Flut nicht hinkommen konnte. Sie hatte ein großes Herz um den Text gezogen.

Wir hatten früh Abendbrot gegessen, langsam ging die Sonne unter, wir schauten wortlos zu, und es kam eine nachdenkliche, fast ernste Stimmung unter uns auf. Fast in allen Familien meiner Mitschülerinnen hatte der Krieg bereits seine grimmigen Worte eingeschrieben: verwundet, vermißt, gefallen, gefangen – Väter, Brüder, Verwandte ...

In diese Stimmung hinein sagte unsere Lehrerin: 'Alexandra, Du liebst doch Lyrik, würdest Du uns das Gedicht aufsagen, dessen erste Zeile ich in den Sand geschrieben habe?' Sie wußte, daß ich dieses Gedicht besonders gern habe:

Bewährung und Bewahrung

Was Du in Deinem Herzen birgst,
ist nicht in den Sand geschrieben.
Was durch Dein Herze Du bewirkst,
wird Gott in seinen Händen wiegen.

Denn Wind und Wellen löschen nicht,
was Gezeiten offenbaren -
und stellvertretend im Gericht
wird Dir der Herr Dein Heil bewahren.

Nach einer Weile drangen die Worte an mein Ohr: 'Ich danke Dir, ich danke Euch allen für diesen schönen Tag.' Sie sprach meinen Vornamen mit leiser slawischer Betonung aus, was sie sonst nie getan hatte. Ihre Großmutter väterlicherseits ist eine Russin gewesen. Sie muß sie sehr geliebt haben. Ich wußte, daß auch sie Alexandra hieß.

Nach ein paar Tagen erschien unsere Lehrerin nicht mehr zum Unterricht. Gerüchte kamen auf. Sie sollte das Kind einer Liebesromanze zwischen einem hohen russischen Offizier und einer ostpreußischen Gutsfrau gewesen sein, geschehen in Masuren 1914.

War sie deshalb der Spionage verdächtigt und nachts von der Gestapo abgeholt worden? Oder war sie nach Litauen geflohen, wo sie bei einer ehemaligen Studienkollegin Unterschlupf gefunden haben könnte? Ihre Wohnung hatte sie verlassen. Niemand wußte etwas Genaues."

Hansheinzhorst: „Und Du hast nie wieder etwas von ihr gehört?"

Xantri: „Nein! Sie war und blieb verschwunden. Das Gedicht ist mir als Andenken geblieben. – Ein halbes Jahr später kam der Winter, und wir gingen auf die Reise, auf die Flucht. Für das letzte halbe Schuljahr hatten wir noch einen Aushilfslehrer bekommen, der nach Ostpreußen vor den Bomberangriffen aus Berlin geflohen war. Bei Verwandten glaubte er, den Krieg heil überstehen zu können."

Hansheinzhorst: „Sicher hat ihn das Unheil auch verschluckt!"

Xantri: „... wie unsere Eltern und Geschwister. Nun sind wir von allen Lieben verlassen und haben nur noch uns – und wo bleibt der Trost?"

Hansheinzhorst: „Heimat ist immer dort möglich – wieder möglich -, wo zwei Menschen sich begegnen und in Liebe beieinanderbleiben: Ehe und Familie: das ist der Ursprung jedweder Heimat, auch wenn der Anfang durch das Nachher einer 'Vertreibung aus dem Paradies' – aus der alten Heimat – erst möglich wird."

Xantri: „Das stimmt! Du kannst Dir nicht selbst Heimat sein. Heimat gibt es nie für einen Menschen allein. Nach Mutters Tod habe ich das ganz besonders empfunden. Da war die Heimat einfach weg – und die Wohnung wäre es auch gewesen, wenn ich Dich nicht gefunden und aufgelesen hätte."

Hansheinzhorst: „Ein solcher Neubeginn setzt die Zweisamkeit voraus – ganz gleich, ob im oder am Krankenbett –

zum Beispiel! Mitmenschlichkeit, und wenn sie zunächst nur in der Aufnahme in ein Krankenzimmer und im Pulsfühlen in Erscheinung tritt – dienstlich sozusagen – ist schon irgendwie auch ein kleiner Aufbruch in die heimatliche Richtung."

Xantri: „Das Miteinandersprechen, das Miteinandertun, das läßt ein heimatliches Gefühl langsam wachsen, selbst wenn der eine Partner ein Sachse und der andere aus Ostpreußen ist!"

Hansheinzhorst: „Eine gemeinsame Sprache macht sehr viel aus und das gemeinsame Wollen, beieinanderzubleiben und den Kindern eine gute Heimstatt zu geben, das rundet die ganze Sache ab."

Xantri: „Da wären wir ja schon ein gutes Stück in Richtung Heimat, in die richtige Richtung marschiert:

Wir haben uns! Wir haben einen Hans und einen Heinz …"

Hansheinzhorst: „Nur der Horst fehlt noch! Dann sind wir komplett: Eine ganze Handvoll Heimat!"

Xantri: „… und die himmlische gibt's später obendrein – wo kein Krieg mehr tobt – und ewiger Frieden herrscht!"

Anhang

Namen- und Begriffserklärungen – alphabetisch geordnet

Abteilungsgefechtsstand: Kopf eines Artillerieverbandes von vier Einheiten, bestehend aus Stabsbatterie und drei Geschützbatterien von ie 160 bis 180 Mann. Entspricht einem Bataillonsgefechtsstand. Ein Regiment hat 3 Abteilungen, bzw. Bataillone.

Amnestie: Erlassene Strafe – durch Gesetz angeordnet.

Anamnese: Vorgeschichte einer Krankheit nach Angaben des Kranken.

Antragberechtigtsein: Erfüllung von Vorbedingungen für das Stellen eines Antrages bei einer Behörde.

Arbeitsdienst: 1931 freiwillig unter Reichskanzler Brüning gegründet, seit 1935 Reichsarbeitsdienst (RAD) unter Hitler. Praktisch eine vormilitärische Erziehungsmaßnahme.

Arbeitslosenversicherung: Teil des sozialen Netzes. Staatl. Pflichtversicherung gegen Schäden der Arbeitslosigkeit. Lehrlinge wurden zunächst nicht versichert, erst nach 1955 einbezogen.

Ariadnefaden. Nach der griechischen Sage Tochter des Königs Minos. Sie gab Theseus das Garnknäuel, durch das er aus dem Labyrinth wieder herausfand.

Attichy: Berühmt-berüchtigter Ort in Frankreich für Umverteilung und Entlassung deutscher Kriegsgefangener.

Bahnhofsmission: Einrichtung der evgl. und kath. Kirchen auf den Bahnhöfen größerer Städte zur Betreuung Durchreisender (Essen, Unterkunft, z.Tl. Übernachtungsmöglichkeit).

Baltische Märtyrer: Deutschbalten, die nach dem Abzug der deutschen Truppen und der Besetzung von Litauen, Lettland und Estland durch Einfälle sowjetischer Einheiten 1918 schweren Drangsalen ausgesetzt waren, am bekanntesten der evangelische Blutzeuge Traugott Hahn, am 19. Januar 1919 in Dorpat wie viele andere erschossen.

Batterie-Offizier: Leitender Offizier in der Feuer- bzw. Geschützstellung einer Artillerie-Einheit.

Böhmischer Gefreiter: Hindenburgs abschätzige Bezeichnung für Hitler.

Breker, Arno: Bildhauer, Schüler Rodins, ab 1933 in Berlin, vom Nationalsozialismus gefördert, schuf heroisierende Monumentalskulpturen, die heute wieder geschätzt werden: Ausstellung 1944 in Düsseldorf.

Brikettabgabe: Die Kinos bekamen 1945 – 48 so gut wie kein Brennmaterial; um die Zuschauerräume zu heizen, mußten daher die Besucher nicht nur eine Eintrittskarte lösen, sondern neben der Kasse auch Briketts abgeben, pro Kopf drei Stück.

Christbäume: „Schauriger Kosename für die Markierungen (phosphorisierend) alliierter Bombenziele, meist angewandt bei Flächenbombardements deutscher Großstädte, seltener im Kampfgebiet. Ausnahme davon Anwendung als Vorgabe beim „Unternehmen Cobra“ (siehe dort).

„doch bemüht er sich wenig ....“: Umschreibung für Nichtmitgliedschaft in der Hitlerjugend. (Siehe Vorsatzpapier: Abbildung des Schulzeugnisses).

Dresden: Eine der schönsten Kunststädte Europas (Elbflorenz). Am 13./14. Februar 1945 (Fastnachtdienstag!) durch anglo-amerikanische Luftflotten ohne militärische Notwendigkeit sinnlos zerstört: Ca. 3.500 to Bomben, einschließlich 660.000 Brandbomben. Die Anzahl der Toten schwankt zwischen 60.000 und 250.000.

Drei Männer im Feuerofen: Geschichte in den Apokryphen der Bibel im Anhang zum Alten Testament von der Errettung Asarjas und seinen Männern.

Eintätowierte Blutgruppe: Angehörige der Waffen-SS-Verbände erhielten ihre Blutgruppe am linken Oberarm eintätowiert und waren dadurch jederzeit von denen der Wehrmacht zu unterscheiden. Vorteil: Bei Blutübertragung, Nachteil: In Gefangenschaft sofort erkennbar.

Eisenhaltige Luft: Landser-Ausdruck für die Gefahren an der Front: Geschosse, Granaten, die durch die Luft sausen.

Eisernes Kreuz (E.K.): Kriegsauszeichnung, gestiftet von König Wilhelm III. von Preußen in Breslau 1813, erneuert 1870, 1914 und 1939. Drei Klassen: 2. Klasse, 1. Klasse, Ritterkreuz.

Entnazifizierung: Wurde von den Spruchkammern der Besatzungszonen (leider unterschiedlich); durchgeführt. Fünf Kategorien: Entlasteter (vom Gesetz nicht betroffen), Mitläufer, Minderbelasteter, Belasteter, Hauptschuldiger.

Etatverbrauch: Rest eines staatlichen oder kirchlichen Haushaltes, der bis Ende eines Etatjahres (meist 31. 12.) verbraucht sein muß.

Exekutive/Legislative: Vollziehende und gesetzgebende Gewalt des Staates.

Fahnenflucht: Unerlaubte Entfernung von der Truppe wurde mit hohen Freiheitsstrafen belegt, mit Gefängnis, mit Tod oder Versetzung in eine Strafkompanie.

Ferntrauung: Erleichterte Form der Eheschließung während des 2. Weltkrieges vollzogen in Abwesenheit des Mannes.

Feuerbereitschaft: Meldung des Batterie-Offiziers an den Beobachter, daß die Geschütze feuerbereit, schießbereit sind.

Freud, Sigismund: Begründer der Psycho-Analyse und der Sexual-Theorie.

Friedland (Ort im Kreis Göttingen): Grenzdurchgangslager für Vertriebene, Kriegsgefangene und Aussiedler.

Frontlazarett: Erstes Lazarett nach dem Hauptverbandsplatz hinter der Front, später meist Verlegung in ein Heimatlazarett.

Frontstudienurlaub: Nach dem Stillstand der Südfront in der Ukraine im November 1941 konnten Soldaten einen Studienurlaub beantragen und im Winter 41/42 ein Kriegstrimester studieren.

Gehschule: „Rehabilitationsmaßnahme" zur Wiederherstellung der Gesundheit.

Goldfasane: Spitzname für führende Parteigenossen, die – meist in einer Sonderfunktion (vor allem in den besetzten Gebieten) – eine goldgelbbraune Uniform trugen.

Grünhainicher Engel: Grünhainichen ist neben Seiffen einer der bekanntesten Orte der Holz-Handwerkskunst im Erzgebirge. Spezialität: Weißer Engel mit grünen Flügeln mit weißen Tupfen und ein Musikinstrument spielend.

Hanomag: Die Hannoversche Maschinenbau AG baute eines der ersten Kleinautos. Die runde Form trug ihm den Spitznamen „Rollendes Kommißbrot" ein.

Hauptkampffeld (einer Division): Einsatzgebiet von der Frontlinie aus etwa 3 Km in die Tiefe.

Heimatschuß: Leichtere Verwundung, die aber doch in einem Heimatlazarett ausgeheilt werden mußte.

Heldenklau: Spitzname der Wehrmachtssonderbeauftragten, die ab 1942 die Heimat-Dienststellen nach „überflüssigen Soldaten" durchkämmten, um diese der Front zuzuführen.

Igelstellung: Rundumverteidigung einer kleinen Gruppe, meistens nach Ein- oder Durchbruch des Feindes ins Hauptkampffeld.

Jabo (Jagdbomber): Flugzeuge, die Truppen und Kriegsgerät im Tiefflug angreifen.

Kessel (von Falaise): Von angloamerikanischen Verbänden eingeschlossener deutscher Truppenverband bei der Stadt Falaise nach dem Zusammenbruch der Normandiefront.

Kettenhunde (auch „Schildläuse" genannt): Spitzname für Angehörige der Feldgendarmerie. Sie trugen ein Erkennungsschild (eine sogenannte „Hundemarke") auf der Brust um den Hals an einer Kette.

Kinderlandverschickung (KLV): Verlegung von ganzen Schulen und Schulklassen aus bombengefährdeten Gebieten (Ruhrgebiet, Berlin, Köln, Hamburg u. a.) in sichere Gegenden Großdeutschlands, z. B. in die Slowakei, nach Böhmen, Ungarn, Bulgarien usw.. Mehr als 5 Mill. Kinder wurden von dieser Maßnahme betroffen.

Knickerbocker-Hose (Knickerbocker ein englischer Familienname): „Mit ihr verwandt" sind die Überfallhosen der Panzersoldaten, die Golfhosen und die Bundhosen.

Krim (Rückzug 1944): Räumung der Halbinsel durch die deutschen Truppen und Verschiffung von dort nach Rumänien über das Schwarze Meer, dabei hohe Verluste an Menschen und Material.

Landser: Gemeinhin Ausdruck für Soldat

Lebensmittelkarten: Gekartete Lebensmittelrationen. Ein Belspiel: Ab 20. Mai 1945 in Dresden für Angestellte pro Tag: 300 g Brot, 35 g Fleisch, 10 g Fett, 20 g Zucker u. a.

LKA (Landeskirchenamt): Kopf und oberste Behörde einer Landeskirche.

OHG (Offene Handelsgesellschaft): Rechtsform für den gemeinschaftlichen Betrieb eines Unternehmens.

Plumps-Klo: Vorgänger des WC – ohne Wasserspülung.

Pückler-Muskau: Gefürstetes schlesisches Uradelsgeschlecht. Der Muskauer (bezw. auch der Branitzer) Park, an der Neiße gelegen, besitzt Weltruf; jetzt teilweise polnisch. / Fürst-Pückler-Eis!

PW: Abkürzung für „Prisoner of war", zu deutsch Kriegsgefangener.

Radar: Abkürzung für „Radio Detecting and Ranging". 1944 modernste Funkmeßtechnik der Angloamerikaner bei der Invasion (Normandie).

Reichskristallnacht: Am 9. November 1938 Beginn der Judenverfolgung; Zerstörung jüdischer Geschäfte und Synagogen. Verhaftungen und Drangsalierungen jüdischer Mitbürger.

Reichsparteitag: Auf dem Reichsparteitag-Gelände in Nürnberg Riesenaufmärsche mit großem Aufwand zur Demonstration der Parteiziele.

Ruhrkessel: Einkesselung großer Teile der Heeresgruppe West nach dem Übergang amerikanischer Verbände über die Ludendorff-Brücke über den Rhein bei Remagen am 7. März 1945.

Saint-Germain: Im September 1919 Friedensvertrag der gegnerischen Mächte mit Österreich-Ungarn: Auflösung der K.u.K.-Monarchie.

Saint-Lô: Hauptstadt des Departement Manche in der Normandie, südlich der Vire-Mündung an der Nahtstelle der Landegebiete „Utah" (westlich) und „Omaha" (östlich) der angloamerikanischen Invasionstruppen, schwer umkämpft, sehr zerstört.

SEZ (Sowjetisch besetzte Zone): Später die DDR.

Schlimmberg: Kunstname für eine kleine deutsche Stadt.

Shop-Leader: In der amerikanischen Kriegsgefangenschaft Bezeichnung für den Leiter einer PW-Einheit zur Bewältigung von Arbeitseinsätzen, z. B. beim Verladen gekauften Kriegsmaterials für zivile Zwecke.

Soldbuch: Ausweis des Soldaten.

Studienburg: Kunstname für eine deutsche Universitätsstadt.

„Stukaverband": Spitzname für einen medizinisc:hen Verband: Armverletzungen wurden mit einer gebogenen Schiene, vom Körper abgespreizt, die den Arm seitlich heraus abstützte, ruhig gestellt. Die Konstruktion des Verbandes ähnelte der Verstrebung eines Sturzkampfflugzeuges.

Talleyrand: Französischer Staatsmann, geb 1754. Diente 1789 – 1838 seinem Staat unter allen wechselnden Regimen der Zeit, besonders geschickter Akteur auf dem „Wiener Kongreß".

Um- und Übersiedlungstransporte: Um- und Übersiedlung der vertriebenen deutschen Bevölkerung aus den Ostgebieten und dem Sudetenland, ca. 15 Mill, ab 1945, unter oft unwürdigen, grausamen menschlichen Bedingungen.

Unternehmen Barbarossa: Angriffsplan Hitlers zum Krieg gegen die Sowjetunion. Der Feldzug begann am 22. Juni 1941.

Unternehmen Cobra: Durchbruchsschlacht der Angloamerikaner westlich Saint Lô mit einer unwahrscheinlich großen Bombenvorbereitung, zuzüglich „Christbäume" (s. dort). Es fielen auf einer Fläche von 2,3 x 6,4 Km, einschließlich dem Hauptkampffeld der Panzerlehrdivision, insgesamt 4.200 to Bomben einschließlich Napalm – also mehr als später auf Dresden abgeworfen wurden (s. dort).

VB: Abkürzung für den vorgeschobenen Beobachter der Artillerie, zumeist bei Einheiten in der Frontlinie.

Versailles: Am 28. Juni 1919 Friedensdiktat der Entente, das die Alleinschuld des Deutschen Reiches festschrieb. S. Haffner: „Es hätte von uns nicht unterschrieben werden dürfen". Lloyd George: „Hierin ist der nächste Krieg bereits festgeschrieben". Bundespräsident Heuß: "Die Wiege des Dritten Reiches stand in Versailles". Für alle Friedensschlüsse gilt der Ausspruch von A. Lincoln (Präsident der USA, ermordet 1865: „Nichts ist auf Dauer geregelt, es sei denn, es ist gerecht geregelt". Stand der historischen Forschung: „Der erste Weltkrieg hatte viele Väter".

Werner, Ilse: Schlager-Interpretin – viele gesungen, noch mehr gepfiffen!

Zarah Leander: Aus Schweden stammender UfA-Filmstar im Dritten Reich. Sie brillierte mit schmissigen-schmalzigen Chansons und Schlagern, hatte aber durchaus auch schauspielerische Qualitäten.

Zersetzung der Wehrkraft: U. a. unbedachte Äußerung zu Kriegs- und Staatsführung, wurde mit schweren Strafen geahndet: Gefängnis, KZ, Tod.

Zuzugsgenehmigung: Ein Umzug oder Einzug in einen neuen Aufenthaltsort mußte von der jeweiligen Ortsbehörde (Wohnungsamt) genehmigt werden. Eine Art „Sondergenehmigung" war: „Zuzugsgenehmigung ohne Anspruch auf Wohnraum".

Zwischenfunkstelle: War die Übertragungsstrecke per Funk zu lang, mußte zur Überbrückung eine Zwischenfunkstelle eingerichtet werden: Batterie – Zwischenfunkstelle – Beobachter.

Die Toten des 2. Weltkrieges

50 bis 55 Millionen Menschen

Land	*Soldaten*	*Zivilisten*
Deutschland	*3.250.000*	*3.250.000*
Sowjetunion	*13.600.000*	*7.000.000*
USA	*229.000*	
Belgien	*12.000*	*76.000*
Bulgarien	*10.000*	*10.000*
Dänemark	*400*	*1.000*
Finnland	*82.000*	*2.000*
Frankreich	*250.000*	*350.000*
Griechenland	*20.000*	*140.000*
Großbritannien	*326.000*	*62.000*
Italien	*330.000*	*80.000*
Jugoslawien	*300.000*	*1.400.000*
Niederlande	*12.000*	*198.000*
Norwegen	*6.000*	*4.000*
Österreich	*230.000*	*104.000*
Polen	*100.000*	*5.700.000*
Rumänien	*200.000*	*260.000*
Tschechoslowakwei	*150.000*	*215.000*
Ungarn	*140.000*	*280.000*
Ostasien	*7.600.000*	*6.000.000*

Erkennungsmarke

Der obere Teil mit Kordel verblieb am Hals des gefallenen oder im Lazarett verstorbenen Soldaten.

Der untere Teil wurde abgetrennt und dem Vorgesetzten übergeben. Dieser hatte dann die schwere Aufgabe, den Tod den Angehörigen mitzuteilen.

Heilig Abend im Kaukasus
Kriegsweihnachten 1942.

Meine H—

Sewastopol, 30.4.1944.

#60

Mein einzig Lieb!

1. This is to certify
ISN, 31G
566th for a perio
His work during th

Einsatz in der Normandie

Unternehmen Cobra
und Rückzug aus Frankreich

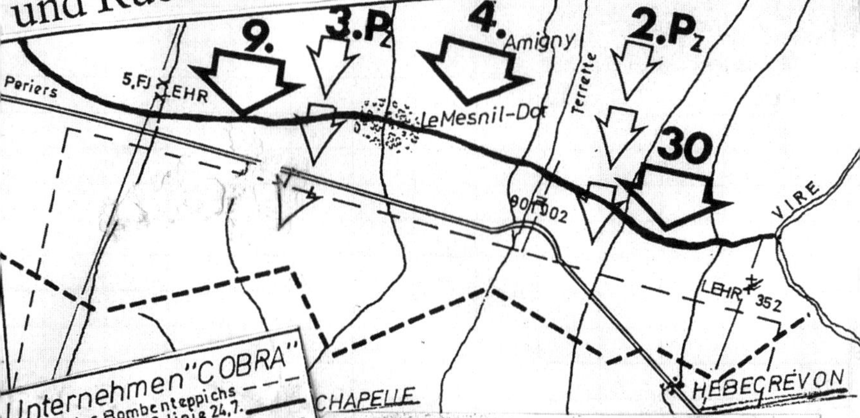

IM NAMEN DES FÜHRERS
UND OBERSTEN BEFEHLSHABERS
DER WEHRMACHT
VERLEIHE ICH